AF655140

CONTENTS

SPOKEN ENGLISH COURSE

Chapter 1
Introduction (परिचय) 03

Chapter 2 11
Sentences used in our Daily Life
(दैनिक जीवन मे प्रयोग होने वाले वाक्य)

Chapter 3 39
Types of Sentences (वाक्यों के प्रकार)

Chapter 4 65
Errors in Parts of Speech (शब्द खण्ड मे अशुद्धिया)

Chapter 5 87
Practical Grammar (व्यावहारिक व्याकरण)

Chapter 6 115
Practice Speaking in English
(अंग्रेजी में बोलने का अभ्यास)

Chapter 7 157
Discourse with Family, Friends….
(परिवार मित्रो और पड़ोस के बीच बातचीत)

Chapter 8 199
Idioms, Idiomatic Phrases and Proverbs
(मुहावरे, मुहावरेदार वाक्यांश तथा लोकोक्तियाँ)

SPOKEN ENGLISH COURSE

Zero to Hero Level

Author

SATENDER SINGH

Published by

Invincible Publication Pvt. Ltd.

INVINCIBLE
Publication Private Limited

Published by
Invincible Publication Pvt. Ltd.
1103-A, 11th Floor, SAS Tower, Sector 38, Gurugram, Haryana- 122003
Email: sales@i-publish.in
www.invinciblepublishers.com

First Edition: 2025
Book Name: Spoken English Course
Author: SATENDER SINGH

ISBN: 978-93-94200-91-3

Invincible Publication Pvt. Ltd.
Sales Office: 4760-61/23, Basement, Pratap Street, Ansari Road,
Daryaganj, New Delhi- 110002
Email: invinciblepublishers@gmail.com

SPOKEN ENGLISH COURSE

01 INTRODUCTION (परिचय)

1.1 Introduction (परिचय)

अंग्रेजी भाषा हमारे जीवन में बहुत ही महत्वपूर्ण भूमिका निभाती है। वैश्वीकरण के परिणामस्वरूप अंग्रेजी भाषा की मदद से आज पूरी दुनिया सभी लोगों से परिचित हो गई है। अंग्रेजी भाषा को कई राष्ट्रों में संचार की प्रमुख भाषा माना जाता है। सभी ने इसे वैश्वी भाषा के रूप में माना है। अंग्रेजी भाषा बोलने से आप वास्तव में अपनी दुनिया का विस्तार कर सकते है, नौकरी के अवसर से लेकर हर देश के लोगों से जुड़ने की क्षमता तक। भाषा जानने से यह हर यात्रा को और अध्कि रोचक बना देता है।

आप दुनिया में कहीं भी जाना चाहते है, आपको अंग्रेजी भाषा बोलने कोई भी मिल सकता है। यदि हम केवल उस देश का हिसाब रखते हैं जहां अंग्रेजी भाषा आध्किारिक भाषा है, जैसे यूनाइटेड किंगडम, ऑस्ट्रेलिया, यू.एस.ए., कनाडा, आयरलैंड, न्यूजीलैंड और कैरिबियन देश, इसका मतलब 400 मिलियन से अध्कि लोग अंग्रेजी बोलने वाले हैं। अतः हमें स्वीकार करना चाहिए कि अंग्रेजी एक अंतरराष्ट्रीय भाषा है।

The English language plays a very important role in our lives. As a result of globalisation and with the help of the English language, the entire world has now become familiar to all people. It is considered the principal language of communication by many nations, and everyone has accepted it as the global language.

Speaking English allows you to broaden your world, from job opportunities to the ability to relate to people from every country. Knowing the language makes it much more interesting every trip. Anywhere you want to go in the world you can find someone who speaks English. If we account only the country where the English language is the official language, the United Kingdom, Australia, U.S.A., Canada, Ireland, New Zealand and the Caribbean countries, there are more than 400 million native English speakers. Simply put, we must recognize that English is an international language.

Some Sentences and Phrases of Everyday Use (दैनिक व्यवहार में आने वाले कुछ वाक्य)

पहले हम कुछ महत्वपूर्ण बिंदुओं को जानेगें।

- अँग्रेजी भाषा का सीखना एक कठिन कार्य है, लेकिन साथ ही इसे जाने बिना किसी भी क्षेत्र में राष्ट्रीय या अन्तर्राष्ट्रीय स्तर पर अपनी विशेषता बनाना असंभव है. दिन–प्रतिदिन के जीवन में भी अँग्रेजी के बिना सामाजिक प्रतिष्ठा और सम्मान उस सीमा तक नहीं मिलता जितना मिलना चाहिए, लेकिन अँग्रेजी जल्दबाजी में नहीं सीखी जा सकती. अँग्रेजी सीखने और बोलने में वर्षों लगते हैं. अंग्रेजी का बोलना उसके पढ़ने और लिखने से अधिक कठिन है. यहाँ तक कि बड़े–बड़े अधिकारी और उच्च शिक्षित व्यक्ति भी अँग्रेजी बोलने में हिचकते हैं ।
- इस पुस्तक की सहायता से आप शुद्व अंग्रेजी लिखना व बोलना सीख सकते हैं, किन्तु सिखने में परिश्रम और लगन की भी आवश्यकता होगी. किसी भी युवक के लिए अँग्रेजी बोलने के लिए इतने लंबे समय तक इन्तजार करना कठिन है।
- अतः हमारा प्रयास है कि इस पुस्तक की सहायता से आप पहले ही दिन से भिन्न–भिन्न अवसरों, परिस्थितियों और संदर्भों में धाराप्रवाह अँग्रेजी बोल सकें, और अपना सामाजिक स्तर ऊँचा उठा सकें. यह सही है कि आप इतनी जल्दी अँग्रेजी भाषा तो नहीं सीख पाएंगे, लेकिन विशेष अवसरों पर अँग्रेजी बोल अवश्य सकेंगे. किसी भी स्थिति में पूरा वार्तालाप अँग्रेजी में कोई नहीं करता हाँ, बीच–बीच में कुछ वाक्य या ६ाब्द अंग्रेजी में बोल कर अच्छी तरह काम चलाया जा सकता है।
- अतः पुस्तक के आरंभ के इस भाग में लगभग उन सभी स्थितियों को चुन लिया गया है जो सामाजिक जीवन में उपस्थित होती हैं, और उन स्थितियों में साधारण तौर पर जो वाक्य बोले जाते हैं. उन सभी वाक्यों को हिन्दी, अँग्रेजी और अँग्रेजी के उच्चारण सहित भिन्न–भिन्न शीर्षकों के अन्तर्गत दिया जा रहा है।

- प्रारंभ की स्थिति में विद्यार्थी को ये वाक्य रट लेने चाहिए, और धीरे–धीरे अभ्यास करने पर वह स्वयं ऐसे अन्य वाक्यों के बनाने और बोलने में सक्षम हो जाएगा. अब आप एक–एक स्थिति को देखें, और उसके अन्तर्गत दिए गए वाक्यों को अंग्रेजी में याद करें।

(1) Salutation (सेल्यूटेशन) बोल चाल मे अभिवादन

अँग्रेजी संस्कृति में दिन और रात के भिन्न–भिन्न समयों में भिन्न–भिन्न प्रकार के अभिवादन शब्द प्रयोग किए जाते हैं. मिलने और विदा होने पर भी भिन्न–भिन्न शब्द प्रयोग किए जाते हैं. परन्तु भारतीय संस्कृति में अभिवादन का प्रायः एक ही शब्द प्रचलित है.नमस्ते या नमस्कार।

क्षेत्रीय सतह पर कुछ अन्य शब्द भी प्रचलित हैं, इन सभी शब्दों के प्रयोग में दिन या रात के समय से कोई अन्तर नहीं पड़ता. मिलने या बिछुड़ने पर भी वही शब्द प्रयोग किए जाते हैं। किन्तु दिये अँग्रेजी शिष्टाचार का पालन करना हो, या अँग्रेजी में वार्तालाप करना हो तो भिन्न–भिन्न समयों और अवसरों पर उपयुक्त अभिवादन शब्दों का प्रयोग करना नितान्त आवश्यक है. इसलिए हम भिन्न–भिन्न समयों और भिन्न–भिन्न अवसरों पर प्रयोग किए जाने वाले अभिवादन शब्दों का पूर्ण विवरण नीचे दे रहे हैं : .

(i) प्रातः काल से दोपहर बारह बजे तक–Good Morning (गुड मॉर्निंग) उपर्युक्त समय के अन्दर मिलने या विदा करने के दोनों ही अवसरों पर Good Morning कहते हैं. जैसे–

Good Morning, Dad (गुडमॉर्निंग डैड) = नमस्कार, पिताजी-

Good Morning, Mummy (गुड मॉर्निंग, मम्मी) = नमस्कार, माताजी-

Good Morning, Grand'pa, Grand'ma Uncle, Auntie, Brother, Sister, etc. (गुड मॉर्निंग ग्रेन्ड' पा, ग्रेन्ड'मा, अन्कल, ऑन्टी, ब्रदर, सिस्टर, etc.)=नमस्कार दादाजी, दादीजी, चाचाजी, चाचीजी, भाई साहब, बहिन जी आदि

Note : मॉर्निंग का समय रात को 12 बजे से सूर्योदय के समय तक भी मॉर्निंग कहा जाता है.

(ii) Good Afternoon दोपहर 12 बजे से सूर्यास्त के दो घंटे पहले तक Good Afternoon ;गुड ऑफ्रटरनून) : मिलने और विदा होने के दोनों ही अवसरों पर. जैसे-

Good Afternoon, Sir/Dear Friend/Papa, Mummy, etc.

(गुड आफ्रटरनून, सर/आफ्टरनून फ्रेंड मित्र/पापा/मम्मी, etc. = नमस्कार श्रीमान/प्रिय मित्रा/पिताजी/माताजी, आदि

(iii) Good Evening (गुड ईवनिंग) सांय काल से मध्य–रात तक केवल मिलने पर Good Evening कहा जाता है, Good Night नहीं. जैसे. Good Evening, Uncle] (गुड इवनिंग, अंकल) नमस्कार, चाचा जी-

(iv) सायंकाल से रात के 12 बजे तक ;केवल विदा लेते समय)-Good Night (गुड नाइट) : यह अभिवादन केवल सोने के लिए जाते समय या रात भर के लिए विदा लेते समय बोला जाता है. रात के समय मिलने पर कभी नहीं. यह निम्नलिखित चार अवस्थाओं में प्रयोग किया जाता है :

(a) रात को सोने के लिए जाते समय,

(b) सायंकाल या रात में किसी से विदा लेते समय,

(c) अपने साथ काम करने वाले सहयोगियों या कर्मचारियों से दिन भर काम करने के पश्चात् विदा लेते समय, चाहे वह समय सायंकाल का हो, चाहे दोपहर बाद का-

(d) शाम को किसी से बिना रुके हुए चलते–चलते नमस्कार करने के लिए. जैसे–

Good Night, friends (गुड नाइट, फ्रेंड्स), नमस्कार मित्रों-

Note: रात को सोने के लिए जाते हुए बराबर उम्र के मित्र या प्रेमी युगल एक दूसरे से Good Night के स्थान पर Sweet dreams, darling/dear friend (स्वीट ड्रीम्स, डार्लिंग/डियर फ्रेंफड) भी कहते हैं-

(v) Good Day (गुड डे) : दिन में किसी भी समय विदा लेते समय (मिलते समय नहीं) यह अभिवादन प्रयोग किया जा सकता है, यद्यपि सही अर्थों में यह English salutation (अँग्रेजी अभिवादन) है नहीं।

दिन में विदा लेते समय कभी–कभी 'Have a nice time' (हैव ए नाइस टाइम) भी कहा जाता है।

(vi) Good-Bye (गुड'बाय)- पारिवारिक सदस्यों, खास मित्रों या मिलने वालों से विदा लेते समय प्रयोग किया जाता है. यह दिन या रात में कभी भी प्रयोग किया जा सकता है ।

जैसे- Good Bye, dear Daddy, Mummy (गुड बाय, डियर डैडी, मम्मी) = नमस्कार, प्रिय पापा, मम्मी. खास मित्र लोग आपस में विदा लेते समय Good Bye के स्थान पर केवल Bye (बाय) या Bye Bye (बाय बाय) भी कहते हैं. अनौपचारिक(informal) सम्बन्धों में यह सही है।

बड़े लोग छोटों को विदा करते समय Adieu (एड्यू) भी कहते हैं. इसमें आशीर्वाद का भाव छिपा रहता है-

(vii) Cheerio (चीअरिवा) or So Long (सो लॉन्ग)- ये दोनों अभिवादन Good Bye के ही Slang (बोलचाल के) रूप हैं और विशेष निकटता वाले लोगों के बीच Good Bye के स्थान पर प्रयोग किए जाते हैं-

(viii) Farewell (फेयरवेल)- Good Bye के स्थान पर विदा लेते समय प्रयोग किया जाता है-

(ix) Hello/Hallo/Hullo (हैलो) Hi (हाय) घनिष्ट मित्रा या सहयोगी आपस में मिलने पर या दूर से ही देख लेने पर ये सम्बोधन प्रयोग करते हैं. मित्र लोग अपने पत्रों में भी नमस्कार के स्थान पर इन शब्दों का प्रयोग करते हैं. इनका प्रयोग अपने से बड़ो या कम जान पहचान वाले लोगों के साथ नहीं किया जाता है-

Note : किसी का ध्यान आकर्षित करने के लिए अथवा आश्चर्य या उत्सुकता का भाव प्रकट करने के लिए भी इन सम्बोधनों का प्रयोग किया जाता है. इन्हीं अर्थों में Hey (हे) का प्रयोग भी किया जाता है. जैसे- Hello, What are you doing there? (हैलो, व्हाट आर यू डूइंग देयर ?) कहिए आप वहां क्या कर रहे हैं? Hello, What is this? (हैलो, व्हाट इष दिस ?) अरे, यह क्या है?

(x) See you/Hope to see you again (सी यू/ होप टु सी यू अगेन) घनिष्ट मित्र या पारिवारिक लोग विदा लेते समय इन वाक्यों का प्रयोग भी करते हैं, जिनका अर्थ है फिर मिलेंगे. आशा है फिर मिलेंगे.

(xi) Pleased to meet you (प्लीश टु मीट यू) - घनिष्ट लोग मिलते ही Pleased to meet you भी कहते हैं, जिसका अर्थ है- आपसे मिलकर प्रसन्नता हुई.

(xii) किसी प्रियजन के यात्रा पर जाते समय, या किसी परीक्षा या इन्टरव्यू के लिए जाते समय इन शब्दों से शुभ कामनाएं दी जाती हैं - Good Luck (गुड लक) Best of Luck (बेस्ट ऑफ लक), My / Our Best Wishes (माई / अवर बैस्ट विशश), All the best (ऑल द बैस्ट) लम्बी यात्रा के लिए विदा करते समय कहना चाहिए.

(xiii) "Wish you (you all) a happy/comfortable Journey. " विश यू (यू ऑल) ए हैप्पी / कम्पफर - टेबिल जर्नी) समुद्री या हवाई यात्रा पर जाने वाले से कह सकते है - "Bon Voyage" (बॉन वायेश) यह फ्रेंच भाषा का expression है, जिसका अर्थ है "Wish you a happy Journey".

आइये पुन: बोल चाल की भाषा मे अभिवादन शब्द को समझे।

Greetings (अभिवादन)

सुबह से दिन 12 बजे तक		
1.	Good morning, Grand pa!	(नमस्ते दादा जी)
2.	Good morning, Dad !	(नमस्ते पिताजी)
3.	Good morning, my son!	(नमस्ते बेटा)
दिन 12 बजे से शाम पाँच बजे तक		
3.	Good afternoon, Grand ma!	(नमस्ते दादी जी)

4.	Good afternoon, Dad !	(नमस्ते पिताजी)
5.	Good afternoon, my son!	(नमस्ते बेटा)
11.	Good bye, children !	(अलविदा बच्चों)
12.	Bye bye !	(अलविदा)
13.	Farewell, my love!	(अलविदा प्रिये)
14.	Hope to see you again so long!	(आशा है आपसे इतने लम्बे समय के लिए फिर से मिलेगें)
रात्रि विदाई का समय		
9.	Good night!	(शुभ रात्रि)
10.	Sweet Dreams, darling!	
दिन में किसी भी समय		
9.	Good day to you, sir	(आपका दिन अच्छा हो श्रीमान)
10.	Pleased to meet you.	(आपसे मिलकर खुशी हुई)
विदाई के समय		
11.	Good bye, children !	(अलविदा बच्चों)
12.	Bye bye !	(अलविदा)
13.	Farewell, my love!	(अलविदा प्रिये)
14.	Hope to see you again so long!	(आशा है आपसे इतने लम्बे समय के लिए फिर से मिलेगें)

शिष्टाचार (Greetings)

1.	Please	(कृपया)	2.	Thanks	(धन्यवाद)
3.	Welcome	(आपका स्वागत है)	4.	Kindly	(कृपया)
5.	Allow me	(मुझे अनुमनि दे)	6.	Sorry	(क्षमा करें)
7.	Excuse me	(माफ करना)	8.	Pardon	(क्षमा करें)
9.	No mention	(इसकी जरूरत नही)	10.	It's my pleasure	(मेरा सौभाग्य है)
11.	Pardon	(क्षमा करें)			

Main Points relating to Greetings (अभिवादन से सम्बन्धित मुख्य बिंदु)

आइये अब आपको उपर दिये हुए अभिवादन के बारे में विस्तृत जानकारी दें। किस अभिवादन का कब और कैसे प्रयोग होता है, अवगत करायें।

1 **अभिवादन (Salutation)** हमेशा द्विपक्षीय होता है. पहले छोटा अपने से बड़े का अभिवादन करता है, और बड़े को उसका प्रत्युत्तर अवश्य देना चाहिए. अंग्रेजी सभ्यता में एक पक्ष अभिवादन के लिए जिन शब्दों का प्रयोग करता है, दूसरा पक्ष प्रत्युत्तर में उन्हीं शब्दों को वापस बोलता है. इसलिए यदि आपसे कोई Good Morning, Good Evening, Bye-Bye या See you कहे तो आपको भी प्रत्युत्तर में ये ही शब्द बोलने चाहिए.

2. अंग्रेजी में परिवार के लोगों को बातचीत में संक्षिप्त शब्दों से संबोधन करना अधिक स्वाभाविक लगता है. संक्षिप्त संबोधन ये हैं-

(i)	Grandfather	-	Grand'pa
	Grandmother	-	Grand'ma
	Father	-	Papa, Daddy, Dad
	Mother	-	Mummy, Mamma/Mum, Mom.

(ii) Uncle : अँग्रेजी में चाचा, ताऊ, मामा, फूफा, मौसा, जैसी श्रेणी के सभी रिश्तेदारों या मिलने वालों को Uncle (अंकल) कहा जाता है.

(iii) सभी चाची ताई, मामी, बुआ, मौसी आदि को Aunt/ Aunty Auntie (ऑन्ट, आन्टी) कहा जाता है.

(iv) सभी तरह के चचेरे ममेरे आदि भाई और बहिनों को Cousins (कज़िन्स) कहते हैं. कज़िन्स ब्रदर (Cousin Brother) या कज़िन्स सिस्टर(Cousin Sister) नहीं कहते.

(v) प्रियतम या प्रियतमा को My dear (माइ डियर), My Love (माइ लव) या My Darling (माइ डार्लिंग) My Honey (माइ हनी) जैसे शब्दों से संबोधित करते हैं.

(vi) पुरुषों के लिए आदरसूचक संबोधन Sir तथा महिलाओं के लिए 'Madam' प्रयोग किया जाता है.

3. तुम/ आप (You)

हिन्दी और अंग्रेजी के आदर सूचक सर्वनाम में एक भारी अन्तर है. हिन्दी में तुम और आप दो शब्द प्रयोग किए जाते हैं- 'तुम' अपने बराबर या अपने से छोटे के लिए, तथा 'आप' अपने से बड़ों के लिए आदर भाव प्रदर्शित करने के लिए, लेकिन अंग्रेजी में 'तुम' और 'आप' दोनों ही के लिए एक ही शब्द 'You' प्रयोग किया जाता है. उदाहरण के लिए-

तुम कहाँ जा रहे हो?	Where are you going?
आप कहाँ जा रहे हैं?	(व्हेअर आर यू गोइन्ग ?)
तुम्हारी किताब कौन सी है?	Which is your Book?
आपकी किताब कौन सी है?	(व्हिच इश योर बुक ?)
तुम अच्छे वक्ता हो.	You are a good speaker.
आप अच्छे वक्ता हो	(यू आर ए गुड स्पीकर .)

(2) Sentences Relating to Etiquette and Good Manners (शिष्ट व्यवहार से सम्बन्धित वाक्य)

सामाजिक जीवन में नम्रता, शिष्टाचार एवं शिष्ट व्यवहार का महत्व सर्वविदित है. इनके अपनाने से जीवन में सहजता, सरसता एवं शालीनता आ जाती है. किसी भी क्षेत्र में सफलता पाने के लिए भी इनका महत्व है. भारतीय शिष्टाचार तथा अँग्रेजी शिष्टाचार में बहुत सी बातों में समानता तथा बहुत-सी बातों में भिन्नता होती है. हम यहाँ अँग्रेजी शिष्टाचार एवं सद्व्यवहार से सम्बन्धित वाक्यों का विस्तार से विवरण दे रहे हैं.

नम्रता एवं शिष्टाचार के मुख्य-मुख्य शब्द या फेजेज (Words or phrases) जिनका प्रयोग बातचीत के बीच प्रसंग के अनुसार करना चाहिए, ये हैं-

1. Please (प्लीज)

नम्रता सूचक सर्वाधिक प्रचलित शब्द Please (प्लीज)- कृपया है. प्रत्येक प्रार्थना (Request), प्रस्ताव (Proposal) या आज्ञा (Order) सूचक वाक्यों में 'Please' अवश्य लगाना चाहिए

वाक्य में 'Please' किस स्थान पर लगाया जाय इसके भी कुछ नियम हैं-

(a) यदि वाक्य Request सूचक है तो 'Please वाक्य के अन्त में लगाया जाता है. जैसे-

1. Help me, please.(हेल्प मी, प्लीज) - कृपया मेरी मदद कीजिए,
2. Come here, please. (कम हेयर प्लीज) - कृपया यहां आइए,
3. Have your seat, Please (हैव योर सीट, प्लीज) - कृपया अपने स्थान पर बैठिए.
4. Would you lend my your pen for a minute, please? (वुड यू लेन्ड मी योर पेन फॉर ए मिनट, प्लीज ?) कृपया एक मिनट के लिए मुझे अपना पेन दे देंगे?

ऐसे वाक्यों को 'Please' से शुरू करना गलत है. हमें इस प्रकार लिखना या बोलना नहीं चाहिए-

1. Please, come here.
2. Please have your seat.

(b) आज्ञा-सूचक वाक्यों (Imperative sentences) में 'Please' वाक्य के आरंभ में लगाया जाता है, जैसे-

1. Please close the door? (प्लीज क्लोज द डोर) कृपया दरवाजा बन्द कर दीजिए,
2. Please bring me a glass of water. (प्लीज ब्रिंग मी ए ग्लास ऑफ वाटर) कृपया मेरे लिए एक गिलास पानी लाइए.

(c) यदि Request का रूप प्रश्न-वाचक वाक्य (Interrogative sentence) हो तो 'Please ' वाक्य के बीच में लगते हैं जैसे-

1. Will you please close the window? (विल यू प्लीज क्लोज द विन्डो?) क्या आप कृपया दरवाजा बन्द करेंगे?
2. Will you please stop crying? (विल यू प्लीज काइग?) क्या आप कृपया रोना बन्द करेंगे?
3. May I sit here, please? (मे आइ सिट हियर, प्लीज?) कृपया, क्या मैं यहां बैठ सकता हूं?

(d) यदि किसी (Request), परामर्श (Suggestion) अथवा पूछताछ (Enquiry) का उत्तर देना हो, और यदि वह उत्तर स्वीकृति–सूचक (Affirmative) हो तो 'please' का प्रयोग करते हैं, और यदि उत्तर नकारात्मक (Negative) हो तो 'Please' नहीं लगते, स्वीकृति-सूचक वाक्यों के लिए Yes, please तथा नकारात्मक वाक्यों के लिए No, thanks कहते हैं,

यहां यह भी ध्यान रखें कि उपर्युक्त उत्तरों में Yes, please या No, thanks ही कहते हैं, Please, yes या Thanks, no नहीं कहते, जैसे-

1. Will you please have another cup of tea? (विल यू प्लीज हैव एनोदर कप ऑफ टी?)
   क्या आप कृपया एक प्याला चाय और लेंगे?
   उत्तर-(a) Yes, please अथवा No, thanks/No, thanks you.
2. Are you staying with me? (आर यू स्टेइंगग विद मी?) क्या आप मेरे साथ ठहरेंगे?
   (a) Yes, please.
   (b) No, thanks/No, thank you.

2. Thanks (थैंक्स)

प्रचलित शिष्टाचार का शब्द है Thanks (थैंक्स) धन्यवाद Thank you या Many many thanks.

इन शब्दों का प्रयोग अपने प्रति किए गए किसी उपकार के लिए, या किसी request, proposal, या suggestion को किसी के द्वारा स्वीकार कर लिए जाने के उपरान्त उस के प्रति अपनी कृतज्ञता जाहिर करने के लिए किया जाता है.

बातचीत के सिलसिले में इन शब्दों का प्रयोग न करना अशिष्टता का चिह्न है अपने प्रति किए गए छोटे से छोटे उपकार या कार्य के लिए भी Thanks या Thank you कहना चाहिए. आपके बिना कहे हुए या बिना request किए हुए भी यदि कोई आपका छोटा-सा कार्य भी करे तो Thank you बोलना चाहिए. यदि आपका नौकर भी आप के लिए पानी का गिलास ला कर देता है तो उससे Thanks या Thank you कहना चाहिए.

यह भी याद रखें कि आप किसी की request, proposal या suggestion को स्वीकार करें या न करें. Thanks, या Thank you आपको दोनों ही सूरतों में बोलना है. स्वीकृति के लिए Yes, thank you/ thank, तथा अस्वीकृति के लिए No, thanks / thank you कहना चाहिए. यह भी याद रखें कि सही वाक्यांश (Expression) Yes, thank you या No, thank you है, न कि Thank you, yes या Thank you, no.

जैसे-

1. You helped me a lot. Thank you very much. (यू हेल्पड मी ए लौट. थैंक यू वैरी मच.)
   आपने मेरी बहुत मदद की. आपको बहुत-बहुत धन्यवाद.

2. You gave me a very timely advice. Thank you. (यू गेव मी ए वैरी टाइमली एडवाइस. थैंक यू.)
   आपने मुझे सही समय पर अच्छी सलाह दी. धन्यवाद.
3. Will you have another cup of tea? (विल यू हैव एनोदर कप ऑफ टी)
   क्या आप एक प्याला चाय और लेंगे?

उत्तर No, thank you/yes, thankyou. (नो, थैंक यू/ यस, थैंक यू)
   नहीं, धन्यवाद. हाँ, धन्यवाद.

4. Thank you for giving me your pen. (थैंक यू फॉर गिविंग मी योर पैन-)
   अपना पेन देने के लिए धन्यवाद.
5. Thanks for your suggestion. (थैंक्स फॉर योर सजेशन.) आपके सुझाव के लिए धन्यवाद.

Note : प्रश्नवाचक वाक्यों के उत्तर Yes, thank you के स्थान पर Yes, please भी कह सकते हैं.

3. Reply to 'Thanks' (धन्यवाद' का प्रत्युत्तर)

यदि कोई आपको किसी भी कार्य के लिए धन्यवाद दे, तो धन्यवाद सुनकर चुप नहीं रहना चाहिए. धन्यवाद का प्रत्युत्तर देना भी अंग्रेजी सभ्यता में आवश्यक है. 'धन्यवाद' के निम्नलिखित उत्तर हो सकते हैं :

(a) It's all right. (इट्स ऑल राइट) ठीक है/ कोई बात नहीं,
(b) My pleasure/ It's my pleasure. (माइ प्लेशर / इट्स माइ प्लेशर) मुझे खुशी हुई.
(c) No mention. (नो मेन्शन) कुछ नहीं/ कोई बात नहीं,
(d) Welcome/You're welcome. (वैलकम/यू आर. वैलकम) आपका स्वागत हैं,

इन चारों प्रयुत्तरों में प्रथम सर्वाधिक प्रचलित है और अन्तिम सर्वाध्क नम्रतासूचक, उच्च समाज में अन्तिम उतर का प्रयोग सर्वाधिक शिष्ट माना जाता है।

4. Kindly (काइण्डली)

Kindly or Please में अंतर नहीं है, दोनों का अर्थ है 'कृपया / कृपा करके', किन्तु इनके प्रयोग में अन्तर है, 'Kindly' वाक्य के आरम्भ में ही लगाया जाता है, और इसका प्रयोग पूर्ण साधारण वाक्य में ही करते हैं, प्रश्नवाचक या आज्ञासूचक वाक्यों में नहीं, जैसे-

1. Kindly leave my seat. (काइण्डली लीव माइ सीट) कृपया मेरी सीट छोड़ दीजिए.
2. Kindly lend my your book. (काइण्डली लैण्ड मी योर बुक)
   कृपया अपनी किताब मुझे (उधार) दे दीजिए.

किन्तु निम्नलिखित रूप में Kindly का प्रयोग गलत है, क्योंकि वाक्य का रूप प्रश्नवाचक है-

1. I have your pen, kindly? यहां Kindly के स्थान पर 'please' होना चाहिए.)
   इसी प्रकार Yes, kindly याNo, kindly कहना भी गलत है Yes, please या No, please सही है.

5.- Sorry (सॉरी)

अंग्रेजी सभ्यता में 'Sorry' का प्रयोग भी बहुत होता है. 'Sorry' का अर्थ है 'खेद' यदि आपसे असावधानी में कोई छोटी-सी गलती हो जाय, या आपके मुँह से कोई गलत शब्द निकल जाय, या आपके किसी भी कार्य से किसी को असुविधा हो, या उसके मन को ठेस पहुँचे तो फौरन Sorry कहना चाहिए. यदि आप किसी की request या demand (माँग) को स्वीकार न कर सके तो भी फौरन Sorry कहना चाहिए. यदि आप चलते-चलते धोखे से किसी से टकरा जाएं, या भीड़ में किसी महिला को छूलें, या आप किसी का सामान गिरा दें, या किसी से बात करते हुए आपको छींक आ जाय तो आपको फौरन Sorry कहना चाहिए.

केवल Sorry कहना ही पर्याप्त होता है, या फिर कहि Very sorry (वैरी सॉरी) या I'm sorry very (आइ'म सॉरी / वैरी सॉरी).

या कहिए I am very sorry, I cannot help you. (आइ ऐम वैरी सॉरी, आइ केन्नौट हैल्प यू) मुझे अफसोस है, मैं आपकी मदद नहीं कर सकता. I am sorry I forgot to bring your book. (आइ'म सॉरी, आय फौरगौट टु ब्रिंग योर बुक)- मुझे अफसोस है मैं आपकी किताब लाना भूल गया.

6. Excuse me (एक्सक्यूज़ मी)

'Excuse me' भी Sorry का ही एक रूप है. छोटी-छोटी गलती करने पर भी Excuse me'मुझे माफ करिए' कहा जाता है. व्यवहार में इसके और भी प्रयोग हैं. यदि दो व्यक्ति दरवाजे पर रास्ता रोके हुए बातचीत कर रहे हों, और आपको उधर से निकलना हो तो आप उनके पास जाकर कहेंगे- 'Excuse me' यह सुनकर वे लोग रास्ता छोड़ देंगे. इसी प्रकार, यदि आप कुछ मित्रों के साथ बातचीत कर हों और आपको बीच में उठ कर जाना पड़े तो आपको 'Excuse me' कहते हुए उठना चाहिए. इसी प्रकार, यदि आप अपने पास खड़े हुए किसी व्यक्ति का ध्यान अपनी ओर आकर्षित करना चाहते हैं । तो आप कहेंगे- 'Excuse me'.

7. Pardon / I beg your pardon (पारडन / आइ बैग योर पारडन)

इस वाक्य का एक विशेष प्रयोजन है. यदि आप किसी व्यक्ति से आमने-सामने या टेलीफोन से बात कर रहे हों और आपको कोई बात स्पष्ट सुनाई न दे, या आप समझ न पाएं, और आप चाहते हों कि वह व्यक्ति उस वाक्य को दुबारा बोले, तो आप कहिए 'Pardon' या 'I beg your pardon' (आइ बैग योर पारडन) - 'माफ करिए, तो वह व्यक्ति समझ जाएगा कि आप उसकी बात समझ नहीं पाए, और वह उस वाक्य को दुबारा बोलेगा. इन्टरव्यू (interview) देते समय भी इस वाक्य को प्रयोग कर सकते हैं ।

8. May I / Allow me (मे आइ / एलाउ मी)

कभी-कभी ऐसी स्थिति हो जाती है कि आपका अपनी ही तरफ से किसी की मदद करने का मन हो जाता है. उदाहरण के लिए, यदि किसी वृद्ध (या महिला को सिढ़ियाँ चढ़ने या सड़क पार करने में कठिनाई हो रही है, और आप उसकी मदद करना चाहते हैं, तो आप उसके पास जाकर कहेंगे 'May I help you?' (मे आइ हैल्प यू ?) 'क्या मैं आपकी मदद कर सकता हूँ?' या आप कहेंगे 'Allow me to help you' (एलाउ मी टु हेल्प यू) मुझे आपकी मदद करने दीजिए'.

9. Can/Could (कन / कुड)

Can या Could से भी नम्रता सूचक वाक्य शुरू होते हैं. जैसे

Can I sit here? (केन आइ सिट हियर?)
क्या मैं यहाँ बैठ सकता हूँ?

Can I talk to you? (केन आइ टॉक टु यू?)
क्या मैं आपसे बात कर सकता हूँ?

Could और भी अधिक नम्रता सूचक होता है. जैसे

(Can/Could) -Can you recommend my application? (कुड यू रिकमेन्ड माइ एप्लीकेशन?)
क्या आप मेरे प्रार्थना-पत्र पर अपनी सिफारिश लिख सकेगे?

10. 'Would you mind' (वुड यू माइन्ड)

'Would you mind' (वुड यू माइन्ड) क्या आप इतना कष्ट उठाएंगे?
यह भी एक नम्रता सूचक phrase है. जैसे

Would you mind telling me your name? (वुड यू माइन्ड टैलिंग मी योर नेम?)
क्या आप मुझे अपना नाम बताने का कष्ट करेंगे?

Would you mind shifting to that side? (वुड यू माइन्ड शिफटिंग टु दैट साइड?)
क्या आप उस तरफ खिसकने का कष्ट करेंगे?

02 SENTENCES USED IN OUR DAILY LIFE
(दैनिक जीवन मे प्रयोग होने वाले वाक्य)

2.1 Important point at Finger tips (फिंगर टिप्स पर मुख्य बिंदु)

कुछ मुख्य शिष्टाचार तथा नम्रता के शब्द ये हैं-

1. Please (प्लीज) कृपया
2. Thanks (थैंक्स) धन्यवाद
3. Kindly (काइण्डली) कृपा करके
4. Sorry (सॉरी) अफसोस है, खेद हैं
5. Excuse me (एक्सक्यूश मी) मुझे माफ करें
6. Pardon/1 begyour pardon (पारडन /आइ बैग योर पारडन)
   क्षमा कीजिए मैं माफी माँगता हूँ।
7. May 1/ Allow me (मे आइ / एलाउ मी) या मैं (मदद) कर सकता हूँ
   (मुझे मदद करने दीजिए)
8. Can/Could (कैन/कुड) कर सकता हूँ करूँ।
9. Wouldyoumind(वुड यू माइण्ड) क्या आप कष्ट करेंगे
10. अमेरिकन English में Mayका प्रयोग कम होता है
    May के स्थान पर 'Can' का प्रयोग अधिकांशतः किया जाता है |
11 'Can' और 'Could'दोनों ही नम्रतासूचक शब्द हैं, किन्तु Can की अपेक्षा Couldअधिक
    नम्रतासूचक माना जाता है। उदाहरण के लिए, 'Can isit ?' और 'Could' isit ?' में 'Could' वाला वाक्य अधिक नम्रतासूचक है।
12. इसी प्रकार 'will' और 'would' में 'would' तथा 'may' और'might' में 'might' अधिक नम्रतासूचक है।
13. याद रखें Thank का प्रयोग Singular Number में कभी नहीं करना चाहिए, हमें हमेशा Thanks कहना चाहिए, केवल Thank नहीं, या Thank you कहना ठीक है।
14. Thanks के उत्तर में 'You are welcome' कहना अधिक modern एवं शिष्ट कहलाता है।

2.2 some selective sentences (कुछ चुने हुए वाक्य)

1. मुझे बहुत अफसोस है। I am very sorry. (आइ ऐम वैरी सॉरी ।)
2. अपनी गलती के लिए क्षमा चाहता हूँ
   I beg your pardon for my mistake. (आइ बैग योर पारडन फॉर माइ मिस्टेक)
3. माफ कीजिए, मुझे देर हो गई Excuse me for being late.
   (एक्सक्यूज मी फॉर माई बीइंग लेट ।)
4. ऐसी गलती मैं फिर कभी नहीं करूँगा I shall never repeat this (or, such a) mistake
   (आइ शैल नैवर रिपीट दिस (ऑर, सच ए) मिस्टेक ।)
5. मुझे वास्तव में बड़ा अफसोस है। I am really very sorry.
   (आइ ऐम रीयली वैरी सॉरी ।)
6. कृपया शान्त हो जाइए। Kindly be quiet.
   (काइण्डली बी क्वायट ।)

7. कृपया मेरी ओर से क्षमा माँग लीजिए। Please beg my apologies.
   (प्लीज बैग माइ एपोलोजीज।)
8. कृपया मुझे बैठ जाने दीजिए। Kindly let me sit
   (काइण्डली लैट मी सिट।)
9. क्या मैं आपसे बात कर सकता हूँ? Can/Could I talk to you?
   (कैन / कुड आइ टॉक टु यू।)
10. मेरी स्पष्ट वादिता के लिए मुझे क्षमा कीजिए। Excuse me for my plain speaking.
    (एक्सक्यूश मी फॉर माइ प्लेन स्पीकिंग।)
11. अब ऐसा कभी नहीं होगा। This will never happen again.
    (दिस विल नैवर हैपन अगेन।)
12. कृपया मुझे जाने दीजिए। Kindly let me go.
    (काइन्डली लैट मी गो।)
13. क्या मुझसे कोई गलती हो गई? Have I committed some mistake?
    (हैव आइ कामिटड सम मिस्टेक?)
14. आपकी कृपा है। It's your kindness/grace.
    (इट्स योर काइन्डनैस / ग्रेस।)
15. कृपा करके मेरी बात सुनिए कृपया मेरी बात पर ध्यान दीजिए। Kindly listen to me.
    (काइन्डली लिसिन टु मी।)
    Kindly pay attention to what I say. (काइन्डली पे अटेन्शन टु व्हाट आइ से।)
16. आपका आशीर्वाद चाहता हूँ. I seek/need your blessings.
    (आइ सीक / नीड योर ब्लैसिन्स)
17. क्षमा करें, मैं आपकी भावनाओं को चोट नहीं पहुँचाना चाहता था,
    Pardon me, I never meant to hurt your feelings.
    (पार्डन मी, आइ नैवर मैन्ट टु हर्ट योर फीलिंग्स)
18. आपकी बड़ी कृपा है। It's so gracious of you.
    (इट्स सो ग्रेशश ऑफ यू)
19. आपकी क्षमा का आकांक्षी हूँ। I crave your pardon.
    (आइ क्रेव योर पार्डन)
20. आपके आशीर्वाद का आकांक्षी हूँ। I crave your blessings.
    (आइ क्रेव योर ब्लैसिंग्स)

2.3 Relating to Welcome, Meeting and Parting
(स्वागत, भेंट एवं विदा के सम्बन्ध में)

1. स्वागत! — Welcome! (वैलकम!)
2. आपका हार्दिक स्वागत! — Hearty welcome to you! (हार्टी वैलकम टु यू!)
3. आपका बहुत-बहुत स्वागत है — You are most welcome. (यू आर मोस्ट वैलकम।)
4. आइए, अबकी आप बहुत दिनों बाद आए हैं — Come please, you have come after a long time.
   (कम प्लीज यू हैव कम आफ्रटर ए लौंग टाइम।)

5. हम आपका ही इंतजार कर रहे थे।	We were only waiting for you. (वी वर ऑन्ली वेटिंग फॉर यू ।)
6. आपसे मिलकर खुशी हुई।	Pleased to meet you / Nice to meet you. (प्लश्ड टु मीट यू/ नाइस टु मीट यू ।)
7. हमें बहुत खुशी है कि आप आए।	We are glad that you came. (वी आर ग्लैड दैट यू केम ।)
8. आपका हर बार बहुत स्वागत है।	You are most welcome every time. (यू आर मोस्ट वैलकम एवरी टाइम ।)
9. आपका आने के लिए धन्यवाद	Thanks for coming. (थैंक्स फॉर कमिंग।)
10. आइए, आइए, आपका बहुत- बहुत स्वागत	Come in, come in, you are most welcome. कम इन, कम इन, यू आर मोस्ट वैलकम ।)
11. आइए, कृपया बैठिए, तशरीफ रखिए।	Come, please; have your seat/ be seated. (कम, प्लीज हैव, योर सीट / बी सीटेड ।)
12. मुझे बहुत खुशी हुई कि मैं यहाँ आया।	I am so glad that I came here. (आइ ऐम सो ग्लेड दैट आइ केम हीयर ।)
13. आप आएंगे तो मुझे बहुत खुशी होगी।	If you come, I shall feel so happy. (इफ यू कम, आइ शैल फील सो हैप्पी ।)
14. मेरे आने से आपको बड़ा कष्ट हुआ।	My visit put you to so much botheration. (माइ विजिट पुट यू टु सो मच बौदरेशन ।)
15. अच्छा में कभी फिर आऊँगा।	All right, I shall come some time again. (आल राइट, आइ शैल कम सम टाइम अगेन ।)
16. अब मैं आपसे इजाजत लूंगा।	Now I'll take leave of you. (नाउ आइल टेक लीव ऑफ यू ।)
17. अब मुझे जाने की आज्ञा दीजिए।	Now permit me to go. (नाउ परमिट मी टुगो ।)
18. अब मैं जाना चाहूँगा मुझे देर हो रही है।	Now I would like to go I am getting late. (नाउ आइ वुड लाइक टु गो य आइ ऐम गैटिंग लेट.)
19. आपके स्वागत और सत्कार के लिए धन्यवाद।	Thanks for your welcome and hospitality. (थैंक्स फॉर योर वैलकम एण्ड हॉस्पीटेलिटी ।)
20. कभी आप भी आने का समय निकालिए।	Please find some time to come. (प्लीश फाइन्ड सम टाइम टु कम ।) Please make it convenient to come some time. (प्लीश मेक इट कन्वीनियेन्ट टु कम सम टाइम ।)

Note :

1. उपर्युक्त वाक्य नं. 19 में एक शब्द 'hospitality' आया है, जिसका अर्थ है 'मेहमानदारी'। इस शब्द का 'Hospital' से सम्बन्ध नहीं है। कुछ लोग 'hospitality' के स्थान पर 'hospitability' प्रयोग करते हैं। जो गलत है. इसका ध्यान चाहिए।

2. वाक्य नं. 16 में 'take leave of you' आया है जो सही expression है। कुछ लोग इसके स्थान पर 'take your leave' कहते हैं, जो गलत है, इसका भी ध्यान रखना चाहिए।
3. उपर्युक्त वाक्य नं. 3 व 10 में 'You are most welcome' आया है। कुछ लोग इसके स्थान पर 'You are most welcomed' कहते हैं। जो गलत है।

2.4 Congratulations and well Wishes (बधाई और शुभकामनाए)

1. नवीन वर्ष / नए साल की बधाई — New Year greetings. (न्यू इयर ग्रीटिन्स |)
2. नया साल आपके लिए शुभ हो! — Wish you a happy New Year! (विश यू ए हैप्पी न्यू इयर !)
3. नए साल में हम आपके लिए सुख एवं शान्ति की समृद्धि कामना करते हैं ! — We pray for your happiness, prosperity and peace in the New Year ! (वी प्रे फॉर योर हैप्पीनेस प्रॉस्पेरिटी एण्ड पीस इन द न्यू इयर!)
4. दीवाली की शुभकामनाएं / दीवाली शुभ हो! — Heartiest Deepawali greetings/Wish You a happy Diwali! (हार्टियेस्ट होली ग्रीटिन्स / विश यू ए हैप्पी होली!) (**उत्तर में कहेंगे** - 'The same to you' (द सेम टु यू))
5. दीपावली आपके लिए सुख, समृद्धि और खुशी लाए! — May Deepawali bring you happiness, prosperity and joy! (मे दीपावली ब्रिन्ग यू हैप्पीनेस प्रॉस्पेरिटी एण्ड जॉय!)
6. नव-दम्पति को हमारी शुभकामनाएं एवं आशीर्वाद! — Our good wishes and blessings to the newly wedded couple
7. आपका दाम्पत्य जीवन सुखमय एवं समृद्धिशाली हो — May your married life be happy and prosperous ! (मे योर मैरिड लाइफ बी हैप्पी एण्ड प्रॉस्पेरस !)
8. सुखमय और दीर्घ वैवाहिक जीवन के लिए हमारी शुभकामनाएं ! — Our good wishes for a long and happy married life! (आवर गुड विशज फॉर ए लोंग एण्ड हैप्पी मैरीड लाइफ !)
9. वर-वधू पर ईश्वर की असीम कृपा हो — May Heaven's choicest blessings be showered the upon young couple! (आवर गुड विशेज एण्ड ब्लैसिन्स टु द न्यूली बैडड कपिल!)
10. आप दोनों का दाम्पत्य-जीवन सुखी एवं समद्धशाली हो — Wish you both a happy and prosperous wedded life! (विश यू बोध ए हैप्पी एण्ड प्रॉस्पेरस वैडड लाइफ !)
11. विवाह की वर्षगाँठ पर शुभकामनाएं — Best wishes on your Wedding Anniversary! (बैस्ट विशज ऑन योर वैडिंग एनीवर्सरी!)
12. जन्म- दिवस पर हार्दिक बधाई ! — Hearty congratulations on your Birth-Day! (हार्टी कॉन्ग्रेचुलेशन्स ऑन योर बर्थडे !)
13. आपकी सफलता के लिए हार्दिक बधाई ! — Heartiest congratulations on your success! (हार्टियेस्ट कॉन्ग्रेचुलेशन्स ऑन योर सक्सेस!)
14. चुनाव में जीतने के लिए हार्दिक बधाई ! — Heartiest congratulations on your victory in elections! (हार्टियेस्ट कॉन्ग्रेचुलेशन्स ऑन योर विक्टरी इन इलेक्शन्स!)

15. परीक्षा में प्रथम श्रेणी प्राप्त करने के लिए हार्दिक बधाई! — Heartiest congratulations on securing first division in the examination!
(हार्टियेस्ट कॉन्ग्रेचुलेशन्स ऑन सिक्योरिंग फर्स्ट डिवीजन इन द एग्जामिनेशन)

16. ऐसा शुभ दिन बार -बार आए — Wish you many happy returns of the day!
(विश यू मैनी हैप्पी रिटर्न्स ऑफ द डे !)

17. नवजात शिशु को हार्दिक आशीर्वाद ! — Heartiest blessings to the new-born child !
(हार्टियेस्ट ब्लैसिंग्स टु द न्यू बोर्न चाइल्ड)

18. नवजात शिशु दीर्घायु हो और स्वस्थ रहे ! — May the new&born child be healthy and live long !
(मे द न्यू बॉर्न चाइल्ड बी हैल्दी एण्ड लिव लोंग)

19. शिशु जन्म पर हार्दिक बधाई ! — Hearty congratulations on the New Arrival!
(हार्टी कॉन्ग्रेचुलेशन्स ऑन द न्यू एराइवल !)

20. विवाह की वर्षगाँठ पर शुभकामनाएं ! — Best wishes on your Wedding Anniversary!
(बैस्ट विशज ऑन योर वैडिंग एनीवर्सरी!)

or

Hearty felicitations on your Wedding Anniversary!
(हार्टी फैलिसीटेशन्स ऑन योर वैडिंग एनीवर्सरी!)

21. विवाह की वर्ष गाँठ पर हार्दिक बधाई! — Hearty congratulations on your Wedding Anniversary!
(हार्टी कॉन्ग्रेचुलेशन्स ऑन योर वैडिंग एनीवर्सरी!)

22. आपकी तरक्की पर आपको बधाई ! — Congratulations on your promotion !
(कॉन्ग्रेचुलेशन्स ऑन योर प्रोमोशन !)

23. सफलता के लिए अग्रिम बधाई- — Congratulations in advance on your success-
(कॉन्ग्रेचुलेशन्स इन एडवान्स ऑन योर सक्सैस.)

24. क्रिसमस की हार्दिक शुभ कामनाएं ! — Happy-Merry Christmas !
(हैप्पी / मैरी क्रिसमस !)

25. जीत पर आपको बधाई. — Congratulations on your victory.
(कॉन्ग्रेचुलेशन्स ऑन योर विक्टरी.)

26. शीघ्र स्वास्थ्य लाभ की शुभ कामनाएं. — Wish you speedy recovery.
(विश यू स्पीडी रिकवरी.)

27. आपको इस सम्मान पर हार्दिक बधाई. — Congratulations on the honour conferred on you.
(कॉन्ग्रेचुलेशन्स ऑन द ऑनर कनफर्ड ऑन यू.)

2.5. SORROW AND CONDOLENCES (शोक एवं संवेदना)

1. आपके पिताजी के स्वर्गवास पर गहरी संवेदनाएं — Deep condolences on the demise of your father!
(डीप कन्डोलेन्सेज ऑन दी डिमाइज ऑफ योर फादर)

2. आपके दुःख में हम आपके साथ हैं. — We share your grief.
(वी शेयर योर ग्रीफ.)

3. ईश्वर उनकी आत्मा को शान्ति दे	May his soul rest in peace ! (मे हिज सोल रैस्ट इन पीस!)
4. इस दुर्घटना पर हमारी गहरी सहानुभूति.	Our deep sympathies on this accident. (आवर डीप सिम्पैथीज ऑन दिस एक्सीडेन्ट)
5. वास्तव में यह बड़े दुःख की बात है.	It's really very sad. (इट्स रीयली वैरी सैड-)
6. ईश्वर की यही इच्छा थी !	It was God's will ! (इट वाज गॉड्स विल.)
7. भाग्य की यही इच्छा थी.	Fate so willed it. (फट सो विल्ड इट.)
8. होनी को कौन टाल सकता है?	Who can put off fate (हू कैन पुट ऑफ पफेट?)
9. ईश्वर तुम्हें इस गहरे आघात को सहने की शक्ति दे.	May God give you strength to bear this terrible blow. (मे गौड गिव यू स्ट्रेन्थ टु वियर दिस टैरिविल ब्लो.)
10. हमे आपके पिताजी के निधन पर बड़ा दुःख हुआ	We are deeply grieved at your father's death. (वी आर डीपली ग्रीव्ड ऐट योर फादर्स डैथ)
11. ईश्वर में भरोसा रखें.	Have faith in God. (हैव फेथ इन गॉड.)
12. हमें यह सुनकर बड़ा दुःख हुआ,	We were sorry to hear this. (वी वेयर सॉरी टु हीयर दिस)

2.6 OTHER GOOD WISHES (कुछ अन्य शुभकामनाए)

1. सब मंगलमय हो !	Wish you all the best ! (विश यू ऑल द बेस्ट !)
2. मेरा हार्दिक आशीर्वाद!	My heartiest Blessings ! (माइ हार्टियेस्ट ब्लेसिंग्स !)
3. मेरी शुभकामनाएं सदैव तुम्हारे साथ हैं.	My good wishes are ever with you. (माइ गुड विशेज आर ऐवर विद यू.)
4. आपके आशीर्वाद की कामना करता हूँ	I crave your blessings- (आइ क्रेव योर ब्लैसिंग्स.)
5. आपका आशीर्वाद है !	Your blessings ! (योर ब्लैसिंग्स !)
6. ईश्वर की कृपा है.	God is merciful / God's grace. (गॉड इज मर्सीफुल / गॉड्स ग्रेस.)
7. भाग्य आपका साथ दे !	May luck smile at you! (मे लक स्माइल ऐट यू !)

8. खुश रहो ! — Be happy !
(बी हैप्पी !)

9. खुश रहो ! — Be happy !
(बी हैप्पी !)

10. दीर्घजीवी हो ! — May you live long !
(मे यू लिव लोंग!)

2.7 SYMPATHY AND CONSOLATION (सहानुभूति और सान्त्वना)

1. तुमने तो अच्छे से अच्छा किया. — You did your best.
(यू डिड योर बैस्ट)

2. आपने सब कुछ किया जो संभव था... — You did everything that was possible.
(यू डिड एवरीथिंग दैट वाज पॉसिबिल.)

3. और आप कर ही क्या सकते थे? — What else could you have done?
(व्हाट ऐल्स कुड यू हैव डन?)

4. हम हमेशा तुम्हारे साथ हैं. — We are always with you.
(वीआर ऑलवेज विद यू.)

5. कोई चिन्ता न करो. — Don't worry at all
(डोन्ट वरी एट ऑल.)

6. निराश न हो. — Don't be disappointed/ Don't be disheartened.
(डोन्ट बी डिसअपॉइन्टेड / डोन्ट बी डिसहार्टेन्ड.)

7. आशा न छोड़ो. — Don't give up hope.
(डौन्ट गिव अप होप.)

8. कोई बात नहीं, फिर कोशिश करो. — It doesn't matter; try again.
(इट इजन्ट मैटर ट्राइ अगेन.)

9. लगे रहो, अन्त में सफलता मिलेगी. — Carry on, success will come at last.
(कैरी ऑन, सक्सैस विल कम एट लास्ट.)

10. बहादुर बनो. — Be brave.
(बी ब्रेव.)

11. धैर्य रखो सब ठीक हो जाएगा. — Have patience ! All will be well.
(हैव पेशेन्स ! ऑल विल बी वैल.)

12. अच्छाई का फल अवश्य मिलेगा. — Goodness will surely be rewarded.
(गुडनेस विल श्योरली बी रिवार्डड.)
or
Goodness will surely have its reward.
(गुडनैस विल श्योरली हैव इट्स रिवार्ड.)

13. यह वास्तव में बड़े अफसोस की बात है. — It is really very sad.
(इट इज रीयली वैरी सैड.)

14. इससे और अधिक तुम क्या कर सकते थे? What more could you have done?
(व्हाट मोर कुड यू हैव डन?)

15. मनुष्य की अपनी सीमाएं हैं. Man has his own limitations.
(मैन हैज हिज ओन लिमिटेशन्स.)

2.8 APOLOGY/PARDON (क्षमा-याचना)

1. मुझे माफ करिए. Pardon me. Excuse me.
(पार्डन मी. एक्सक्यूज मी.)

2. मुझसे गलती हो गई./यह मेरी गलती थी. I committed a mistake. / It was my mistake.
(आइ कमिटेड ए मिसटेक / इट वाज माइ मिस्टेक.)

3. मुझसे अनजाने में गलती हो गई I committed the mistake inadvertently/ unknowingly
(आइ कमिटड द मिस्टेक इनएडवरटेंटली / अननोइंगली.)

4. गलती के लिए क्षमा चाहता हूँ. I apologise for my mistake I beg your pardon for the mistake I crave your pardon for this mistake.
(आइ एपोलोजाइज फॉर माइ मिस्टेक आई बैग योर पार्डन फॉर द मिस्टेक आइ क्रेव योर पार्डन पर्फॉर दिस मिस्टेक)

5. कृपया मुझे क्षमा कर दीजिए. Kindly excuse me/pardon me/ forgive me.
(काइन्डली ऐक्सक्यूज मी / पार्डन मी / पर्फॉरगिव मी.)

6. मेरी मंशा आपको नाराज करने की नहीं थी. My intention was not to offend/displease you
I did not mean to offend / displease you_
(माइ इन्टेंशन वाज नॉट टु आफेन्ड / डिसप्लीज यू.
आइ डिड नॉट मीन टु ऑफेन्ड / डिसप्लीज यू.)

7. मुझसे कोई भूल हो गई हो तो मैं क्षमा माँगता हूँ. I beg your pardon for any mistake committed by me_
(आइ बैग योर पार्डन फॉर ऐनी मिस्टेक कमिटेड बाइ मी.)

8. मैं आपकी भावनाओं को ठेस पहुँचना कभी नहीं चाहता था. I never wanted to hurt your feelings.
(आइ नैवर वान्टेड टु हर्ट योर फीलिंग्स.)

9. मुझे हार्दिक अफसोस है. I'm really sorry.
(आ इम रीयली सॉरी.)

10. क्षमा करें, मैं आपका मतलब नहीं समझ सका Excuse me, I couldn't follow you_
(ऐक्सक्यूज मी, आइ कुडन्ट फॉलो यू.)

11. मैं आपसे हाथ जोड़ कर माफी चाहता हूँ. I apologise to you with folded hands_
(आइ एपोलोजाइज टु यू विद फोल्डड हैन्ड्स.)

12.. कृपया बुरा न मानें. Kindly don't mind / feel it
(काइन्डली डौन्ट माइन्ड / फील इट.)

13. मैं तो मजाक कर रहा था. I was just joking.
(आइ वाज जस्ट जोकिंग.)

14. बीच में टोकने के लिए मुझे क्षमा करें.
Please excuse me for my interruption.
(प्लीज एक्सक्यूज़मी फॉर माय इन्टरप्शन)

15. मुझे अफसोस है कि आपको मेरी वजह से इतनी देर तक इन्तजार करना पड़ा.
I am sorry to have kept you waiting so long.
(आइ एम सॉरी टु हैव कैप्ट यू वेटिंग सो लॉन्ग.)

16. मेरी ओर से क्षमा माँग लीजिए.
Please apologise on my behalf_
(प्लीज एपोलोजाइज ऑन माय बिहाफ)

17. इसमें माफी माँगने की कोई बात नहीं.
There is nothing to apologise for
(देयर इज नथिंग टु एपोलोजाइज फॉर)

18. आप चिन्ता न करें. मेरा कोई नुकसान नहीं हुआ.
Don't worry. No harm has been done to me_
(डोन्ट वरी. नो हार्म हैज बीन डन टु मी)

19. इसमें आपका कोई दोष नहीं.
You are not to blame for this
(यू आर नॉट टु ब्लेम फॉर दिस.)

20. ऐसा तो होना ही था.
This was to be.
(दिस वाज टु बी.)

2.9 TRUST AND INSPIRATION (विश्वास और प्रोत्साहन)

1.	चिन्ता न करो, हम तुम्हारी मदद करेंगे.	Don't worry, we shall help you.	(डौन्ट वरी, वी शैल हैल्प यू.)
2.	तुम इतने परेशान क्यों होते हो?	Why do you worry so much?	(व्हाई डु यू वरी सो मच?)
3.	क्या तुम्हें भगवान पर भरोसा नहीं?	Do you not have faith in God?	(डु यू नौट हैव फेथ इन गॉड?)
4.	फिक्र की कोई बात नहीं.	There is nothing to worry-	(देयर इज नथिंग टु वरी.)
5.	डरो मत.	Don't fear/Don't be afraid.	(डॉन्ट फीयर / डोन्ट बी ऐड.)
6.	तुम हिचकिचाते क्यों हो?	Why do you hesitate?	(व्हाई डु यू हैजीटेट?)
7.	कोई हर्ज नहीं	There is no harm.	(देयर इज नो हार्म.)
8.	घबराओ मत.	Don't be nervous_	(डौन्ट बी नर्वस.)
9.	मेरी चिन्ता न करो.	Don't worry about me_	(डौन्ट वरी एवाउट मी.)
10.	इसमें डरने की कोई बात नहीं.	There is nothing to fear in it_	(देयर इज नथिंग टु फीयर इन इट.)
11.	और कोई बात हो तो मुझे बताओ.	Tell me if there is anything else.	(टेल मी इफ देयर इज एनीथिंग ऐल्स.)
12.	मैं तुमसे बहुत खुश हूँ.	I am very happy with you.	(आय एम वैरी हैप्पी विथ यू)
13.	मुझे तुम्हारे ऊपर गर्व है.	I am proud of you.	(आइ ऐम प्राउड ऑफ यू.)
14.	तुमने बहुत बड़ा काम किया है.	You have done a great job.	(यू हैव डन अ ग्रेट जॉब)
15.	ऐसे ही आगे बढ़ते रहो.	Keep going forward like this	(कीप गोइन्ग फॉरवर्ड लाइक दिस.)
16.	आप बिना बात ही परेशान हो रहे हैं.	You are worrying for nothing.	(यू आर वरींग फॉर नथिंग.)
17.	मेरी चिन्ता न करो. मैं बिलकुल ठीक हूँ.	Don't worry about me. I'm quite well.	(डौन्ट वरी एवाउट मी. आइश्म क्वाइट वैल-)
18.	और कोई बात !	Anything else !	(ऐनीथिंग ऐल्स !)
19.	कहो.	Be frank	(बी फ्रेंक)_
20.	अब फिर कभी निराश न होना.	Never be disheartened again.	(नैवर बी डिसहार्टेन्ड अगेन.)

2.10 LOVE AND AFFECTION (प्रेम और स्नेह)

1. शाबाश!	Bravo ! Well done ! Excellent !	(ब्रेवो! वैल डन ऐक्सीलेंट !)
2. तुमने तो कमाल कर दिया.	It's wonderful. You have done a wonderful thing. (इट्स वन्डरफुल. यू हैव डन ए वन्डरपफुल थिन्ग.)	
3. तुमने बड़ी हिम्मत से काम किया.	You acted with great courage.	(यू ऐक्टड विद ग्रेट करेज)
4. तुम इनाम के हकदार हो.	You deserve a prize.	(यू डिजर्व अ प्राइज)
5. हम सब तुम्हारी प्रशंसा करते हैं.	We all praise you.	(वी ऑल प्रेज यू.)
6. अब तुम्हें कौन डाँट सकता है?	Who can scold you now?	(हू कैन स्कोल्ड यू नाउ?)
7. तुम बड़े बहादुर बच्चे हो.	You are a brave boy.	(यू आर ए ब्रेव बॉय.)
8. तुम कितने अच्छे हो!	How nice you are!	(हाउ नाइस यू आर !)
9. तुम तो हीरे हो.	You are a jewel.	(यू आर ए ज्वेल.)
10. तुम्हारी जितनी तारीफ की जाए कम है.	All praise would fall short of you.	(ऑल प्रेज वुड फॉल शौर्ट ऑफ यू.)
11. भाई हो तो तुम्हारे जैसा.	One should have a brother like you.	(वन शुड हैव ए ब्रदर लाइक यू.)
12. तुम तो मेरी आँख के तारे हो.	You are the apple of my eye.	(यू आर द एपिल ऑफ माइ आइ.)
13. तुम सचमुच ही एक आदर्श बच्चे हो.	You are really an ideal child.	(यू आर रीयली ऐन आइडियल चाइल्ड.)

Note: Affection : a feeling of love or strong attachment.

1. Ritesh expressed deep affection for his wife at their fortieth anniversary party.
2. She has deep affection for his parents . he shows great affection for his grandchildren.

Feeling of love and affection : He now looks back on those year with great affection.

She developed a deep affection for that country and its people .

2.11 RESPECT AND HONOUR (आदर एवं सम्मान)

1.	मैं आपकी बहुत इज्जत करता हू	I have great respect for you	(आइ हैव ग्रेट रेसपैक्ट फॉर यू.)
		I hold you in high respect	(आइ होल्ड यू इन हाइ रेसपैक्ट)
2.	आप तो मेरे अति आदरणीय/ हितैषी / गुरु/ सम्बन्ध / संरक्षक हैं.	You are my highly respected/ well-wisher/teacher / relative / guardian_	(यू आर माइ हाइली रेसपैक्टेड / वैल. विशर/ टीचर/रिलेटिव / गार्जियन.)
3.	मैं अत्यन्त आभारी हूँ.	I am much obliged / I am highly grateful / I feel so obliged/I am deeply beholden	(आइ एम मच ऑबलाइज्ड / आइ ऐम हाइली ग्रेटफुल/ आइ फील सो ऑबलाइज्ड/आइ एम डीपली बिहोल्डन)
4.	मैं आपका आभार कभी नहीं भुला सकता.	I can never forget your obligation_	(आइ कैन नैवर फॉरगेट योर ओब्लीगेशन)
5.	मैं तो आप ही के ऊपर आश्रित हूँ.	I depend only/entirely on you.	(आइ डिपैन्ड ऑन्ली/ ऐन्टायरली ऑन यू.)
6.	मैं आपको दिल से धन्यवाद देता हूँ.	I heartily thank you_/ I thank you from the core of my heart_	(आइ हार्टिली थैन्क यू/ आइ थैन्क यू नेम द कोर ऑफ माई हार्ट.)
7.	आशा है आप मुझ पर ऐसे ही कृपा बनाए रखेंगे	I hope you will continue to favour/patronize me like this.	(आइ होप यू विल कन्टीन्यू टु पफेवर / पैट्रोनाइज मी लाइक दिस.)

8.	आप बहुत कृपालु हैं.	You are so kind/ merciful.	(यू आर सो काइन्ड/ मर्सीफुल)
9.	आपकी सलाह / सहायता/निमन्त्रण भेंट/आने / के लिए धन्यवाद.	Thanks for your advice/help/ invitation/visit/coming.	(यैन्क्स फॉर योर एडवाइस हैल्प / इनविटेशन/ विजिट / कमिंग.)
10.	आपको बड़ी तकलीफ हुई. मुझे बड़ा अफसोस है	You have been put to great inconvenience I am so sorry.	(यू हैव बीन पुट टु ग्रेट इनकनविनियेन्स आइ एम सो सॉरी.)
11.	बिल्कुल नहीं मुझे तो बल्कि ख़ुशी हुई.	Not at all/Not the least- I am rather glad.	(नौट एट ऑल / नॉट द लीस्ट. आइ ऐम रादर ग्लैड)
12.	मुझे ख़ुशी है कि मैं आपके कुछ काम आ सका.	I am glad that I could be of some service/help to you.	(आइ एम ग्लैड दैट आइ कुड वी ऑफ सम सर्विस/हैल्प टु यू.)
13.	मैं आपके उपकार को हमेशा याद रखुगा	I shall always/ever remember your obligation.	(आइ शैल आलवेज/ ऐवर रिमैम्बर योर ऑब्लीगेशन.)
14.	मेरे योग्य कोई सेवा हो तो बताइए.	Tell me if I can be of any help/ service to you.	(टेल मी इफ आई कैन बी ऑफ ऐनी हैल्प / सर्विस टु यू.)
15.	मैं आपका हमेशा ऋणी रहूँगा.	I shall always remain indebted to you.	(आइ शैल ऑलवेज रिमेन इनडैटेड टु यू.)
16.	आप की बड़ी कृपा है.	It is so kind of you.	(इट इज सो काइन्ड ऑफ यू.)

2.12. ORDER – DIRECTION (आज्ञा – निर्देश)

1.	धीरे बोलो.	Speak softly.	(स्पीक सोफ़्टली.)
2.	धीरे-धीरे पढो.	Read slowly-	(रीड स्लोली.)
3.	सबके साथ अच्छा व्यवहार करो...	Behave well/gently with every one_	(बिहेव वेल / जेंटली विथ एव्री वन)
4.	फिर कभी आना.	Come some time again	(कम सम टाइम अगेन.)
5.	परदा उठा दो.	Draw the curtain-	(ड्रा द करटेन.)
6.	मेरे लिए एक प्याला चाय ला दो.	Bring/get me a cup of tea	(ब्रिन्ग/गैट मी ए कप ऑफ टी.)
7.	मेज साफ कर दो.	Dust the table.	(डस्ट द टेबिल.)
8.	इन्हें स्टेशन पर विदा करके आओ.	See him off at the station	(सी हिम ऑफ एट द स्टेशन.)
9.	सदा सच बोलो.	Always speak the truth	(आलवेज स्पीक द ट्रुथ)
10.	इतनी जल्दी मत जाओ.	Don't go so soon early-	(डन्ट गो सो सून/ अ.)
11.	सूरज छिपने से पहले लौट आना.	Return before the sun sets/sunset_	(रिटर्न विसेर द सन सैदस / सनसैट.)
12.	अपने काम पर ध्यान दो.	Attend to your work. (अटेन्ड टु योर वर्क.)	
13.	सावधान रहो.	Be/remain careful.	(बी / रिमेन केयरफुल.)
14.	जल्दी वापस आना.	Come back soon.	(कम बैक सून.)
15.	मेरे पास आओ.	Come to me	(कम टु मी.)
16.	यहाँ बैठो.	Sit here	(सिट हियर.)
17.	जल्दी नहा लो.	Take your bath quickly.	(टेक योर बाथ क्विकली.)
18.	जल्दी से तैयार हो जाओ.	Get ready at once/immediately.	(गैट रैडी एट वन्स / इमीडियेटली.)
19.	लाइन में खड़े हो.	Stand in a queue.	(स्टेन्ड इन ए क्यू.)
20.	शोर न करो.	Don't make a noise.	(डौन्ट मेक ए नोइज.)

21.	बाएं हाथ पर चलो.	Keep to your left.	(कीप टु योर लेफ्ट.)
22.	सड़क पर मत दौड़ो.	Don't run on the road	(डौन्ट रन ऑन द रोड.)
23.	अपना काम आप करो.	Do your work yourself	(डू योर वर्क योरसैल्फ.)
24.	झूठ न बोलो.	Don't tell a lie_	(डौन्ट टैल ए लाइ.)
25.	मेरे लिए टैक्सी ला दो.	Get me a Taxi.	(गैट मी ए टैक्सी.)
26.	मेरी मेज से डिक्शनरी उठा लाओ.	Bring the dictionary from my table_	(ब्रिन्ग द डिक्शनरी फ्रॉम माइ टेबिल.)
27.	इस पत्र को डाल आओ...	Post this letter.	(पोस्ट दिस लैटर.)
28.	मुझे समय पर याद दिला देना.	Remind me in time / at the proper time_	(रिमाइन्ड मी इन टाइम / एट द प्रोपर टाइम.)
29.	कल मुझसे फिर पूछ लेना.	Ask me again tomorrow.	(आस्क मी अगेन टुमारो.)
30.	अपने बड़े भाई को साथ लाना.	Bring your elder brother with you	(ब्रिन्ग योर ऐल्डर ब्रदर विद यू.)
31.	मेरे लौटने तक यहीं रहना.	Remain here till I return	(रिमेन हियर टिल आइ रिटर्न.)
32.	बच्चे को सुला दो.	Put the child to bed/sleep	(पुट द चाइल्ड टु बैड/स्लीप.)
33.	मेरे हाथ धुला दो.	Help me wash my hands	(हैल्प मी वाश माइ हैन्ड्स.)
34.	हिसाब दुबारा देख लो.	Check up the account again	(चौक अप द एकाउन्ट अगेन.)
35.	वापसी डाक से उत्तर देना.	Reply by return of post.	(रिप्लाइ बाइ रिटर्न ऑफ पोस्ट.)
36.	सच बोलो	Speak the truth	(स्पीक थ टूथ .)
37.	समय का पालन करो.	Be punctual	(बी पंक्चुअल.)
38.	ऐसा फिर कभी न करना.	Never do so again_	(नैवर डू सो अगेन)
39.	अपने जूते के फीते कस लो.	Lace up your shoes tightly.	(लेस अप योर शूज टाइटली)
40.	उन्हें अन्दर बुला लो.	Call him in_/Bring him in	(कॉल हिम इन/ ब्रिन्ग हिम इन.)
41.	इस कोट को पहन कर देखो	Try this coat on.	(ट्राय दिस कोट ऑन.)
42.	इनको सारा मेला दिखा दो.	Take him round the fair	(टेक हिम राउन्ड द फेयर-)
43.	इन्हें खाना खिला दो.	Take him to lunch / dinner.	(टेक हिम टु लंच/ डिनर.)
44.	दिया जला दो....	Light the lamp	(लाइट द लेप.)
45.	बिजली जला दो.	Switch on the light	(स्विच ऑन द लाइट.)
46.	पंखा चला दो.	Switch on the fan	(स्विच ऑन द फैन.)
47.	पंखा बन्द कर दो.	Switch off the fan	(स्विच ऑफ द फैन.)
48.	मुझे सुबह चार बजे जगा देना	Wake me up at 4 O'clock in the morning_	(वेक मी अप एट फोर ओ क्लोक इन द मॉर्निंग)
49.	मुझे सूचना देने में भूल न करना.	Don't fail to inform me	(डौन्ट फेल टु इनफौर्म मी.)
50.	देर मत करना.	Don't be late	(डौन्ट बी लेट.)
51.	अपनी बुरी आदतें छोड़ो.	Give up your bad habits	(गिव अप योर बैड हैबिट्स.)
52.	मूर्ख मत बनो.	Don't be silly/Don't make a fool of yourself_	(डोन्ट बी सिली/डोन्ट मेक ए फूल ऑफ योरसैल्फ.)
53.	अपना समय बर्बाद मत करो.	Don't waste your time.	(डोन्ट वेस्ट योर टाइम.)
54.	अपनी वात संक्षेप में कहो.	Be brief/Speak in brief/ Put your viewpoint in brief	(बी ब्रीफ / स्पीक इन ब्रीफ / पुट योर व्यूपॉइन्ट इन ब्रीफ-)

55.	फूल मत तोड़ो.	Don't pluck flowers.	(डौन्ट प्लक फ्रलावर्स.)
56.	किसी को गाली न दो.	Don't abuse anybody	(डौन्ट एब्यूज एनीबॉडी .)
57.	दूसरों की बुराई मत करो.	Don't speak ill of others (डौन्ट स्पीक इल ऑफ अदर्स.)	
58.	किसी को भेज कर उन्हें बुलवालो.	Send for him	(सैन्ड फॉर हिम.)
59.	दूसरों से ईर्ष्या न करो.	Don't be envious of others./ Don't envy others_	(डोन्ट बी एनवियस ऑफ अदर्स/ डौन्ट एनवी अदर्स)
60.	गरीबों के प्रति हमदर्द बनो.	Be sympathetic towards the poor_	(बी सिम्पैथैटिक टुवर्ड्स द पूअर.)
61.	आज का कोई काम कल के लिए मत टालो	Don't put off any work for tomorrow_	(डोन्ट पुट ऑफ एनी वर्क फॉर टुमारो.)
62.	सबसे अच्छे सम्बन्ध रखो	Keep good/cordial relations with everybody.	(कीप गुड / कोर्डियल रिलेशन्स विद एवरीबॉडी.)
63.	किसी से झगड़ो मत.	Don't quarrel with anybody-	(डौन्ट क्वारल विद एनीबडी.)
64.	परीक्षा में सब प्रश्न करना.	Attempt all questions in the examination	(अटैम्प्ट ऑल क्वेश्चन्स इन द एग्जामिनेशन .)
65.	मेरे कमरे का ताला लगा दो.	Lock up my room.	(लॉक अप माइ रूम.)
66.	यह गलती दुबारा न करना.	Don't repeat this mistake	(डौन्ट रिपीट दिस मिस्टेक.)
67.	अपने आपको सुधार लो.	Mend your ways	(मेंड योर वेज.)
68.	मेरी बात ध्यान से सुनो.	Listen to me carefully-	(लिसिन टु मी केयरफुली)
69.	उसे पानी पिला दो.	Give him water/Let him have water_	(गिव हिम वाटर/लैट हिम हैव वाटर.)
70.	मेरा बिस्तर लगा दो.	Spread my bed/Lay my bed	(स्प्रेड माइ बैड / ले माइ बैड)
71.	कपड़े धूप में सूखा दो.	Spread the clothes in the sun	(स्प्रैड द क्लोद्स इन द सन.)
72.	सुबह उठते ही सबको नमस्कार करो.	Wish every one as soon as you get up in the morning	(विश ऐवरी वन ऐज सून ऐज यू गैट अप इन द मॉर्निंग)
73.	किसी अनजान को अन्दर मत आने देना.	Don't let a stranger get in	(डोन्ट लैट ए स्ट्रेन्जर गैट इन.)
74.	हमेशा प्रसन्नचित्त रहो.	Always keep cheerful	(आलवेज कीप चीयरफुल -)
75.	अपना काम जल्दी पूरा कर घर जाओ.	Finish your work soon and go home_	(फिनिश योर वर्क सून एण्ड गो होम.)
76.	हमेशा अच्छे लोगों के साथ रहो.	Always keep good company.	(ऑलवेज कीप गुड कम्पनी.)
77.	अच्छाई का फल अच्छा होता है.	Goodness begets goodness	(गुडनैस विगैट्स गुडनैस)
78.	बुराई को बुराई जन्म देती है.	Evil begets evil	(ईविल विगैट्स ईविल)
79.	मेरे कहे अनुसार काम करो.	Act according to my directions_	(ऐक्ट एकोर्डिंग टु माइ डाइरेक्शन्स.)
80.	अपना गृह कार्य रोज करो.	Do your home-work every day.	(डू योर होमवर्क ऐवरी डे)
81.	कल सुबह जल्दी उठना है.	You have to get up early tomorrow morning-	(यू हैव टु गैट अप अर्ली टुमारो मॉर्निंग)
82.	अपना लेख सुधरो.	Improve your hand/hand-writing	(इम्प्रूव योर हैन्ड / हैन्ड- राइटिंग.)

2.13 REQUEST – INVITATION (प्रार्थना निमन्त्रण)

(A) प्रार्थना

1.	कृपया मेरी मदद कीजिए.	Kindly help me	(काइन्डली हैल्प मी.)
2.	कृपया मुझे सलाह दीजिए कि मैं क्या करूँ.	Kindly advise me what I should do	(काइन्डली एडवाइज मी व्हाट आइ शुड़ डू.)
3.	कृपया मुझे भी बैठ जाने दीजिए.	Let me also sit please	(लैट मी ऑलसो सिट, प्लीज.)
4.	कृपया मुझे स्टेशन का रास्ता बताइए.	Kindly tell me the way to the station_	(काइन्डली टेल मी द वे टु द स्टेशन.)
5.	कृपया मेरी आँखों की जाँच कर लीजिए.	Kindly test my eyes.	(काइन्डली टैस्ट माइ आइज .)
6.	आपकी बड़ी मेहरबानी होगी.	It will be so kind of you	(इट विल बी सो काइन्ड ऑफ यू.)
7.	उत्तर जल्दी दीजिए.	Kindly reply soon.	(काइन्डली रिप्लाइ सून.)
8.	मेरा एक काम करो.	Kindly do me a favour	(काइन्डली डू मी ए फेवर.)
9.	जरा फिर से कहिए.	Pardon me/Ibeg your pardon/ Would you please repeat.	(पार्डन मी/आइ बैग योर पार्डन / वुड यू प्लीज रिपीट ?)
10.	क्या आप शाम को आ सकते हैं ?	Could you please come in the evening?	(कुड यू प्लीज कम इन द ईवनिंग ?)
11.	मुझे अब जाने दीजिए.	Let me now go.	(लैट मी नाउ गो.)
12.	जरा मुझे भी देने दीजिए.	Let me also see, please	(लैट मी ऑलसो सी, प्लीज.)
13.	कृपया इसे भूल जाइए.	Kindly forget it.	(काइन्डली फॉरगैट इट .)
14.	इसे जाने भी दो / इसे रहने भी दो.	Let it go/Let it be	(लैट इट गो. लैट इट बी.)
15.	यहाँ आओ और मेरे पास बैठो.	Come here and sit by me	(कम हियर एण्ड सिट बाइ मी.)
16.	कृपया पत्रा लिखना न भूलिए.	Kindly don't forget to write to me_	(काइन्डली डोन्ट फॉरगेट टु राइट टु मी.)

(B) निमन्त्रण

1.	मैं आपको आज सायं खाने पर सादर आमन्त्रित करता हूँ.	I cordially invite you to dinner this evening.	(आइ कॉर्डियली इनवाइट यू टु डिनर दिस ईवनिंग)
2.	मैं आपको कल दोपहर खाने पर सादर आमन्त्रित करने आया हूँ.	I have come to invite you most cordially to lunch tomorrow.	(आइ हैव कम टु इनवाइट यू मोस्ट कॉर्डियली टु लन्च टुमारो.)
3.	मैं कल सुबह नाश्ते पर आपसे मिलना चाहूँगा.	I would like to meet you tomorrow at breakfast_	(आइ वुड लाइक टु मीट यू टुमारो एट ब्रेकफास्ट.)
4.	आप सब सादर आमन्त्रित हैं.	You are all cordially invited.	(यू आर ऑल कॉर्डियली इनवाइटेड)
5.	कृपया परिवार सहित आइए.	Kindly come with family -	(काइन्डली कम विद फेमिली.)
6.	मैंने अपने सभी सहकर्मियों को आमन्त्रित किया है.	I have invited all my colleagues_	(आइ हैव इनवाइटेड ऑल माइ कोलीग्स.)
7.	कृपया मेरा निमन्त्रण स्वीकार कर अनुग्रहीत करें.	Kindly accept my invitation and oblige_	(काइन्डली एकसैप्ट माइ इनवीटेशन एण्ड ऑबलाइज.)

8.	कृपया पिकनिक पर हमारे साथ चलिए.	Kindly accompany us on the picnic_	काइन्डली एकम्पनी अस ऑन द पिकनिक.)
9.	मैंने केवल कुछ खास चुने हुए मित्रों को ही आमन्त्रित किया है.	I have invited only some chosen friends_	आइ हैव इनवाइटेड ऑन्ली सम चोजन न्ड्स.)
10.	मैं आपको इस आयोजन की अध्यक्षता करने के लिए सादर आमन्त्रित करता हूँ.	I most cordially invite you to preside over this function_	आइ मोस्ट कॉर्डियली इनवाइट यू टु प्रिसाइड ओवर दिस फंक्शन.)

2.14 ACCEPTANCE - CONSENT (स्वीकृति- सहमति)

1.	मैं धन्यवाद सहित आपका निमन्त्रण स्वीकार करता हूँ.	I accept your invitation with thanks	(आइ एक्सैप्ट योर इनवीटेशन विद थेंक्स.)
2.	मुझे आपका प्रस्ताव स्वीकार है.	I accept your proposal	(आइ एक्सैप्ट योर प्रोपोजल.)
3.	मैं अपनी सहमति / स्वीकृति भेजता हूँ.	I send herewith my consent/ acceptance_	(आइ सेन्ड हियरविद माइ कन्सैन्ट/ एक्सैप्टेंस.)
4.	शायद आप मुझसे सहमत होंगे.	You would probably agree with me_	(यू वुड प्रोबेबली एग्री विद मी.)
5.	मैं आपसे पूरी तरह सहमत हूँ.	I fully agree with you_	(आइ फुल्ली एग्री विद यू.)
6.	मुझे कोई ऐतराज नहीं है.	I have no objection.	(आइ हैव नो ऑवजेक्शन.)
7.	इसमें कोई हर्ज नहीं है.	There is no harm in it.	(देयर इज नो हार्म इन इट.)
8.	आप ठीक कहते हैं.	You are right	(यू आर राइट)
9.	यह मेरे लिए खुशी की बात है.	It is a matter of pleasure to me_	(इट इज ए मैटर ऑफ प्लैजर टु मी.)
10.	यह बिलकुल सही है.	This is very / absolutely correct_	दिस इज वैरी / एब्सोल्यूटली करैक्ट)
11.	यह सच है.	This is true_	(दिस इज ट्रू.)
12.	जैसी आपकी मर्जी.	As you wish/desire.	(ऐज यू विश/डिजायर.)
13.	मैं सदैव आपकी सलाह पर चलूंगा.	I shall always follow your advice_	आइ शैल आलवेज फॉलो योर एडवाइज.)
14.	मुझे आपकी हर शर्त मंजूर है.	I accept each of your conditions_	(आइ एक्सेप्ट ईच ऑफ योर कंडीशन्स.)
15.	ऐसा ही होगा.	It will be so-	(इट विल बी सो.)

2.15. REFUSAL—DISAGREEMENT, PERMISSION (स्वीकृति असहमति अनुमति)

1.	मैं आपसे सहमत नहीं हूँ.	I disagree with you	(आइ डन्ट एग्री विद यू.)
2.	मुझे आपका प्रस्ताव स्वीकार नहीं है.	Your proposal is not acceptable to me_	(योर प्रोपोजल इज नॉट एक्सेप्टेबिल टु मी.)
3.	मुझे यह पसंद नहीं है.	I don't like this.	(आइ डौन्ट लाइक दिस.)
4.	मैं ऐसा कभी नहीं कर सकता.	I can never do so.	(आइ कैन नैवर डु सो.)
5.	यह सम्भव नहीं है.	This is not possible.	(दिस इज नॉट पॉसिबिल.)
6.	मुझे इनकार करते हुए बड़ा अफसोस है....	I am very sorry to refuse / decline it....	(आइ श्म वैरी सॉरी टु रिफ्रयूज / डिक्लाइन इट.)
		I am very sorry to say no'	(आइश्म वैरी सॉरी टु से श्नोश्.)

7.	मुझे अफसोस है, मुझे आपकी शर्तें मंजूर नहीं हैं.	I am sorry, your conditions are not acceptable to me	(आइश्म सॉरी, योर कन्डीशंस आर नॉट ऐक्सैप्टेबिल टु मी.)
8.	मैं ऐसा नहीं होने दूंगा.	I shall not let it happen.	(आइ शैल नॉट लैट इट हैपन.)
9.	मुझे आपका प्रस्ताव स्वीकार कर खुशी होती, किन्तु मैं लाचार हूँ.	I should/would have been glad / happy to accept your proposal, but I am helpless	(आइ शुड / वुड हैव बीन ग्लैड / हैप्पी ऐक्सैप्ट योर प्रोपोजल, बट आइ म हैल्पलैस.)
10.	मुझे आपका निमन्त्राण स्वीकार कर बड़ी खुशी होती, किन्तु कुछ पूर्व-निर्धरित कार्य के कारण मैं आ नहीं सकूँगा.	I should have been glad to accept your invitation, but on account of some pre-engagement I shall not be able to come.	(आइ शुड हैव बीन ग्लैड टु ऐक्सैप्ट योर इनविटेशन, बट ऑन एकाउन्ट ऑफ सम प्री-एन्गेजमेन्ट आइ शैल नॉट बी एबिल टु कम.)
11.	इसका प्रबन्ध किया नहीं जा सकता.	This cannot be arranged / managed_	(दिस कैन्नौट बी अरेंज्ड / मैनेज्ड-)
12.	शायद आप मेरे विचार से सहमत नहीं हैं.	Perhaps you don't agree with me.	(परहैप्स यू डीन्ट एग्री विद मी.)
13.	मुझे क्षमा करें, मैं आपके कहे अनुसार कार्य नहीं कर सकता	Excuse me I cannot act according to your directions.	(ऐक्सक्यूज मी, आई कैन्नौट ऐक्ट एकोर्डिंग टु योर डायरैक्शंस.)
14.	मैं तुम्हें कभी क्षमा नहीं कर सकता.	I can never forgive you	(आइ कैन नैवर पर्फारगिव यू.)
15.	मुझे तुम्हारे ऊपर विश्वास नहीं है.	I don't trust you.	(आइ डोन्ट ट्रस्ट यू.)
16.	क्या मैं अन्दर आ सकता हूँ ?	May/Can I come in ?	(मे / कन आइ कम इन)
17.	क्या मैं बैठ सकता हूँ ?	May/Can I sit?	(मे/कन आइ सिट ?)
18.	अब मुझे जाने दीजिए.	Let me now go.	(लैट मी नाउ गो.)
19.	क्या मैं आपसे बात कर सकता हूँ ?	Can I talk to you?	(कैन आइ टॉक टु यू ?)
20.	अब शुरू करें.	Let us now begin.	(लैट अस नाउ विगिन.)
21.	मैं चलूँ.	I would now go-	(आइ वुड नाउ गो.)
22.	क्या मैं आपके साथ चलूँ ?	Shall I go with you?	(शैल आइ गो विद यू ?)
23.	अच्छा, अब आज्ञा दीजिए.	Well, now permit me to go-	(वैल, नाउ परमिट मी टुगो.)
24.	हाँ, अब आप जा सकते हैं.	Yes, now you can go	(यस, नाउ यू कैन गो.)
25.	क्या मैं टेलीपफ़ोन कर सकता हूँ ?	Can I use your telephone?	(कैन आइ यूज योर टैलीफोन?)
26.	क्या आप एक घंटे के लिए मुझे अपना स्कूटर दे सकते हैं ?	Could you please lend me your scooter for an hour?	(कुड यू प्लीज लेंड मी योर स्कूटर फॉर ऐन आवर ?)
27.	क्या आप मुझे एक मिनट के लिए अपना पैन देंगे ?	Could you lend me your pen for a minute?	(कुड यू लेंड मी योर पैन फॉर ए मिनिट ?)
28.	क्या मैं आपको थोड़ा कष्ट दे सकता हूँ?	Can I give you a little trouble?	(कैन आइ गिव यू ए लिटिल ट्रबल ?)
29.	क्या मैं यहाँ सिगरेट पी सकता हूँ ?	Can I smoke here ?	(कैन आइ स्मोक हियर ?)
30.	अब थोड़ा आराम कर लें.	Let us now take a little rest.	(लैट अस नाउ टेक ए लिटिल रैस्ट.)
		Let us now rest a while.	(लैट अस नाउ रैस्ट ए व्हाइल)
31.	अब चलो सोएं.	Let us now retire to bed.	(लैट अस नाउ रिटायर टु बैड)

Note :

(1) वाक्य नं. 7 में 'shall' का प्रयोग हुआ है. ऐसे वाक्यों में 'shall' का तात्पर्य Future Tense से नहीं होता, इनसे नम्रतापूर्वक प्रार्थना करने का भाव प्रकट होता है. जैसे— Shall I draw the curtain ? (शैल आइ ड्रा द करटेन) Shall I meet you in the evening? (शैल आइ मीट यू इन द ईवनिंग ?)

(2) सोने जाने के लिए retire to bed' कहा जाता है, 'go to sleep' नहीं.

2.16 NEGATION (निषेध / मनाही)

1.	कुछ नहीं.	Nothing- There's nothing.	(नथिंग. देयरश्ज नथिंग)
2.	मैं कुछ नहीं कर सकता.	I can't do anything/ I can do nothing.	(आइ कान्ट डू ऐनीथिंग/आई कैन डू नथिंग)
3.	मेरे हाथ में कुछ नहीं है.	There's nothing in my hands / powers.	(देयरश्ज नथिंग इन माइ हैंड्स / पावर्स)
4.	ऐसी कोई बात नहीं है.	There's no such thing.	(देयरश्ज नो सच थिंग)
5.	मैं इसे नहीं मानता.	I don't accept it.	(आइ डोन्ट ऐक्सैप्ट इट)
6.	यह सच नहीं है.	This is not true.	(दिस इज नॉट ट्रू)
7.	ऐसा नहीं हो सकता.	This can't be.	(दिस कान्ट बी)
8.	मैं आपकी बात नहीं मान सकता.	I can't accept what you say.	(आइ कान्ट एक्सेप्ट वाट यू से)
9.	इसके लिए में जिम्मेदार नहीं हूँ.	I am not responsible for this	(आइ एम नॉट रैसल फॉर दिस)
10.	ऐसी शरारत फिर कभी नहीं करना.	Never do such a mischief again	(नवर डू सच ए मिसचीफ अगेन.)
11.	मुझे कोई शिकायत नहीं है.	I have no complaint	(आइ हैव नो कम्प्लेन्ट)
12.	मुझसे यह काम नहीं होगा...	I cannot do this	(आइ कैन्नोट डू दिस)
13.	कभी झूठ न बोलो.	Never tell a lie	(नैवर टैल ए लाइ)
14.	दूसरों की आलोचना मत करो.	Don't speak ill of other.	(डौन्ट स्पीक इल ऑफ अदर्स)
15.	अपनी शक्ति/ धन पर अभिमान न करो.	Don't be proud of your power / strength or wealth.	(डोन्ट बी प्राउड ऑफ योर पावर / स्ट्रेन्थ ऑर वैल्थ)
16.	यहाँ फिर कभी नहीं आना.	Never come here again	(नैवर कम हियर अगेन)
17.	मुझे अपना मुँह कभी न दिखाना.	Never show me your face	(नैवर शो मी योर फेस)
18.	मैं इनकार करता हूँ.	I refuse- I don't admit it	(आइ रिफ्रयूज. आइ डन्ट एडमिट इट)
19.	मैंने ऐसा कभी नहीं कहा.	I never said so	(आइ नैवर सैड सो)
20.	मैंने ऐसा कोई काम नहीं किया.	I never did such a thing I did no such thing.	(आइ नैवर डिड सच ए थिंग. आइ डिड नो सच थिंग)
21.	मैं तुम्हें इजाजत नहीं दे सकता.	I cannot allow/permit you.	(आइ कैन्नोट एलाउ / परमिट यू)
22.	ऐसे जिद्दी न बनो.	Don't be so stubborn/obstinate.	(डोन्ट बी सो स्टबर्न/ ऑबस्टीनेट)
23.	मैं इतना खर्चा नहीं उठा सकता.	I cannot bear such heavy expenses	(आइ कैन्नोट बियर सच हैवी एक्सपेन्सज)
24.	मुझे कुछ नहीं चाहिए.	I don't need anything I need nothing.	(आइ डन्ट नीड एनीथिंग. आइ नीड नथिंग)

25.	आप इतना गुस्सा न करें.	Don't be so angry.	(डोन्ट बी सो एन्ग्री)
26.	आपकी सलाह कोई नहीं मानेगा..	Nobody would pay any heed to your advice	(नोबडी वुड पे ऐनी हीड टु योर एडवाइज)
27.	किसी को धोखा न दो .	Don't cheat/deceive anybody.	(डोन्ट चीट/डिसीय ऐनीबडी)
28.	इतनी जोर-जोर से बातें न करो.	Don't talk so loudly.	(डोन्ट टॉक सो लाउडली)
29.	मैं किसी के दबाव में काम नहीं कर सकता.	I can't work under anybody's pressure.	(आइ कान्ट वर्क अण्डर ऐनीवडीज प्रेशर)
30.	यह मेरे लिए संभव नहीं है.	This is not possible for me	(दिस इज नोट पोसीविल फोर मी)

Note:

(1) याद रखें cannot' मिलाकर लिखा जाता है. यह एक शब्द है. can not' अलग-अलग लिखना गलत है.

(2) 'cannot' का short form can't' (कान्ट) होता है.

(3) इसी प्रकार 'do not' का short forn है don't' (डौन्ट)-

2.17 ANGER (ऐन्गर)

(क्रोध)

1.	तुम बहुत धूर्त हो.	You are a great rogue/You are a very cunning fellow	(यू आर ए ग्रेट रोग / यू आर ए वैरी कनिंग फैलो)
2.	वह बहुत चालाक है.	He is very cunning	(ही इज बैरी कनिंग)
3.	तुम्हें शर्म आनी चाहिए.	You should feel ashamed	(यू शुड फील अशेम्ड)
4.	लानत तुम पर.	Shame on you!	(शेम ऑन यू.)
5.	ख़बरदार जो मुझसे कभी बात की.	Beware/Take care never to talk to me	(विवेयर / टेक केयर नैवर टु टॉक टुमी)
6.	व्यर्थ की बक बक मत करो.	Don't talk nonsense	(डॉन्ट टॉक नॉनसेन्स)
7.	यह सब तुम्हारी करतूत है.	It is all your doing.	(इट इज ऑल योर डूइन्गि)
8.	तुम इससे बच नहीं सकते.	You can't escape/ get away from this.	(यू कान्ट ऐसकेप/गैट अवे फ्रॉम दिस)
9.	मैं तुम्हें कभी माफ नहीं करूँगा.	I shall never pardon / forgive you.	(आइ शैल नैवर पार्डन / फॉरगिव यू)
10.	तुम्हारी सूरत देखना भी पाप है.	It is a sin even to see your face	(इट इज ए सिन ईवन टु सी योर फेस)
11.	यह सब तुम्हारे कारण हुआ.	It is all because of you	(इट इज ऑल बिकॉज ऑफ यू)
12.	इसके लिए तुम पूरी तरह जिम्मेदार हो.	You are wholly responsible for this.	(यू आर होल्ली रैसपॉसिविल फॉर दिस)
13.	तुम्हें इसकी सजा भुगतनी पड़ेगी.	You will have to suffer for this/You will have to bear its consequences	(यू विल हैव टु सफर फॉर दिस / यू विल हैव टु वियर इट्स कॉन्सीक्वेन्सज)
14.	तुम्हें इसके लिए ईश्वर सजा देगा.	God will punish you for this	(गॉड विल पनिश यू फॉर दिस)
15.	जैसा करोगे, वैसा भरोगे.	As you sow, so will you reap	(एज यू सो, सो विल यू रीप)

2.18 QUARREL (क्वारल)

(झगड़ा)

1.	दोनों आपस में झगड़ रहे हैं.	They are quarrelling with each other	(दे आर क्वारलिंग विद इच अदर)
2.	वे किस बात पर झगड़ रहे हैं ?	Why are they quarrelling ?	(व्हाइ आर दे क्वारलिंग?)
3.	मैं तुम्हें ठीक कर दूंगा.	I will set you right.	(आइ विल सैट यू राइट)
4.	मैंने तुम्हारा क्या बिगाड़ा है ?	What harm/wrong have I done to you ?	(व्हाट हार्म/रोन्ग हैव आइ डन टु यू ?)
5.	आप मेरा कुछ नहीं कर सकते.	You can hardly do anything to me	(यू कैन हार्डली डू ऐनीथिंग टु मी)
6.	आवेश में मत आइए.	Don't get excited	(डॉण्ट गैट एक्साइटेड)
7.	ख़बरदार बात को आगे मत बढ़ाओ.	Beware / Take caution, don't stretch the matter any further.	(विवेयर / टेक कॉशन, डोण्ट स्ट्रैच द मैटर ऐनी फर्दर)
8.	भाड़ में जाओ.	Go to hell	(गो टू हैल)
9.	मुझे तुमसे क्या मतलब है.	What have I to do with you / How am I concerned with you.	(व्हाट हैव आइ टु डू विद यू ? हाउ ऐम आइ कन्सरॅण्ड विद यू?)
10.	होश में रहो.	Keep in your senses	(कीप इन योर सेंस)
11.	जो हो सो हो.	Come what may !	(कम व्हाट मे !)
12.	अपना व्यवहार सुधरो.	Mend your ways	(मैण्ड योर वेज)
13.	क्या आपके होश ठिकाने हैं ?	Are you in your senses?	(आर यू इन योर सेंसज ?)
14.	अब में और अधिक बर्दाशत नहीं कर सकता.	Now I cannot bear any longer.	(नाउ आइ कैन्नौट बीयर ऐनी लोंगर)
15.	इससे ज्यादा और आप कर ही क्या सकते हैं?	What more can you do?	(व्हाट मोर कैन यू डू ?)
16.	मैं तुम्हें धूल में मिला सकता हूँ.	I can reduce you to dust	(आई कैन रिडयूस यू टु डस्ट)

2.19 ANNOYANCE (नाराजगी)

1.	आप इतनी देर से क्यों आए हैं ?	Why have you come so late?	(वाय हैव यू कम सो लेट?)
2.	आप व्यर्थ में अपना समय बर्बाद कर रहे हैं.	You are wasting your time for nothing.	(यू आर वेस्टिंग योर टाइम फॉर नथिंग)
3.	इसमें किसका दोष है ?	Who is to blame for this ?	(हू इज टु ब्लेम फॉर दिस ?)
4.	मैं कैसे विश्वास करूँ ?	How can I believe?	(हाउ कैन आइ बिलीव ?)
5.	तुमने मेरे विश्वास को ठेस पहुँचाई हैं.	You have betrayed me/You have shaken my faith in you	(यू हैव विट्रेड मी यू हैव शेकिन माइ फेथ इन यू)
6.	इसमें मेरा कोई कसूर नहीं है.	There is no fault of mine in this./I cannot be held guilty for this	(देयर इज नो फॉल्ट ऑफ माइन इन दिस / आई कैन्नोट बी हेल्ड गिल्टी फॉर दिस)
7.	है कैसे नहीं ?	Why not\ How can you say so?	(वाय़ नॉट ? हाउ कैन यू से सो ?)
8.	वह गधा है.	He is an ass/He is stupid	(ही इज एन ऐस / इज स्टुपिड)
9.	वह पक्का गँवार है.	He is a pure rustic/He is a boor	(ही इज ए प्योर रस्टिक / ही इज ए बूर)
10.	तुम उल्लूहो/ तुम काठ के उल्लूहो.	You are an idiot/You are a fool / You are a blockhead	(यू आर एन इडियट / यू आर ए फूल/ यू आर ए ब्लॉकहैड)

11.	आप फिजूल ही नाराज हो रहे हैं.	You are getting angry for nothing	(यू आर गेटिंग एंग्री फॉर नथिंग)
12.	मुझे तुम पर शर्म आती है.	I am ashamed of you	(आइ ऐम अशम्ड ऑफ यू)
13.	यह कैसी शर्म की बात है.	What a shame! How shameful it is !	व्हाट ए शेम हाउ शेमफुल इट इज !)
14.	उसने मेरी नाक में दम कर रखा है.	He has exasperated me /He has got on my nerves.	(ही है ऐक्जासपेरेटड मी / ही हैज गोट ऑन माइ नर्वस)
15.	तुमने मेरी नाक कटवा दी.	You have put me to great shame/ You have brought me to much disgrace.	(यू हैव पुट मी टु ग्रेट शेम/यू हैव ब्रॉट मी टु मच डिसग्रेस)
16.	आप मेरी बात क्यों काटते हैं ?	Why do you interrupt me?	(वाय डू यू इण्टरप्ट मी ?)
17.	कृपया नाराज न हों.	Kindly don't be angry/ annoyed	(काइण्डली डोण्ट बी एंग्री / अननोएड)
18.	मैं तुम्हारा मुँह नहीं देकना चाहता.	I don't want to see your face	(आइ डोण्ट वाण्ट टु सी योर फेस)
19.	मुझे क्रोध मत दिलाओ.	Don't enrage me.	(डॉण्ट एनरेज मी)
20.	तुम्हारा अपराध अक्षम्य है.	Your offence is unpardonable	(योर ऑफेन्स इज अनपार्डनेवल)

Note :

(1) Ashamed' के बाद Preposition हमेशा 'of' आती है, on या in या और कोई नहीं.

(2) इसी प्रकार Proud' के बाद भी Preposition 'of' आती है, और कोई नहीं

(3) याद रहे proud' अपने आप में Adjective है, बहुत से लोग 'proudy' कहते हैं जो गलत हैं.

2.20 FOOD HABITS (भोजन सम्बन्धो आदतें)

1.	मैं शाकाहारी हूँ.	I am a vegetarian.	(आइ एम ए वेजीटेरियन)
2.	वह माँसाहारी है.	He is a non-vegetarian	(ही इज ए नॉन-वेजीटेरियन)
3.	मैं रात में भोजन नहीं करता.	I don't eat in the night	(आइ डोण्ट ईट इन द नाइट)
4.	मैं तेज मसालेदार चटपटी चीजें नहीं खा सकता.	I can't eat sharp spicy things/ preparations.	(आइ काण्ट ईट शार्प स्पाइसी थिंग्स/ प्रीपेरेशन्स)
5.	तेज मसाले की चीजें हानिकारक होती हैं.	Strong spicy preparations are harmful	(स्ट्रांग स्पाइसी प्रीपेरेशन्स आर हार्मफुल)
6.	मुझे हल्के मसाले की चीजें पसन्द है	I like light spicy things/ preparations	(आइ लाइक लाइट स्पाइसी थिंग्स/ प्रीपेरेशन्स)
7.	तली हुई अधिक चीजें खाना स्वास्थ्य के लिए हानिकारक है.	Eating too much of fried preparations is injurious to health.	(इंटिंग टू मच ऑफ फ्राइड प्रिपेरेशन्स इज इन्जूरियस टु हेल्थ)
8.	हमें संतुलित आहार लेना चाहिए.	We should take balanced diet	वी शुड टेक बैलेंस्ड डाइट)
9.	मुझे होटलों में खाना पसन्द नहीं है.	I don't like dining at hotels	(आइ डोण्ट लाइक डाइनिंग एट होटेल्स)
10.	मैं बहुत हल्का नाशता लूंगा.	I shall take very light breakfast	(आइ शैल टेक बैरी लाइट ब्रेकफास्ट)
11.	शक्कर नहीं लेता मुझे मधुमेह है.	I don't take sugar. I am diabetic.	(आइ डोन्ट टेक शुगर. आइ एम डायबेटिक)
12.	मैं बहुत कम चिकनाई वसा लेता हूँ.	I take very little fats	(आइ टेक वैरी फैट्स लिटिल)
13.	पानी खूब पीना चाहिए.	We should drink plenty of water	(वी शुड ड्रिन्क प्लेंटी ऑफ वाटर)

14.	उसे शराब पीने की आदत है.	He is addicted to drinks	(ही इज एडिक्टड टु ड्रिंक्स)
15.	वह बहुत सिगरेट पीता है.	He smokes too much (ही स्मोक्स टू मच)	
16.	वह बहुत सारी नशीली चीजें लेता है.	He takes many drugs	(ही टेक्स मैनी ड्रग्स)
17.	अब आप दोपहर का भोजन करके ही जाइए.	Now please go after taking lunch.	(नाउ प्लीज गो आफ़्टर टेकिंग लंच)
18.	नहीं, मैं शाम के खाने के लिए रुक नहीं सकता.	No, I can't stay for dinner.	(नो, आइ कान्ट स्टे फॉर डिनर)
19.	मेरे पति दो बजे लंच के लिए आते हैं.	My husband comes home for lunch at 2 O'clock.	(माइ हसबेंड कम्स होम फॉर लंच एट टूओ क्लाक)
20.	बच्चे सुबह नाश्ता करके और लन्च बॉक्स लेकर स्कूल जाते हैं.	The Children go to school after taking their breakfast and lunch box.	(चिल्ड्रेन गो टु स्कूल आफ़्टर टेकिंग देयर ब्रेकफास्ट एण्ड लंच बॉक्स)
21.	हम लोग दोपहर 3 बजे चाय लेते हैं.	We take tea at 3 O' clock in the afternoon.	(वी टेक टी एट थ्री ओ क्लाक इन द आफ़्टरनून)
22.	हम लोग चाय के साथ कुछ नाश्ता भी लेते हैं.	We take some snacks also with tea	(वी टेक सम स्नैक्स ऑलसो विद टी)
23.	आप क्या लेंगे-गर्म या ठंडा / चाय या कॉफी ?	What would you like to take/ have&hot or cold/tea or coffee?	(काट वुड यू लाइक टु टेक / हैव- हॉट और कोल्ड टी और कॉफी?)
24.	मुझे कॉफी पसंद है.	I like/prefer coffee	(आइ लाइक / प्रेफर कॉफी)
25.	खाना जल्दी परोस में जल्दी में हूँ.	Serve food promptly I am in a hurry.	(सर्व फूड प्रॉम्पटली आइ ऐम इन ए हरी)
26.	थोड़ा चख कर देखिये.	Try / taste a little	(ट्राय / टेस्ट ए लिटिल)
27.	थोड़ा और लीजिए.	Please take a little more	(प्लीज टेक ए लिटिल मोर)
28.	तुमने तो कुछ खाया ही नहीं.	You have hardly eaten anything	(यू हैव हार्डली इटन ऐनीथिंग)
29.	नहीं, मुझे दावत पर जाना है.	No, I have to go to a party / dinner.	(नो, आइ हैव टु गो टु ए पार्टी डिनर)
30.	आज मेरा खाना बाहर है.	I have my dinner out today.	(आइ हैव माइ डिनर आउट टुडे)
		Today I dine out.	(टुडे आइ डाइन आउट)
31.	थोड़ा और दीजिए.	Give me a little more/Let me have a little more	(गिव मी ए लिटिल मोर / लैट भी हैव ए लिटिल मोर)
32.	नहीं, मैं और नहीं लूंगा.	No, I will not take any more.	(नो, आइ विल नॉट टेक ऐनी मोर)
33.	आज क्या-क्या बनाया है ?	What dishes have you prepared today?	(व्हाट डिशेस हैव यू प्रिपेयर्ड टुडे ?)
34.	एक चुटकी भर नमक देना.	Please give me a pinch of salt	(प्लीज गिव मी ए. पिंच ऑफ सॉल्ट)
35.	मुझे रसेदार सब्जियाँ पसंद हैं.	I like gravy vegetables	(आइ लाइक ग्रेवी वैजीटेवल्स)
36.	वह बड़ा पेटू है.	He is a glutton	(ही इज ए ग्लटन)
37.	कृपया अपने आप लीजिए.	Help yourself, please.	(हैल्प योरसैल्फ, प्लीज)

38.	आप उबली सब्जी लेंगे या छोंकी हुई ?	Would you have boiled vegetables or fried ones?	(वुड यू हैव बौइल्ड वैजीटेवल्स और फ्राइड वन्स?)
39.	खाने के बाद मैं एक प्याला कॉफी लेता हूँ	I take a cup of coffee after dinner.	(आइ टेक ए कप ऑफ कॉफी आफ्रटर डिनर)
40.	आज हम सब लोग साथ-साथ खाना खाएँगें.	Today we shall all dine together.	(टुडे वी शैल ऑल डाइन टुगेदर)

Note:

1. 'खाना खाने के लिए', 'नाश्ता करने के लिए' या 'चाय पीने के लिए' take food/dinner/lunch, take breakfast/take tea आता है, eat या drink नहीं.
2. याद रखें खाली drink का अर्थ 'शराब पीना होता है, इसके प्रयोग में सावधनी रखे

2.21 TIME AND PERIOD (समय और काल)

1.	आपकी घड़ी में कितने बजे हैं ?	What is the time by your watch?	(व्हाट इज द टाइम बाई योर वाच ?)
2.	साढ़े दस/पौने ग्यारह / सवा ग्यारह / ग्यारह बजकर बीस मिनट हुए हैं.	It is half-past ten/quarter to eleven/ quarter-past eleven/ eleven twenty-	(इट इज हाफ-पास्ट टैन/ क्वार्टर टु इलेविन/ क्वार्टर- पास्ट इलैविन / इलैविन ट्वेन्टी)
3.	आप दफ्तर कितने बजे जाते हैं ?	At what time do you go to office?	(ऐट हाट टाइम डू यू गो टु ऑफिस ?)
4.	बच्चे स्कूल से कितने बजे लौटते हैं	At what time do the children return from school?	(एट व्हाट टाइम डू द चिल्ड्रन रिटर्न फ्रॉम स्कूल?)
5.	हम लगभग ग्यारह बजे सोते हैं.	We go/ retire to bed around eleven	(वी गो / रिटायर टु बैड एराउन्ड इलेविन)
6.	आज कितनी तारीख है ?	What date is it today ?	(व्हाट डेट इज इट टुडे ?)
7.	आज 15 जनवरी, 1999 है.	It is 15th January, 1999	(इट इज फिफफटीन्थ जैनुअरी, नाइन्टीन नाइन्टी नाइन)
8.	वह समय का बहुत पाबंद है.	He is very punctual.	(ही इज वैरी पंक्चुअल)
9.	अपना समय बर्बाद न करो.	Don't waste your time.	(डोन्ट वैस्ट योर टाइम)
10.	समय सम्पत्ति है	|Time is money/wealth.	(टाइम इज मनी/वैल्थ)
11.	गाड़ी एक घंटा लेट हैं.	The train is late by an hour	(द ट्रेन इज लेट बाइ ऐन आवर)
12.	मुझे आने में देर हुई. क्षमा माँगता हूँ.	I am late I apologise	(आइ ऐम लेट. आइ एपोलोजाइज)
13.	हमारे पास बहुत कम समय है.	We have very little time / We are very short of time	(वी हैव वैरी लिटिल टाइम / वी आर वैरी शॉर्ट ऑफ टाइम)
14.	आधी रात हो चुकी है.	It is midnight	(इट इज मिडनाइट)
15.	समय कितनी तेजी से बीतता है.	Time flies so fast	(टाइम फ्रलाइज सो फास्ट)
16.	समय पर किसी का जोर नहीं.	None/no one can hold time	(नन/ नो वन कैन होल्ड टाइम)
17.	समय बहुत खराब है.	Time is very unfavourable	(टाइम इज वैरी अनफेवरेवल)

18.	अच्छे दिन भी आएंगे.	Good days / times will also come	(गुड डेज / टाइम्स विल ऑलसो कम)
19.	हर चीज का कोई समय होता है.	There is time for everything	(देयर इज टाइम फॉर एवरीथिन्ग)
20.	गया वक्त फिर कभी हाथ नहीं आता.	Time past is past	(टाइम पास्ट इज पास्ट)
21.	मेरी घड़ी कुछ आगे है.	My watch is a little fast	(माइ वाच इज ए लिटिल फास्ट)
22.	मेरी घड़ी कुछ पीछे (सुस्त) है.	My watch is a little slow.	(माइ वाच इज ए लिटिल स्लो)
23.	समय किसी के लिए नहीं ठहरता.	Time waits for none.	(टाइम वेट्स फॉर नन)
24.	समय सब दुःखों को भुला देता है.	Time is a great healer.	(टाइम इज ए ग्रेट हीलर)
25.	समय बड़ा बलवान होता है.	Time is all-powerful	(टाइम इज ऑल पावरफुल)

2.22 GOOD LUCK AND BAD LUCK (सौभाग्य और दुर्भाग्य)

1.	वह बड़ा सौभाग्यशाली है.	He is very lucky/fortunate	(ही इज वैरी लकी / फारचुनेट)
2.	वह बड़ा दुर्भाग्यशाली है.	He is very unlucky/unfortunate.	(ही इज वैरी अनलकी / अनफारचुनेट)
3.	भाग्य ने उसका खुब साथ दिया.	Luck favoured him very much	(लक फेवर्ड हिम वैरी मच)
4.	भाग्य ने उसका साथ नहीं दिया.	Luck did not favour him	(लक डिड नॉट फेवर हिम)
5.	यह सब भाग्य की माया है.	All this is the game of luck	(ऑल दिस इज द गेम ऑफ लक)
6.	भाग्य में यही था.	It was so fated/destined	(इट वाज सो फेटेड / डस्टिण्ड)
7.	भाग्य आपका साथ दे	May luck favour you!	(मे लक फेवर यू !)
8.	भाग्य में लिखा कोई नहीं टाल सकता.	What is fated cannot be abated.	("वाट इज फेटेड कैन्नीट बी अबेटड)
9.	भाग्य बलवान का साथ देता है	Fate favours the brave.	(फेट फेवर्स द ब्रेव)
10.	मनुष्य स्वयं अपना भाग्य बनाता है.	Man is the architect of his own fate	(मैन इज द आर्कीटेक्ट ऑफ हिज ओन फेट)
11.	आज का दिन बड़ा भाग्यशाली है. (शुभ)	This is a very lucky day.	(दिस इज ए वैरी लकी डे)
12.	आज का भाग्यशाली दिन बार-बार आए	Wish you many many happy returns of this auspicious day!	विश यू मैनी मैनी हैपी रिटर्नस् ऑफ दिस ऑसपिशियस डे !)

2.23 WEATHER AND SEASONS (वैदर एण्ड सीजन्स)

मौसम और ऋतुएँ

1.	आज का मौसम बड़ा सुहावना है..	Today the weather is very pleasant	(टुडे द वैदर इज वैरी प्लेजेन्ट)
2.	वहाँ पर चारों तरफ हरियाली है.	There is greenery all around	(देयर इज ग्रीनरी ऑल एराउन्ड)
3.	आज बड़ी सुहावनी ठंडी हवा चल रही है.	A very pleasant cool breeze is blowing today.	(ए वैरी प्लेजैन्ट कूल ब्रीज इज ब्लोइंग टुडे)
4.	आज पिकनिक के लिए बड़ा अच्छा दिन है.	The day is very good for picnic/ It is a very good day for picnic today	(द डे इज वैरी गुड फॉर पिकनिक / इट इज ए वैरी गुड डे फॉर पिकनिक टुडे)
5.	आज तो जमा देने वाली ठंड है.	It is freezing cold today.	(इट इन फ्रीजिंग कोल्ड टुडे)
6.	वह तो ठंड के मारे काँप रहा है.	He is shivering with cold	(ही इज शिवलिंग विद कोल्ड)

7.	आज तो बड़ा गहरा कोहरा है.	It is very foggy today.	(इट इज वैरी फॉगी टुडे)
8	आज तो काटती हुई ठंड है.	It is piercing cold today.	(इट इज पियर्सिंग कोल्ड टुडे)
9.	आज का दिन तो बड़ा ही गर्म है.	It is a very hot day today.	(इट इज ए वैरी हॉट डे टुडे)
10.	आज तो झुलसा देने वाली हवा चल रही है.	A scorching wind is blowing today	(ए स्कॉचिंग विंड इज ब्लोइंग टुडे)
11.	आज अन्दर तो बिलकुल हवा नहीं है.	It is very stuffy inside today.	(इट इज वैरी स्टफी इनसाइड टुडे)
12.	गर्मियों में पानी बहुत पीना चाहिए.	One should drink plenty of water in summer_	(वन शुड ड्रिंक प्लेंटी ऑफ वाटर इन समर)
13.	आज तो लगातार बारिश हो रही है.	It is incessantly raining today	(इट इज इनसीसेन्टली रेनिंग टुडे)
14.	आज तो मूसलाधर बारिश हुई.	It rained torrentially today.	(इट रेन्ड टॉरेन्शियली टुडे)
15.	सब नदियों में बाढ़ आ गई है.	All rivers are flooded	(ऑल रिवर्स आर फ्रलडड)
16.	कई साल बाद ऐसी भारी वर्षा हुई है.	It has rained so heavily after many years.	(इट हैज रेन्ड सो हैविली आफ्रटर मैनी इयर्स)
17.	मौसम धीरे - धीरे बदल रहा है.	The weather is slowly changing	द वैदर इज स्लोली चेन्जिंग)
18.	मौसम अनिश्चित है.	The weather is uncertain	(द वैदर इज अनसरटेन)
19.	मौसम पर भरोसा नहीं किया जा सकता.	The weather cannot be depended upon	द वैदर कैन्नोट बी डिपेन्डड अपौन)
20.	ऐसे मौसम में कौन बाहर जाएगा ?	Who will go out in such a weather?	(हू विल गो आउट इन सच ए वैदर ?)

Note :

(1) समय, दूरी, मौसम और वस्तुओ से सम्बन्धित वाक्य इट से शुरू होते हैं, जैसे-

It is five O'clock. It is winter. It is very hot today.

It is 5 kilometers from here. It is a pleasant morning.

2.24 SOME MISCELLANEOUS WORDS OR PHRASES (विभिन्न प्रकार के शब्द)

1.	सब ठीक है.	All right./O.K.	(ऑलराइट / ओ. के.)
2.	कोई जल्दी नहीं.	No hurry / There is no hurry.	(नो हरी / देयर इज नो हरी)
3.	जैसी आपकी मर्जी.	As you wish	(ऐज यू विश)
4.	क्यों नहीं ?	Why not ?	(वाय नॉट ?)
5.	अभी-अभी.	Just now	(जस्ट नाउ)
6.	बिलकुल नहीं.	Not at all./Certainly not	(नॉट एट ऑल / सरटेनली नॉट)
7.	नहीं, कभी नहीं.	No, never.	(नो, नैवर)
8.	कोई निश्चय नहीं.	Not certain. /No certainty.	(नॉट सरटेन/नो सरटेन्टी)
9.	अभी आया.	|Just coming.	(जस्ट कमिंग)
10.	थोड़ा इन्तजार करिए.	Wait a little.	(वेट ए लिटिल)
11.	विश्वास रखो.	Rest assured.	(रैस्ट एश्योर्ड)
12.	यह कैसे हुआ ?	How it happened? / How did it happen ?	हाउ इट हैपन्ड ? / हाउ डिड इट हैपन ?)

13.	क्या कारण हो सकता है ?	What can be the reason ?	(व्हाट कैन बी द रीजन ?)
14.	और कुछ ?	|Anything else/more ?	(एनीथिंग ऐल्स/मोर)
15.	और कुछ नहीं ?	Nothing else/more.	(नथिंग ऐल्स/मोर)
16.	और कोई ?	Anybody else Any other person ?	(ऐनीवडी ऐल्स ? ऐनी अदर परसन ?)
17.	कोई नहीं ?	No, none./No one else.	(नो, नन/ नो वन ऐल्स)
18.	किसी भी तरह.	Any how. / By any means .	(ऐनी हाउ / बाइ ऐनी मीन्स)
19.	कहाँ/जहाँ.	Where.	(वेअर)
20.	यहाँ.	Here.	(हियर)
21.	फिर कभी.	Some other time.	(सम अदर टाइम)
22.	क्यो?	Why ?	(वाय?)
23.	शायद.	Perhaps/Probably.	(परहैप्स / प्रोबेबली)
24.	कब ? जब.	When.	(वेन)
25.	कैसे ? किस प्रकार ?	How?	(हाउ)
26.	कारण.	On account of/ due to.	(ऑन एकाउन्ट ऑफ / डीयू टु)
27.	कभी-कभी.	Sometimes/occasionally.	(समटाइम्स/ अकेजनली)
28.	तो क्या हुआ ?	So what?	(सो व्हाट)
29.	खैर, कोई बात नहीं.	Well, doesn't matter.	(वैल, डजन्ट मैटर)
30.	मैं कैसे जान पाता ?	How could I know.	(हाउ कुड आइ नो ?)
31.	प्रवेश वर्जित	No admission!	(नो एडमिशन)
32.	ऐसा मत कहिए.	Don't say so .	(डोन्ट से सो)
33.	कह नहीं सकता.	Can't say.	(कान्ट से)
34.	आज्ञा नहीं.	Not allowed/not permitted.	(नॉट एलाउड/नॉट परमिटड)
35.	फिर कोशिश करो.	Try again.	(ट्राय अगेन)
36.	भूलना मत.	Don't forget.	(डोन्ट फॉरगेट)
37.	सावधन रहो.	Be careful./Beware.	(बी केयरफुल / बिवेयर)
38.	तुरन्त जाओ.	Go at once.	(गो एट वन्स)
39.	स्वयं सोचो.	|Think yourself.	(थिंक योरसैल्फ)
40.	यहाँ उतर जाओ.	Get down here.	(गैट डाउन हियर)
41.	तैयार रहो.	Keep ready.	(कीप रैडी)
42.	आओ चलें.	Come, let's go.	(कम, लैटस गो)
43.	समझदारी से काम लो.	Be sensible./Act sensibly.	(बी सेन्सिबिल / एक्ट सेन्सिबिली)
44.	उसे भी आने दो.	Let him also come.	(लैट हिम ऑलसो कम)
45.	जल्दी क्या है ?	What is the hurry ?	(व्हाट इज द हरी ?)
46.	जाने भी दो.	Let it go/Ignore it.	(लैट इट गो./इगनोर इट)
47.	कोई चिन्ता नहीं.	Don't worry./Have no worry.	(डोन्ट वरी./ हैव नो वरी.)
48.	अब हम क्या कर सकते हैं ?	What can we do now ?	(व्हाट कैन वी डू नाउ ?)
49.	देखेंगे / देखिए.	We shall see. / Let us see	(वी शैल सी / लैट अस सी)
50.	मौके की बात है.	It's a matter of chance / Depends	(इटस ए मैटर ऑफ चान्स /डिपेन्ड्स)

51.	अब क्या हुआ ?	What's the matter now ? /What's now ?	(वाट्स द मैटर नाउ ? / वाट्स नाउ ?)
52.	मुझे कुछ नहीं मालूम.	I know nothing. / I have no idea / knowledge	(आइ नो नथिंग / आइ हैव नो आइडिया/ नॉलिज)
53.	भाड़ में जाओ.	Go to Hell.	(गो टु हैल)
54.	इतने मत बनो.	Don't show off / pretend / feign so much.	डोन्ट शो ऑफ / प्रिटेन्ड / फेन सो मच)
55.	तुम्हें क्या मतलब ?	What have you to do ? / How are you concerned?	(वाट हैव यू टुडू ? / हाउ आर यू कन्सरन्ड ?)
56.	अब सब बेकार है.	Now it's all useless.	(नाउ इट्स ऑल यूजलैस)
57.	यह तो होना ही था.	This was to be.	(दिस वाज टु बी)
58.	क्या तुमने नहीं सुना है ?	Have you not heard ?	(हैव यू नॉट हर्ड ?)
59.	सब बेकार गया.	All has gone waste. / It's all wasted	ऑल हैज गौन वेस्ट / इट्स ऑल वेस्टेड)
60.	जो होना था सो हो गया.	What was to happen has happened./ The inevitable has happened	(वाट वाज टु हैपिन हैज हैपन्ड / द इनएविटेविल हैज हैन्ड)
61.	कोई दूसरा उपाय न था.	There was no alternative/other way out	(देयर वाज नो आल्टरनेटिव/अदर वे आउट)
62.	यह संभव नहीं	This is not possible.	(दिस इज नॉट पॉसिबल)
63.	यह नहीं हो सकता.	This cannot be	(दिस कैन्नौट बी)
64.	हो सकता है.	May be.	(मे बी)
65.	यह उचित नहीं है.	This is not proper	(दिस इज नॉट प्रॉपर)
66.	आप कौन होते हैं	Who are you ?	(हू आर यू ?)
67.	आपको कोई अधिकार नहीं.	You have no right.	(यू हैव नो राइट)
68.	हद हो गई.	It's crossing the limits.	(इट्स क्रासिंग द लिमिट्स)
69.	मुझे बेबकूफ मत बनाओ.	Don't make a fool of me.	(डौन्ट मेक ए फूल ऑफ मी)
70.	मेरे सब्र का इम्तिहान मत लो.	Don't try my patience.	(डौन्ट ट्राय माइ पेशेन्स)
71.	उसकी तौहीन मत करो.	Don't humiliate/insult him	(डौन्ट ह्यूमिलियेट / इनसल्ट हिम)
72.	कमाल हो गया.	It's a miracle.	(इट्स ए मिरेकल)
73.	कौन जाने ?	Who knows ?	(हू नोज ?)
74.	सचमुच ?	Really?	(रियली ?)
75.	यह बहुत आसान है.	It's very easy.	(इट्स वैरी ईजी)
76.	कृपया यहाँ हस्ताक्षर कीजिए.	Please sign here.	(प्लीज साइन हियर)
77.	वह होश में नहीं है.	He is not in his senses.	(ही इज नॉट इन हिज सेंन्सज)
78.	वह बहुत घबरा रहा है.	He is very nervous.	(ही इज वैरी नर्वस)
79.	बीते हुए समय के बारे में मत सोचो.	Don't think of the past.	(डौन्ट थिंक ऑफ द पास्ट)
80.	भगवान की मर्जी.	It's God's will.	(इट्स गॉड्स विल)
81.	आपका क्या जाता है ?	What do you lose?	(व्हाट डू यू लूज ?)
82.	बेफिक्र रहो.	Be carefree	(बी केयर फ्री)

83.	उचित समय आने दो.	Let proper time come.	(लैट प्रौपर टाइम कम)
84.	जो चाहो कहो.	Say what you will/wish.	(से व्हाट यू विल / विश)
85.	खुल कर बात करो.	|Talk freely/frankly.	(टॉक फ्रीली /फ्रेंक्ली)
86.	ऐसा कभी नहीं हो सकता.	This can never be. / This can never happen	दिस कैन नैवर बी / दिस कैन नैवर हैपन)
87.	मैं जो चाहूँगा करूँगा.	I'll do what I'll/wish.	(आइ विल डू व्हाट आइ विल / विश)
88.	मेरी आत्मा को यह स्वीकार नहीं.	My conscience does not allow this.	माई कोन्शियेन्स डज नॉट एलाउ दिस)
89.	यह अनैतिक कार्य हैं.	This is an immoral deed / act.	(दिस इज एन इम्मौरल डीड / ऐक्ट)
90.	मैं सत्य के मार्ग पर चलूँगा.	I'll tread on the path of truth.	(आइल ट्रैड ऑन द पाथ ऑफ ट्रुथ)
91.	मैं कभी झूठ का साथ नहीं दूंगा.	I'll never support falsehood.	(आइश्ल् नैवर सपोर्ट फॉल्सहुड) 91.
92.	सत्य की हमेशा जीत होती है.	Truth always wins.	(ट्रूथ ऑलवेज विन्स)
93.	झूठ के पैर नहीं होते.	Falsehood has no legs.	(फॉल्सहुड हैज नो लैग्स)
94.	होनी को कोई नहीं टाल सकता.	Nobody can avert the inevitable.	नोबडी कैन एवर्ट द इनऐवीटेबल)
95.	यह तो तुम्हारा परम कर्तव्य है.	This is your bounden duty.	(दिस इज योर बाउन्डेन ड्यूटी)
96.	उसका पतन निश्चित हैं.	His fall is certain.	(हिज फॉल इज सरटेन)
97.	मैं इतने से ही संतुष्ट हूँ.	I am contented only with this.	(आइ म कन्टेन्टेड ऑन्ली विद दिस)
98.	मैं किसी को दोष नहीं देता.	I don't blame anybody.	(आइ डॉन्ट ब्लेम ऐनीबडी)
99.	मुझे और क्या चाहिए ?	What more do I need ?	(व्हाट मोर डू आइ नीड ?)
100.	आखिर इसका अंत क्या होगा ?	After all what will be its end?	आफ्टर ऑल, व्हाट विल बी इट्स एण्ड ?)

03 TYPES OF SENTENCES (वाक्यों के प्रकार)

3.1 Introduction (परिचय)

अँग्रेजी में वाक्यों के कुछ निश्चित रूप होते हैं, जिन्हें हम Patterns (पैटर्न्स) कहते हैं. प्रत्येक वाक्य किसी न किसी Pattern के अनुसार बनाया जाता है. हम नीचे कुछ मुख्य-मुख्य Patterns को उदाहरण देते हुए समझा रहे हैं. यदि विद्यार्थी उन Patterns की बनावट (Structure) को अच्छी तरह समझ और उनका अभ्यास करले तो वह मोटे तौर पर प्रयोग में आने वाले सभी वाक्यों को स्वयं बना सकेगा और उसे वाक्यों के रटने की आवश्यकता नहीं पड़ेगी. अतः यह आवश्यक है कि विद्यार्थी इस खण्ड को बहुत ही ध्यानपूर्वक पढ़े और समझे और इसमें दिए हुए Patterns के अनुसार अँग्रेजी में वाक्य बनाने की कोशिश करे. यह बिलकुल भी कठिन कार्य नहीं है, आवश्यकता केवल लगन और अभ्यास की है.

KINDS OF SENTENCES (वाक्यों के प्रकार)

बनावट (Structure) के आधर पर अँग्रेजी में Sentences मुख्यतः निम्नलिखित छः प्रकार के होते हैं :

1. **Assertive Sentences एसर्टिव सेन्टेन्सज (साधरण कथन वाले वाक्य)**
   (1) Is, Are, Was, Were, Am, Has, Have, Had को Finite Verb की तरह प्रयोग करते हुए वाक्य,
   (2) Helping Verbs (सहायक क्रियाओं) की सहायता से बनने वाले वाक्य,
   (3) बिना Helping Verbs की सहायता के अन्य Main Verbs (मुख्य क्रियाओं) के द्वारा बनने वाले वाक्य
2. **Interrogative Sentences / इन्टेरोगेटिव सेन्टेन्सज (प्रश्नवाचक वाक्य)**
   (1) Helping Verbs की सहायता से बनने वाले प्रश्नवाचक वाक्य.
   (2) Interrogative adverbs अथवा Interrogative Pronouns की सहायता से बनने वाले प्रश्नवाचक वाक्य.
3. Imperative Sentences इम्पेरेटिव सेन्टेन्सज (आज्ञासूचक वाक्य)
4. Negative Sentences नेगेटिव सेन्टेन्सज (नकारात्मक वाक्य)
5. Exclamatory Sentences एक्सक्लेमेटरी सेन्टेन्सज (विस्मय बोधक वाक्य)
6. Optative Sentences ऑप्टेटिव सेन्टेन्सज (इच्छा / अभिलाषा, आशा सूचक वाक्य)

इन सभी प्रकार से बनने वाले वाक्यों का पूर्ण विवरण हम नीचे दे रहे हैं :

अँग्रेजी में सर्वाधिक महत्व Verb (क्रिया) का है, यदि Verb का सही प्रयोग करना आ जाय तो समझलें अस्सी प्रतिशत अँग्रेजी आ गई.

अँग्रेजी और हिन्दी की क्रिया के प्रयोग में कुछ आधरभूत अन्तर होते हैं, जिनको आरम्भ में ही समझ लेना चाहिए. हिन्दी की क्रिया में पुरुष भेद (प्रथम पुरुष, द्वितीय पुरुष या तृतीय पुरुष), लिंग भेद (स्त्रीलिंग या पुल्लिंग), तथा वचन-भेद (एक वचन या बहुवचन) तीनों ही होते हैं, और तीनों का ध्यान रखते हुए ही क्रिया का प्रयोग किया जाता है. किन्तु अँग्रेजी की Verb में केवल दो ही भेद होते हैं-

वचन–भेद [Singular Number (एक वचन) या Plural Number (बहु वचन) तथा पुरुष भेद (First Person/Second Person/ Third Person). अँग्रेजी की Verb में लिंग भेद Feminine Gender (स्त्रीलिंग) या Masculine Gender (पुल्लिंग) नहीं होता. उदाहरण के लिए, हम हिन्दी में कहेंगे-

वह लड़का जाता है, या वह लड़की जाती है, किन्तु अँग्रेजी में दोनों ही के लिए GOES आएगा. अर्थात, अंग्रेजी में Verb का रूप कर्ता (Subject) के Number (वचन) या Person (पुरुष), के अनुसार तो बदलेगा किन्तु Gender (लिंग) के अनुसार नहीं.

(S + V + O)

Is:

यह Present Tense (वर्तमान काल) में Singular Subject, Third Person (एक वचन कर्ता, तृतीय पुरुष) के साथ प्रयुक्त होता है. जैसे-

He is a boy	(वह एक लड़का है.)
She is a girl	(वह एक लड़की है)
That is a horse	(वह एक घोड़ा है)
This is a book	(यह एक किताब है.)

Are:

यह Present Tense (वर्तमान काल) में Plural Subject (बहुवचन कर्ता) के साथ तीनों ही Persons में प्रयुक्त होता है. यहाँ यह भी याद रखना चाहिए कि क्रिया के संदर्भ में You हमेशा Plural माना जाता है. जैसे-

They are horses	(वे घोड़े हैं.)
They are boys	(वे लड़के हैं.)
They are girls	(वे लड़कियाँ हैं.)
You are a soldier	(तुम एक सैनिक हो.)
These boys are players	(ये लड़के खिलाड़ी हैं.)
We are students	(हम विद्यार्थी हैं.)

Was:

यह Past Tense (भूतकाल) में Singular Subject (एकवचन कर्ता) तथा तृतीय पुरुष (Third Person) तथा I के साथ प्रयुक्त होता है. जैसे-

He was a teacher	(वह एक अध्यापक था.)
She was a nurse	(वह एक नर्स थी.)
The table was round	(मेज गोल थी.)
I was the Captain	(मैं कप्तान था.)

Note- याद रखें कि I के साथ भी was लगता है, यद्यपि I Third Person नहीं है.

Were:

यह Past Tense (भूतकाल) में, Plural Subject (बहुवचन कर्ता) के साथ प्रत्येक Person में प्रयुक्त होता है. जैसे-

They were players	(वे खिलाड़ी थे.)
We were players	(हम खिलाड़ी थे.)
You were players	(तुम खिलाड़ी थे.)

Note: I के साथ were नहीं लगता, क्योंकि I Singular Number है.

Am:

यह केवल Present Tense और First Person, Singular Subject (I) के साथ प्रयुक्त होता है. जैसे-

I am a student	(मैं एक विद्यार्थी हूँ.)

I am thirsty. (मैं प्यासा हूँ.)

Has:

यह Present Tense में केवल Third Person, Singular Subject के साथ लगाया जाता है. जैसे-

He has a book (उसके पास एक पुस्तक है.)

Sohan has a scooter. (सोहन के पास एक स्कूटर है.)

Have:

यह Present Tense में Plural Subject के साथ तीनों ही Persons में तथा I के साथ प्रयोग किया जाता है. जैसे-

They have a big house (उनके पास एक बड़ा मकान है.)

You have a car (तुम्हारे पास एक कार है.)

We have a factory (हमारे पास एक कारखाना है.)

Note: यहाँ विशेष रूप से याद रखें कि I के साथ भी have प्रयोग होता है. जैसे-

I have a new car (मेरे पास एक नई कार है.)

Had :

यह Past Tense में प्रत्येक Number और प्रत्येक Person के साथ प्रयुक्त होता है. जैसे-

I had a good house (मेरे पास एक अच्छा मकान था.)

We had a good house (हमारे पास एक अच्छा मकान था.)

They had a good house (उनके पास एक अच्छा मकान था.)

You had a good house (तुम्हारे पास एक अच्छा मकान था.)

He had a good house (उसके पास एक अच्छा मकान थथा.)

Points of Remember

1. Is, are, am, has, have का प्रयोग Present Tense (वर्तमान काल) के लिए किया जाता है.
2. Was, were, had का प्रयोग Past Tense (भूतकाल) के लिए करते हैं.
3. Is, was, am, has Singular Verbs (एकवचन क्रियाएं) हैं. इनके साथ Singular Subject (एकवचन कर्ता) प्रयोग करते हैं.
4. Are, were, have Plural Verbs (बहुवचन क्रियाएं) हैं. इनके साथ Plural Subject (बहुवचन कर्ता) प्रयोग करते हैं. Had का प्रयोग एकवचन और बहुवचन दोनों में किया जाता है.
5. I के साथ Present Tense में am तथा Past Tense में was लगाते हैं. You के साथ Present Tense में are तथा Past Tense में were लगाते हैं.
6. इन Sentences की बनावट इस प्रकार होती है :
   Subject + Verb + Object / Remaining Part-
   (S + V+ O)

(1.2) Helping Verbs (सहायक क्रियाओं) की सहायक से बनने वाले वाक्य

Helping Verbs से बनने वाले Sentences में एक Helping Verb और एक Main Verb (मुख्य क्रिया) अवश्य आती है. इन वाक्यों में सबसे पहले Subject लगाते हैं. उसके बाद Helping Verb तथा उसके बाद Main Verb, और अन्त में Object तथा वाक्य का बचा हुआ भाग. इनकी बनावट इस प्रकार होती है :

Subject + Helping Verb + Main Verb + **Object / Remaining Part**

(S + HV + MV + O)

(i) Helping Verb **(Present Tense)- Is, Are, Am**

(a) हिन्दी में जिन वाक्यों में रहा है, रहे हैं, रही है, रहा हूँ आता है, उनमें ये Helping Verbs प्रयोग किए जाते हैं.

(b) Is Third Person Singular Subject के साथ, Are सभी प्रकार के Plural Subjects तथा You के साथ तथा Am केवल I के साथ प्रयोग किया जाता है.

(c) इन Helping Verbs के बाद प्रयुक्त होने वाली Main Verb के साथ हमेशा 'ing' लगाया जाता है.जैसे-

I am reading. (मैं पढ़ रहा हूँ.)

You are sleeping. (तुम सो रहे हो.)

He is playing. (वह खेल रहा है.)

She is singing. (वह गा रही है.)

They are talking (वे बातचीत कर रहे हैं.)

(ii) Helping Verb **(Past Tense) - Was/ Were-**

(a) हिन्दी में जिन वाक्यों में रहा था, रही थी, रहे थे आता है, उनमें ये Helping Verbs प्रयोग किए जाते हैं.

(b) Was Singular Subjects तथा I के साथ तथा were सभी Plural Subjects तथा You के साथ प्रयोग करते हैं.

(c) इन Helping Verbs के बाद प्रयुक्त होने वाली Main Verb के साथ हमेशा 'ing' लगाया जाता है. जैसे-

You were sleeping (तुम सो रहे थे.)

They were working. (वे काम कर रहे थे.)

We were reading (हम पढ़ रहे थे.)

He was running (वह दौड़ रहा था.)

I was playing. (मैं खेल रहा था.)

(iii)Helping Verb **(Future Tense)- Shall/ Will / Would-**

(a) हिन्दी में जिन वाक्यों में गा/ गी / गे आता है, उनमें ये Helping Verbs प्रयोग की जाती हैं.

(b) I तथा We के साथ shall तथा अन्य सभी Subjects के साथ will / would प्रयोग करते हैं.

(c) इन Helping Verbs के बाद प्रयुक्त होने वाली Main Verb हमेशा अपने First Form में ही प्रयोग की जाती है. जैसे-

I shall go. (मैं जाऊँगा.)

We shall play. (हम खेलेंगे.)

They will work (वे काम करेंगे.)

You will sing (तुम गाना गाओगे.)

I would now go. (मैं अब जाऊँगा.)

(iv) Helping Verb **(Present Tense)- May, Can.**

(a) हिन्दी में जिन वाक्यों में सकता है / सकती है / सकते हैं आता है, उनमें ये Helping Verbs प्रयोग की जाती हैं.

(b) ये Helping Verbs सभी प्रकार के Subjects के साथ लगाई जा सकती हैं.

(c) इन Helping Verbs के बादMain Verb अपने First Form में ही प्रयोग की जाती है. जैसे-

You can go. (तुम जा सकते हो.)

She can play. (वह खेल सकती है.)

They may come (वे आ सकते हैं.)

I may try (मैं कोशिश कर सकता हूँ.

(v) Helping Verb **(Past Tense) & Might] Could**

(a) हिन्दी में जिन वाक्यों में सकता था / सकती थी / सकते थे आता है, उनमें ये Helping Verbs प्रयोग की जाती हैं.

(b) ये Helping Verbs सभी प्रकार के Subjects के साथ लगाई जा सकती हैं.

(c) इन Helping Verbs के बाद Main Verb हमेशा First Form में ही प्रयोग की जाती है. जैसे-

He might come (वह आ सकता था/है.)

You go. (तुम जा सकते थे/हो.)

I might reach in time (मैं समय पर पहुँच सकता था / हूँ.)

He could try. (वह कोशिश कर सकता था.)

You could help him (तुम उसकी मदद कर सकते थे.)

I could solve this sum (मैं इस प्रश्न को हल कर सकता था.)

(vi) Helping Verb **(Present Tense)-Must, Ought, Need**

(a) हिन्दी में जिन वाक्यों में चाहिए आता है, उन वाक्यों में ये Helping Verbs प्रयोग की जाती हैं.

(b) ये सभी Subjects के साथ प्रयोग की जा सकती हैं.

(c) इन Helping Verbs के बाद Main Verb हमेशा First Form में ही प्रयोग की जाती है. जैसे-

I must go. (मुझे अवश्य जाना चाहिए.)

He must sleep (उसे अवश्य सोना चाहिए.)

You ought to try (तुम्हें अवश्य कोशिश करनी चाहिए.)

You need not try (तुम्हें कोशिश नहीं करनी चाहिए.)

(कोशिश करने की आवश्यकता नहीं है.)

Note: यहाँ एक बात याद रखे कि ought के बाद Main Verb से पहले to' अवश्य लगाया जाता है.

(vii) Helping Verbs (Present and Past Tense)- Has, Have, Had

(a) Has/Have Present Perfect Tense की Helping Verbs हैं. हिन्दी में जिन वाक्यों में चुका है / चुकी है / चुके हैं, अथवा या है/ई हैं/ए हैं आते हैं, उनमें ये Helping Verb प्रयोग की जाती हैं.

(b) Had Past Perfect Tense की Helping Verb है. हिन्दी में जिन वाक्यों में चुका था / चुकी थी / चुके थे अथवा या था/ई थी/ए थे आते हैं, उनमें यह Helping Verb प्रयोग की जाती है.

(c) Helping Verbs Has/Have / Had के पश्चात् Main Verb हमेशा Third Form में प्रयोग की जाती है.

(d) Has, Third Person, Singular Subject के साथ तथा Have I You तथा सभी Plural Subjects जाते हैं. Had सभी प्रकार के Subjects के साथ प्रयोग किया जा सकता है. जैसे-

I have finished my work (मैं अपना काम समाप्त कर चुकाहूँ.

अथवा

मैंने अपना काम समाप्त कर लिया है.)

He has gone home (वह घर जा चुका है.

अथवा

वह घर चला गया है.)

Their team has won the match (उनकी टीम मैच जीत चुकी है.
अथवा
उनकी टीम ने मैच जीत लिया है.)

She has gone home (वह घर जा चुकी है.
अथवा
वह घर चली गई है.)

They have typed out the letters (वे पत्र टाइप कर चुके हैं.
अथवा
उन्होंने पत्र टाइप कर लिए हैं.)

They had left the office (वे दफ्तर से जा चुके थे.
अथवा
वे दफ्तर से चले गए थे.)

She had left her daughter at home (वह अपनी बेटी को घर पर छोड़ चुकी थी.
अथवा
वह अपनी बेटी को घर पर छोड़ गई थी.)

(केवल Finite Verb से Helping Verb की सहायता के बिना वाक्य बनाना

किसी भी Finite Verb से बिना किसी Helping Verb की सहायता के वाक्य बनाए जा सकते हैं, किन्तु ये वाक्य Present Indefinite Tense (सामान्य वर्तमान) या Past Indefinite Tense (सामान्य भूतकाल) में ही बनेंगे, किसी दूसरे Tense में नहीं. बाकी सभी Tenses में किसी न किसी Helping Verb की जरूरत पड़ती है.

(i) **Present Indefinite Tense -** हिन्दी में जिन वाक्यों की क्रिया में ता है /ती है /ते हैं आते हैं, वे वाक्य Present Indefinite (सामान्य वर्तमान) काल के कहलाते हैं.

(ii) **Past Indefinite Tense -** हिन्दी में जिन वाक्यों की क्रिया में था / थी / थे अथवा या / ई / ए के रूप आते हैं वे वाक्य Past Indefinite Tense (सामान्य भूतकाल) के वाक्य कहलाते हैं.

अब इन दोनों प्रकार के वाक्यों की बनावट का पूर्ण विवरण आगे दे रहे हैं :

(i) Present Indefinite Tense (सामान्य वर्तमान)

(a) सबसे पहले यह याद रखें कि ऐसे वाक्यों में ला है तो से हैं की कोई अंग्रेजी नहीं बनाई जाती क्रिया का यह भाव उनकी Main Verb (मुख्य क्रिया) में ही छिपा रहता है. अतः 'मैं जाता हूँ की अँग्रेजी 'I am go' अथवा 'वह जाता है' की अँग्रेजी 'He is go' नहीं होगी. इनकी सही अँग्रेजी होगी 'I go' या 'He goes'.

(b) Singular Subject (एकवचन कर्ता) के साथ Main Verb में -s या -es लगाते हैं.

(c) I, You, We तथा Plural Subjects (बहुवचन कर्ता) के साथ केवल Main Verb का First Form ही प्रयोग करते हैं. उसमें s, es, ing वगैरह कुछ नहीं लगाते.

(d) इन वाक्यों का Structure निम्न प्रकार होता है : Subject + Main Verb + Object / Remaining Part

(S + V+ O)

जैसे— They live in Delhi (वे दिल्ली में रहते हैं.)

He teaches his sister (वह अपनी बहन को पढ़ाता है.)

He goes to school on foot (वह स्कूल पैदल जाता है.)

I read English (मैं इंगलिश पढता हूँ.)

You play football (तुम फुटबॉल खेलते हो.)

(ii) Past Indefinite Tense (सामान्य भूतकाल)

(a) उपयुक्त के समान सबसे पहले यह याद रखें कि ऐसे वाक्यों में था / थी / थे अथवा या / ई / ए की कोई अँग्रेजी नहीं बनाई जाती क्रिया का यह भाव उनकी Main Verb ही में छिपा रहता है. अतः 'मैं गया था' या 'मैं जाता था' की अँग्रेजी 'I was go/went' नहीं होगी. इसकी सही अँग्रेजी होगी I went."

(b) ऐसे वाक्यों में हर प्रकार के Subject के साथ Verb का Second Form ही लगता है.

(c) इन वाक्यों की बनावट निम्न भाँति होती है- Subject + Second Form of the Main Verb + Object/Remaining Part जैसे-

$(S + V_2 + O)$

He went back yesterday. (वह कल वापस गया/ गया था.)

I lost my pen on the way. (मैंने रास्ते में अपना पैन खो दिया/खो दिया था.)

You met her last week (तुम उससे पिछले हफ्ते मिले / मिले थे.)

They played in the same team (वे एक ही टीम में खेल खेले/ खेले थे .)

We saw the match last time (हमने पिछली बार मैच देखा /देखा था.)

Points of Remember

अँग्रेजी वाक्य बनाने में, विशेष रूप से आरम्भिक स्तर पर, सबसे अधिक भ्रम या गलती होती है Present Indefinite Tense या Past Indefinite Tense वाले वाक्यों के बनाने में हिन्दी में Present Indefinite Tense बनता है ता है /ती है/ता हूँ/ते हैं (जाता है, जाती है, जाता हूँ, जाते हैं) से तथा Past Indefinite Tense बनता है था / थी / थे (जाता था / जाती थी, जाते थे) अथवा या/ई/ये (गया, गई, गए) से ऐसे सभी वाक्यों में अँग्रेजी में है, हूँ, हैं अथवा था, थी, थे, अथवा था, ई, ये के लिए कोई Helping Verb प्रयोग नहीं की जाती है, केवल Main Verb (मुख्य क्रिया) प्रयोग की जाती है, इस शर्त के साथ कि Present Indefinite Tense में यदि Subject Singular Number में है तो मुख्य Verb में -s या -es मे लगा देते हैं- (He reads / He goes). I you तथा सभी Plural Subjects के साथ केवल Verb का First Form ही लगाते हैं- (They read. They go, I/You sleep). Past Indefinite Tense में सभी प्रकार के Subjects के साथ Verb का Second Form लगाते हैं— (They went. / They played.)

अतः He is go या They are go अथवा He was go या They were go कहना बिलकुल गलत है हमें कहना चाहिए He goes.या They go. अथवा He went या They went

उपर्युक्त के सूत्र

Present Indefinite Tense (सामान्य वर्तमान) एवं Past Indefinite Tense (सामान्य भूतकाल) में भिन्न-भिन कर्ताओं के साथ क्रिया के रूप ('Go' का उदाहरण लेते हुए)

कर्ता (Subject) 1 Person, II Person, III Person Singular/Plural	Present Indefinite Tense (सामान्य वर्तमान काल में) क्रिया का रूप ता है ती है ते हैं, ती हूँ, ता हूँ, (जाता है, जाती है, जाते हैं, जाती हूँ जाता हूँ)	Past Indefinite Tense (सामान्य भूतकाल में) क्रिया का रूप था थी थे, या, ई, ये (जाता था, जाती थी, जाते थे/गया, गई गए)
I	go	went
we	go	went
you	go	went
They	go	went
All Plural Subjects	go	went
He	goes	went
She	goes	went
All Singular Subjects	goes	went

2- एक और बात का विशेष ध्यान रखना चाहिए कि Singular Subject के साथ Singular Verb तथा Plural Subject के साथ Plural Verb प्रयोग की जाती है. यहाँ यह भी याद रखें कि यदि किसी Noun के अन्त में –s या - e जोड़ दें तो वह Plural हो जाती है ;जैसे, Cats, books, cargoes) किन्तु जब किसी Verb में -s या es जोड़ते हैं तो वह Singular हो जाती है (जैसे, He eats, She plays, Ram goes). इसका सूत्र है :

(i) Noun + s/es — Plural

Verb + s/es — Singular

Subject और Verb के सम्बन्ध का सूत्र है :

(ii) S → S (Singular)

P → P (Plural)

Helping Verbs (Auxiliary Verbs) के Singular और Plural Forms निम्नलिखित भाँति होते हैं :

Helping Verb (सहायक क्रिया)	Singular/Plural (Subject) एकवचन बहुवचन (कर्ता) के साथ
Is	Singular (I तथा You को छोड़कर)
Are	Plural (You के साथ भी)
Was	Singular (I के साथ भी, किन्तु You को छोड़कर)
Were	Plural (You के साथ भी)
Am	Singular (केवल I के साथ)
Has	Singular (Third Person के साथ)
Have	Plural (I तथा You के साथ भी)
Had	Both Singular and Plural
Will/Would. Shall/Should	Both Singular and Plural
May/Might, Can/Could	Both Singular and Plural
Does	Singular (Third Person के साथ)
Do	Plural (I तथा You के साथ भी)
Did	Both Singular and Plural
Second Form of Every Verb	Both Singular and Plural

(3.3) Interrogative Sentences (प्रश्नवाचक वाक्य)

वे वाक्य जो प्रश्न करते है प्रश्न वाचक वाक्य कहलाते है . Interrogative Sentences दो प्रकार से बनाए जाते हैं-

(i) किसी Auxiliary Verb (सहायक क्रिया) से आरम्भ करके सहायक क्रियाएं जिनसे Interrogative Sentences बनते हैं, ये हैं- Is, Are, Was, Were, Am, Will/Would, Shall/Should, Has/Have/Had, May / Might, Must / Ought, Need/ Dare Can/Could, Do/Does / Did,

(ii) Interrogative Sentences (प्रश्नवाचक क्रिया विशेषण) या Interrogative Pronoun से आरम्भ करके मुख्य Interrogative Adverbs या Pronouns जिनसे Interrogative Sentences बनते हैं, ये हैं—

Who, Whose, Whom, What, Which, Where, When, Why, How, How much, How many Sentences Interrogative बनाने का पूर्ण विवरण हम नीचे दे रहे हैं :

उपयुक्त खड (i) में जितने प्रकार के Assertive Sentences बनाए गए हैं उन सब को उसी बनावट में केवल Helping Verb (Auxiliary Verb)/ सहायक क्रिया को अपने स्थान से हटा कर वाक्य के शुरू में रख कर Interrogative Sentences में बदला जा सकता है. Present Indefinite तथा Past Indefinite Tense के वाक्यों में जिनमें Helping Verb की आवश्यकता नहीं पड़ती, उनमें आवश्यकतानुसार do, does या did अपनी ओर से लगा कर Interrogative वाक्यों में बदला जाता है. पूर्ण विवरण और उदाहरण आगे दिए जा रहे हैं :

a. Is, Are, Were, Am, Has, Have, Had को Finite Verbs की भाँति प्रयोग करते हुए वाक्य :

Interrogative बनाने के लिए इन वाक्यों की Verb को वाक्य के शुरू में से आते हैं. जैसे-

Assertive Form **साधरण कथन**	**Interrogative Form** **प्रश्नवाचक रूप**	**Hindi** **हिन्दी में अर्थ**
He is a boy.	Is he a boy?	क्या वह एक लड़का है?
They are girls.	Are they girls ?	क्या वे लड़कियों हैं?
He was a teacher.	Was he a teacher?	क्या वह एक अध्यापक था?
They were players.	Were they players ?	क्या ये खिलाड़ी थे?
I am a leader.	Am I a leader?	क्या मैं एक लीडर हूँ?
Ram has a scooter.	Has Ram a scooter ?	क्या राम के पास एक स्कूटर है?
They have a big house.	Have they a big house?	क्या उनके पास एक बड़ा मकान है?
We had a good house.	Had we a good house ?	क्या हमारे पास एक अच्छा मकान था?

Helping Verbs (सहायक क्रियाओं से बनने वाले Interrogative वाक्य)

ऐसे वाक्यों में Helping Verbs को वाक्य के शुरू में ले आते हैं.

	Assertive Form **साधरण कथन**	**Interrogative Form** **प्रश्नवाचक रूप**	**Hindi** **हिन्दी में अर्थ**
(i)	**Is, Are, Am**		
	He is playing.	Is he playing?	क्या वह खेल रहा है?
	They are working.	Are they working ?	क्या वे काम कर रहे हैं?
	I am a player.	Am I a player?	क्या मैं एक खिलाड़ी हूँ?

	Assertive Form स़ाधरण कथन	Interrogative Form प्रश्नवाचक रूप	Hindi हिन्दी में अर्थ
(ii)	**Was, Were**		
	I was talking.	Was I talking?	क्या मैं बात कर रहा था?
	They were laughing.	Were they laughing?	क्या वे हँस रहे थे?
(iii)	**Shall/Should** **Will/Would**		
	I shall read.	Shall I read?	क्या मैं पढ़ूँगा/पढ़ूँ?
	I should go.	Should I go?	क्या मैं जाऊँ क्या मुझे चले जाना चाहिए?
	He will come.	Will he come?	क्या वह आएगा?
	He would like it.	Would he like it ?	क्या उसे यह पसंद आएगा / आएगी?
(iv)	**May, Can**		
	I may go.	May I go?	क्या मैं जा सकता हूँ?
	You can do it.	Can you do it ?	क्या तुम यह कर सकते हो?
(v)	**Might, Could**		
	He might be coming.	Might he be coming ?	क्या वह आ रहा होगा?
	You could help me.	Could you help me?	क्या आप मेरी मदद कर सकते थे?
(vi)	**Must/ Ought/ Need**		
	I must go.	Must I go?	क्या मुझे अवश्य जाना चाहिए?
	He ought to help me.	Ought he to help me?	क्या उसे मेरी मदद अवश्य करनी चाहिए?
	I need to come.	Need I to come?	क्या मेरा आना जरूरी है? क्या मुझे आना चाहिए.
(vii)	**Has/ Have/ Had**		
	He has gone home.	Has he gone home?	क्या वह घर जा चुका है / चला गया है?
	They have left the office.	Have they left the office?	क्या वे दफतर से जा चुके हैं /चले गए हैं?
	She met you.	Had she met you?	क्या वह तुमसे मिली थी?

अन्त में Present Indefinite (सामान्य वर्तमान) तथा Past Indefinite (सामान्य भूतकाल) के वाक्य रह जाते हैं जिनमें कोई Helping Verb नहीं होती. ऐसे वाक्यों का Interrogative बनाने के लिए अपनी ओर से वाक्य के शुरू में कोई Helping Verb जोड़नी पड़ती है. इसके लिए तीन प्रकार की Helping Verbs जोड़ी जा सकती हैं : Does, Do, Did

Does:

(a) Helping Verb Present Indefinite Tense Singular Number, Third Person Subject साथ लगाई जाती है. यह वाक्य के शुरू में लगाई जाती है.

(b) साथ ही यह भी ध्यान रखना चाहिए कि does लगाने के बाद Main Verb (मुख्य क्रिया) में लगी हुई -s या - es हटा दी जाती है. Verb का First Form ही प्रयोग किया जाता है.

Do:

यह Helping Verb Present Indefinite Tense I, You तथा सभी Plural Subjects के साथ वाक्य के शुरू में लगाई जाती है. Main Verb (मुख्य क्रिया) में कोई परिवर्तन नहीं किया जाता.

Did:

(a) यह Helping Verb Past Indefinite Tense में सभी प्रकार के Subjects के साथ लगाई जाती है. यह भी वाक्य के शुरू में ही लगानी चाहिए.

(b) साथ ही Did लगाने के साथ ही कुल वाक्य स्वतः ही Past Indefinite Tense का हो जाता है, इसलिए Main Verb (मुख्य क्रिया) को Past Tense की Second form में बने रहने की आवश्यकता नहीं रह जाती इसलिए Main Verb (First Form) में ही प्रयोग करनी चाहिए. उदाहरण:

Assertive Form साधरण कथन	Interrogative Form प्रश्नवाचक रूप	Hindi हिन्दी में अर्थ
Does.		
He goes.	Does he go?	क्या वह जाता है?
Ram plays football.	Does Ram play football?	क्या राम फुटबाल खेलता है?
Do.		
I run.	Do I run?	क्या मैं दौड़ता हूँ?
You sing.	Do you sing?	क्या तुम गाना गाते हो?
They live in a big house.	Do they live in a big house?	क्या वे एक बड़े मकान में रहते हैं?
Did.		
I/We met him yesterday.	Did I/We meet him yesterday?	क्या मैं / हम उससे कल मिले थे?
You won the match.	Did you win the match?	क्या तुमने मैच जीता?
He drove the car.	Did he drive the car?	क्या उसने कार चलाई?

Interrogative Adverbs या Interrogative Pronouns से बनने वाले Interrogative वाक्य

अब हम उन Interrogative Sentences को लेंगे जो किसी Interrogative Adverb या Interrogative Pronoun से आरम्भकिए जाते हैं. जैसा कि हम ऊपर बता चुके हैं, जिन प्रश्नवाचक वाक्यों का उत्तर Yes / हाँ या No / नहीं में नहीं दिया जा सकता, वे सब Interrogative words से शुरू किए जाते हैं. मुख्य Interrogative words जिनसे ऐसे वाक्य शुरू किए जा सकते हैं, वे ये हैं

Who/Whom/ Whose/ Which/ What/ Where/ When/ Why/ How/ How much/ How many-

सबसे पहले हम इनका अर्थ समझ लें

Who	कौन (व्यक्तियों के लिए)
Whom	किसको, किससे (व्यक्तियों के लिए)
Whose	किसका, किसकी, किसके (व्यक्तियों के लिए)
Which	कौन कौनसी, कौनसा कौनसे (जानवरों और वस्तुओं के लिए)
What	क्या
Where	कहाँ, जहाँ (स्थान— बोधक)

When	कब, जब (समय– बोधक)
Why	क्यों
How	कैसे कैसा / कैसी
How much	कितना, कितनी (मात्रा में)
How many	कितने कितनी (संख्या में)

Structure (बनावट)

Interrogative Adverb से बनने वाले वाक्यों का Structure (बनावट) निम्न भाँति होता है :

(1) Interrogative Adverb वाक्य के शुरू में प्रयोग की जाती है.

(2) Who के प्रयोग में एक विशेषता है. चूँकि Who Interrogative Adverb के साथ-साथ Interrogative Pronoun भी हैं. इसलिए यह स्वयं किसी Interrogative Sentence का Subject भी बन सकता है, और उस दशा में इसे किसी Helping Verb की आवश्यकता नहीं होती. अतः ये वाक्य सही हैं :

Who comes there?

Who laughed?

Who wrote it?

Who cried?

(3) यदि Main Verb दो या अधिक शब्दों से मिल कर बनी हो, अर्थात् उसमें Helping Verb + Main Verb का प्रयोग हुआ हो, तो Interrogative Adverb के बाद Helping Verb प्रयोग होगी, उसके बाद Subject और उसके बाद Verb का दूसरा मुख्य भाग और अन्त में Object तथा वाक्य का शेष भाग.

(4) Present Indefinite (सामान्य वर्तमान) तथा Past Indefinite (सामान्य भूतकाल) वाले वाक्यों में आवश्यकतानुसार Do, Does, Did अपनी ओर से जोड़ कर प्रयोग करते हैं. Interrogative Adverb के बाद Do, Does, Did, उसके बाद Subject, उसके बाद मुख्य Verb तथा अन्त में Object और वाक्य का शेष भाग प्रयोग करते हैं. नीचे दिए हुए उदाहरणों से ऐसे वाक्यों की बनावट स्पष्ट हो जाएगी :

(5) याद रखें कि Subject हमेशा Helping Verb के बाद प्रयोग होता है. यदि कभी Subject का प्रयोग Helping Verb से पहले करना पड़े तो वह Interrogative Sentence नहीं रहता, जैसा कि Indirect Narration में होता है.

Interrogative Form **प्रश्नवाचक रूप**	**Interrogative Form** **प्रश्नवाचक रूप**	**Don't write like this** **ऐसे न लिखे**
Who are you?	आप कौन हैं?	Who you are ?
Who stands there?	वहाँ कौन खड़ा है?	Who there stands ?
Who met you yesterday?	कल तुमसे कौन मिला?	Who you met yesterday ?
Whom do you want to meet?	आप किससे मिलना चाहते हैं?	Whom you want to meet ?
Whom did you give the pen?	आपने कलम किसको दिया?	Whom you gave the pen ?
Whose book is this?	यह किताब किसकी है?	Whose book this is ?
Whose pen have you borrowed?	आपने किसका कलम लिया है?	Whose pen you have borrowed ?
Which is your house?	तुम्हारा घर कौनसा है?	Which your house is ?
Which party do you belong to?	तुम किस पार्टी से सम्बन्धित हो?	Which party you belong to ?

Interrogative Form प्रश्नवाचक रूप	Interrogative Form प्रश्नवाचक रूप	Don't write like this ऐसे न लिखे
What is that?	वह क्या है?	What that is ?
What do you want?	तुम क्या चाहते हो?	What you want ?
Where do you live?	तुम कहाँ रहते हो?	Where you live ?
Where does he go?	वह कहाँ जाता है?	Where he goes ?
When will you return?	आप कब वापस आएंगे?	When you will return ?
When are you going?	आप कब जा रहे हैं?	When you are going ?
Why did you not come?	आप क्यों नहीं आए?	Why you did not come ?
Why could you not pass?	तुम पास क्यों नहीं हुए?	Why you could not pass ?
How are you?	आप कैसे हैं?	How you are ?
How have you done at the examination?	तुमने परीक्षा में कैसा किया है?	How you have done at the examination ?
How much sugar is needed?	कितनी चीनी की जरूरत है?	How much is needed sugar ?
How much time do you have?	आपके पास कितना समय है?	How much time you have ?
How many boys are there?	वहाँ कितने लड़के हैं?	How many boys there are ?
How many times do you go to market?	तुम कितनी बार बाजार जाते हो?	How many times you go to market ?

Points to Remember

1. Auxiliary/Helping Verb मुख्य क्रिया के Tense तथा उसके Subject के Person (पुरुष) तथा Number (वचन) के अनुसार प्रयोग की जाती है. Is, are, am, do, does, has, have, may, can, need, dare Present Tense में प्रयोग की जाती हैं was, were, did, had could might Past Tense में, तथा will/would, shall/should Future Tense में. इनके Person Number उसी प्रकार निर्धारित किए जाते हैं जैसे Assertive Sentences (कथन- बोधक) के अन्तर्गत ऊपर बता चुके हैं. or
2. जब Auxiliary/Helping Verbs को Finite Verbs की तरह प्रयोग करते हैं तो उन वाक्यों में किसी दूसरी मुख्य क्रिया (Main Verb) की आवश्यकता नहीं होती. देखे ऊपर Assertive Sentences (1.1).
3. जिन Interrogative Sentences के उत्तर (अपने मन में) हाँ या न (yes or no) में दिए जा सकते हैं वे सब Auxiliary /Helping Verb से आरम्भ किए जाते हैं, Interrogative Adverb से नहीं. जैसे- 'क्या वह ईमानदार व्यक्ति है?' को अँग्रेजी में कहेंगे- 'Is he an honest man?' इस वाक्य में क्या के लिए what नहीं लगाएंगे, क्योंकि Is he an honest man? का उत्तर yes या no में दिया जा सकता है.
4. जिन Interrogative Sentences का उत्तर yes या no में देना सम्भव न हो, वे भाव के अनुसार किसी Interrogative Adverb से शुरू किए जाते हैं. जैसे- 'वह क्या लिखता है' को अंग्रेजी में कहेंगे 'What does he write?' यहाँ 'क्या' के लिए 'What' प्रयोग किया जाएगा, और उसी 'What' से Sentence शुरु होगा, किसी Helping Verb नहीं, क्योंकि इस प्रश्न का उत्तर yes या no में नहीं दिया जा सकता.
5. Interrogative Adverb, यदि आवश्यक हो, तो Helping Verb से पहले वाक्य के आरम्भ में ही प्रयोग की जाएगी. Interrogative Adverb के बाद उचित Helping Verb लगाना अनिवार्य है. वाक्य का शेष भाग उपयुक्त भाँति ही रहेगा.
6. प्रत्येक प्रकार के Interrogative sentence के बाद Mark of Interrogation/Question Mark (प्रश्न-वाचक चिन्ह) [?] लगाना भी अनिवार्य है.

(3) Imperative Sentences (आज्ञा-सूचक वाक्य)

जिन वाक्य Imperative Sentences (आज्ञा-सूचक) वाक्यों में आज्ञा दी जाती है, प्रश्न नहीं पूछा जाता ऐसे वाक्यों से आज्ञा (order) आदेश (command) अथवा निर्देश (direction) का भाव व्यक्त होता है. ये वाक्य सकारात्मक (Affirmative) अथवा नकारात्मक (Negative) दोनों प्रकार के हो सकते हैं. सकारात्मक वाक्यों में किसी काम को करने की आज्ञा या आदेश दिया जाता है, नकारात्मक वाक्यों में किसी काम को न करने की मनाही की जाती है.

ऐसे वाक्यों की बनावट (Structure) बड़ी सरल होती हैं. इन वाक्यों में कर्ता (Subject) ज्यादातर समझा हुआ (Understood) रहता है, क्योंकि इनमें यह माना जाता है कि जिस व्यक्ति को आज्ञा दी जा रही है, वह सामने खड़ा है और उसे संबोधित करने की आवश्यकता नहीं.

बनावट (Structure) :
Subject (कर्ता) छिपा हुआ (Understood) + First Form of Verb + Object/Remaining Part
[S (understood) + V_1 + O]

उदाहरण :

Come here.	(यहाँ आओ.)
Close the door.	(दरवाजा बन्द करो.)
Bring a chair.	(एक कुर्सी लाओ.)
Read this book carefully.	(इस किताब को सावधनी से पढ़ो.)
Put this watch on the table.	(इस घड़ी को मेज पर रख दो.)
Switch off the light.	(बिजली बन्द कर दो.)
Open the book and read.	(किताब खोलो और पढ़ो.)

नकारात्मक (Negative / नैगेटिव) या निषेधात्मक (Prohibitory / प्रोहिबिटरी) वाक्यों में सबसे पहले नकारात्मक या निषेधात्मक शब्द जोड़ा जाता है, उसके बाद वाक्य का Structure उपयुक्त जैसा ही होता है. प्रचलित नकारात्मक शब्द जिनसे वाक्य शुरू करना चाहिए, ये हैं – Don't, Never, Never again

बनावट (Structure) :
Negative expression + Verb First Form + Object/Remaining Part
(Neg. exp. + V_1 + O)

उदाहरण:

Don’t sit here.	(यहाँ मत बैठो.)
Don’t cry.	(चिल्लाओ मत.)
Don’t go away from here.	(यहाँ से चले मत जाना.)
Never do so again.	(ऐसा फिर कभी न करना.)
Never come late.	(देर से कभी न आओ.)
Never again tell a lie.	(अब फिर कभी झूठ न बोलना.)

(4) Negative Sentences (नकारात्मक वाक्य)

उपयुक्त वर्णित सभी प्रकार के सकारात्मक (Affirmative) वाक्यों को, चाहे वे Assertive (कथन – सूचक), Interrogative (प्रश्न वाचक) या Imperative (आज्ञा- सूचक) वाक्य हों, उन सभी को Negative रूप में बदला जा सकता है. नकारात्मक बनाने के लिए इनमें no, not, never या कोई दूसरा नकारात्मक शब्द (Negative word) लगाना पड़ता है. यह Negative word वाक्य में किस स्थान पर लगाया जाय, या किस प्रकार लगाया जाय, यह एक महत्वपूर्ण बिन्दु है. यह थोड़ा जटिल भी है, इसलिए इसे पूरी सावधनी से समझ लेना चाहिए.

जिन वाक्यों में is, are, am, was, were, has, have, had स्वयं ही Finite Verbs की तरह प्रयोग होते हैं, उनमें Verb के बाद no या not लगा कर उन्हें Negative बना सकते हैं, जैसे-

Affirmative (सकारात्मक वाक्य)	Negative (नकारात्मक वाक्य)
He is a good boy.	He is not a good boy.
I was absent.	I was not absent.
You are honest.	You are not honest.
I am a player.	I am not a player.
They were there.	They were not there.
He has a book.	He has no book.
They have many books.	They have not many books.
I had a new book.	I had no new book. or I had not a new book.

Note:
1. यदि not के बाद कोई Singular Noun आए तो not के बाद a या an लगाते हैं. लेकिन no के बाद कोई Singular Noun आए तोa या an नहीं लगाते. उदाहरण के लिए not a book कह सकते हैं, किन्तु no a book नहीं कह सकते.
2. यदि not के बाद Adjective, Adverb या Singular Noun के अलावा कोई भी दूसरा शब्द आए तो a या an नहीं लगा सकते.

जिन वाक्यों में Helping Verb और Main Verb (मुख्य क्रिया) दोनों का प्रयोग होता है, उनमें not या never (no नहीं) लगाया जाता है, और यह Helping Verb तथा Main Verb के बीच में, (Helping Verb के बाद) लगाया जाता है.

जैसे-

Affirmative (सकारात्मक वाक्य)	Negative (नकारात्मक वाक्य)
He is playing.	He is not playing.
I am going.	I am not going.
You are not reading.	You are reading.
They are talking.	They are not talking.
He was waiting.	He was not waiting.
He can do it.	He cannot do it.
She may come.	She may not come.
I shall go.	I shall not go.
They will help.	They will not help.
He has done well.	He has not done well.
He had gone from there.	He had not gone from there.
They have finished their work.	They have not finished their work.

Interrogative sentences (प्रश्नवाचक वाक्यों) में not लगाने की दो स्थितियाँ होती हैं :

(1) Interrogative sentences Is, Are, Was, Were, Am, Has, Have, Had को Finite Verbs की तरह प्रयोग करते हुए बनाए जाते हैं अर्थात् जिनमें और कोई Helping Verb प्रयोग नहीं होती है उनमें not कर्ता (Subject) के बाद लगाया जाता है.

जैसे :

Affirmative (सकारात्मक वाक्य)	Negative (नकारात्मक वाक्य)
Is he honest?	Is he not honest?
Was he a player?	Was he not a player?
Has he a car?	Has he not a car?
Were they proud?	Were they not proud?
Had he a big house?	Had he not a big house?
Am I rich?	Am I not rich?

(2) जो Interrogative sentences किसी Helping Verb से शुरू होते हैं और उनमें बाद में Main Verb आती है, या जो Interrogative Adverb से शुरू होते हैं और उनमें Helping Verb और Main Verb दोनों आती हैं, उन सबमें 'not' Main Verb से पहले लगाया जाता है.

Affirmative (सकारात्मक वाक्य)	Negative (नकारात्मक वाक्य)
Do you play football?	Do you not play football?
Is he coming?	Is he not coming?
Was he driving the car?	Was he not driving the car?
Were they fighting?	Were they not fighting?
Has he written a letter?	Has he not written a letter?
Can he help you?	Can he not help you?
What can you do?	What can you not do?
Where does he go?	Where does he not go?
When did he come?	When did he not come?
Why should I agree?	Why should I not agree?

Present Indefinite तथा Past Indefinite Tense वाले वाक्यों में 'not' लगाना : Present Indefinite तथा Past Indefinite Tense में लिए गए वाक्यों में 'not' लगाना सबसे कठिन होता है. ऐसे वाक्यों में 'not' कभी नहीं लगाया जाता. Present Indefinite Tense में do not/ does not लगाते हैं, तथा Past Indefinite में did not लगाते हैं. यह भी याद रखें कि I, We, You तथा Plural Subject के साथ do not, तथा He / She या Singular Subject के साथ does not लगाते हैं. Past Indefinite Tense में सभी Subjects के साथ did not लगाते हैं. एक अति महत्वपूर्ण बात और है कि do not या does not या did not के बाद हमेशा Verb की First Form ही लगती है, न तो Verb की Second Form, न First Form में जुड़ी हुई -s या -es. इसलिए Assertive Sentence Verb की Second Form आई हो या Verb की First Form में -s या -es जुड़ी हो तो सबको बदल कर Verb की Simple First Form कर देते हैं.

सूत्र :

Subject	Present Indefinite सामान्य वर्तमान	Past Indefinite सामान्य भूतकाल	Main Verb (First Form) क्रिया का रूप
I/We	do not	did not	work
You	do not	did not	work
He (or any Singular Subject)	does not	do not	work (not works)
They (or any Plural Subject)	did not	did not	work

उदाहरण:

Affirmative (सकारात्मक वाक्य)	Negative (नकारात्मक वाक्य)
I/We play.	I/We do not play.
You play.	You do not play.
He plays.	He does not play.
They play.	They do not play.
I/We/You/He/They played.	I/We/You/He / They did not play.

Note :
हम ऊपर द्वितीय सोपान (Second Stage) में 'Verb + not' के संक्षिप्त रूपों का पूर्ण विवरण दे चुके हैं. हम वहाँ बता चुके हैं कि बोलचाल में 'Verb + not' को अलग-अलग बोलने की बजाय जुड़े हुए संक्षिप्त रूप में बोलें तो बातचीत में अच्छा और आसान प्रवाह आ जाता है. इस संदर्भ में हम यहाँ संक्षेप में उनका प्रयोग बता रहे हैं. आप देखेंगे कि इनके प्रयोग से कभी-कभी वाक्य की बनावट में भी अन्तर आ जाता है जो बोलचाल की भाषा में सही माना जाता है. कुछ उदाहरण हम नीचे दे रहे हैं :

Full Form (पूर्ण रूप)	Contracted Form (संक्षिप्त रूप)
I do not know.	I don't know-
He is not well-	He isn't well-
You are not a player-	You aren't a player-
Does he not go?	Doesn't he go? (यहाँ देखिए कि Does और not को मिला दिया है, जिससे कि वाक्य की बनावट में भी अन्तर आ गया है.)
Is he not well ?	Isn't he well?
Has he not a good friend?	Hasn't he a good friend ?
Did he not speak ?	Didn't he speak?
Will he not play ?	Won't he play?

(5) Exclamatory Sentences (विस्मय-बोधक वाक्य)

Exclamatory Sentences वे वाक्य कहलाते हैं जिनसे किसी आकस्मिक खुशी, दुःख, आश्चर्य, घृणा आदि का भाव व्यक्त होता हो. ये वाक्य कभी एक शब्द के या एक फ्रेज़ के या पूर्ण वाक्य हो सकते हैं. इनमें Verb हो भी सकती है, और नहीं भी हो सकती है. इन सभी छोटे-बड़े वाक्यों के अन्त में अथवा Exclamatory शब्द

(जैसे— Ah! Oh! Alas! Bravo! Hurrah!) के बाद Exclamatory Mark (विस्मय-बोधक चिन्ह) अवश्य लगाया जाता है..

उदाहरण:

Alas! (एलास)	भारी दुःख है!
How beautiful!	कितना सुन्दर!
What a horror !	कितना भयानक!
What a goal !	कितना सुन्दर गोल!
What an idea!	कितनी सूझ-बूझ !
Ah ! She is hurt !	हाय वह घायल हो गई !

Alas ! He is dead !	हाय ! वह मर गया!
How rich he is!	वह कितना धनवान है!
How dirty!	कितना गंदा !
O God!	हे भगवान !

Note :

1. आश्चर्य भाव व्यक्त करने के लिए जो शब्द बहुधा प्रयोग किए जाते हैं, वे ये हैं-

What !	क्या, क्या ही, कैसा, कैसी, कैसे, कितना, कितने !
How !	कैसा, कैसी कैसे, कितना, कितनी कितने !
Ah!	हाय !
Oh!	ओ हो !
O!	ओ !
Alas !	हाय !
Bravo!	शाबास !
Hurrah!	जीत की ख़ुशी!
Fie !	घृणा ! धिक्कार !

2. What और How के अर्थ हिन्दी में लगभग एक से प्रतीत होते हैं, किन्तु अँग्रेजी में इनके प्रयोग में कुछ अन्तर है. What के बाद Noun या Adjective + Noun प्रयोग होता है. How के बाद Adjective या Adverb या Adverb + Verb प्रयोग करते हैं.

शब्द	प्रयोग
What	Noun or Adjective + Noun
How	Adjective or Adverb or Adverb + Verb

जैसे-

What a scene ! (How a scene ugha)
What a beautiful girl! (How ugha)
What a beauty ! (How ugha] क्योंकि beauty Noun gS)
How beautiful ! (What ugha)
How beautifully she paints ! (What ugha)
How fast runs the train ! (What ugha)

3. यहाँ एक बात और याद रखनी चाहिए. इस प्रकार के वाक्यों में such और so का प्रयोग बहुत होता है. याद रखें कि such आता है Noun से पहले तथा so आता है Adjective से पहले जैसे-
such a boy, such a scene, such a weather.
so poor a man, so fine a day, so wonderful a scene.

(6) Optative Sentences (इच्छा /आशा / अभिलाषा - बोधक वाक्य)

इन वाक्यों से इच्छा, सद्इच्छा, आशीर्वाद, अभिलाषा, शाप आदि भाव व्यक्त होते हैं. ये वाक्य अधिकांशतः May, Wish/Wishing. Hearty/Heartiest जैसे शब्दों से आरम्भ होते हैं. इन वाक्यों के अन्त में भी भावसूचक चिन्ह (!) लगाया जाता है.

जैसे-

May you live long !	(तुम्हारी उम्र लम्बी हो !)
May you succeed !	(तुम्हें सफलता मिले !)
Wish you all success!	(तुम्हारी सफलता की कामना करते हैं !)
Wishing you all success!	(तुम्हारी सफलता की कामना करते हुए !)
Hearty/Heartiest blessings !	(हार्दिक आशीर्वाद !)
Heartiest blessings for a bright future!	(उज्जवल भविष्य के लिए हार्दिक आशीर्वाद !)
May God curse him !	(भगवान उसे सजा !)
May God bless you with a son!	(ईश्वर तुम्हें एक पुत्रा-रत्न दो!)

(7) Some More Sentence-Structures (कुछ और वाक्य -विन्यास)

Adverb या Adverb Phrase के साथ बनने वाले वाक्य

Adverb/Adverb Phrase of Time अथवा Place हमेशा मुख्य Verb या मुख्य Verb के Object के बाद प्रयोग किए जाते हैं

1. वह मेरे बाद आया. — He came after me. (after me came नहीं)
2. मैं उससे पहले पहुँचूँगा. — I shall reach there before him. (before him reach नहीं)
3. हम हॉल में बैठेंगे. — We shall sit in the hall (in the hall sit नहीं)
4. मैं यहाँ बैठूंगा. — I shall sit there. (there sit नहीं)
5. वह मेरी बगल में बैठी थी. — She sat beside me. (beside me sat नहीं)
6. नदी के ऊपर एक पुल है. — There is a bridge over the river. (over the river a bridge नहीं)

(8) Conditional Sentences (शर्तसूचक वाक्य)

(a) शर्तसूचक वाक्य If, provided, unless, until, in case, on condition that जैसे शब्दों से जोड़े जाते हैं. ऐसे वाक्यों में दो Clause होते हैं, और हिन्दी में दोनों ही clause अधिकांशतः भविष्य काल में लिये जाते हैं. किन्तु अँग्रेजी में Principal Clause लिया जाता है Simple Future Tense में, और शर्तसूचक (Conditional Clause) Simple Present Tense में, जैसे-

1. यदि तुम आओगे तो मैं जाऊँगा. — If you come, I shall go
   (इस वाक्य में If you will come नहीं होगा, साथ ही तो के लिए केवल कोमा (,) लगाया जाएगा, Then या कोई और शब्द नहीं)
2. यदि वह कड़ी मेहनत करेगा तो पास हो जाएगा. — If he labours hard, he will pass
3. यदि वह दौड़ेगा तो उसे पकड़ लेगा. — If he runs, he will catch him.
4. यदि तुम मेरी मदद नहीं करोगे तो मैं नदीपार नहीं कर सकूँगा.. — Unless you help me, I shall not be able to cross the river
   (इस वाक्य में Unless you will help नहीं होगा, साथ ही Unless और Until अपने आप में नकारात्मक (Negative) शब्द हैं, इसलिए इनके साथ 'not' नहीं लगेगा.
   अतः Unless you don't help, या will not help नहीं लगेगा)
5. जब तक तुम नहीं आओगे, मैं नहीं जाऊँगा. — I shall not go, until you come
   (will come, will not come नहीं)

(b) वाक्य Past Tense में भी हो सकते हैं. उस सूरत में Conditional Clause लिखा जाएगा Past Perfect Tense में, और Principal Clause 'Would have' + Verb के 'Third Form' में. जैसे-

6. यदि उसने कड़ी मेहनत की होती तो वह पास हो गया होता. — If he had laboured hard he would have passed.
7. यदि मैंने तुम्हारी सलाह मानी होती, तो मैं इस मुसीबत में नहीं फँसा होता. — If I had accepted your advice, I would not have got into this problem

(9) Introductory 'It' से शुरू होने वाले वाक्य

(a) समय / तु / मौसम-सूचक वाक्य :

ये वाक्य 'It' से आरम्भ होते हैं, यद्यपि इनमें 'It' का कोई अर्थ नहीं लगाया जाता. इस 'It' को Empty या Introductory 'It' कहते हैं. जैसे-

1.	अब सात बजे हैं.	It is seven O'clock
2.	मेरी घड़ी में 8 बजे हैं.	It is 8 O'clock by my watch
3.	आज बहुत ठण्ड है.	It is very cold today
4.	कल बहुत गर्मी थी.	It was very hot yesterday
5.	आज बहुत बारिश हो रही है.	It is raining very hard today
6.	आज सोमवार है.	It is Monday today
7.	आज मेरा जन्म दिन है.	It is my birth&day today.
8.	वह 1975 की साल थी.	It was 1975.
9.	यह ग्रीष्म सर्दी ऋतु है.	It is summer/winter/spring season.
10.	आज दीपावली है.	It is Deepawali today.
11.	आज तेज हवा चल रही है.	It is blowing hard today.

(b) दर/कीमत / मात्रा / दूरी-सूचक वाक्य भी 'It' से शुरू किए जाते हैं. जैसे-

1.	यह दस रुपए किलो है.	It is ten rupees a kilo.
2.	यह पन्द्रह किलोमीटर है.	It is fifteen kilometers.
3.	इसकी कीमत सौ रुपया है.	It costs one hundred rupees.
4.	यह दो क्विंटल हैं.	It is two quintals.
5.	यह पचास मीटर गहरा है.	It is fifty metres deep.
6.	यह दस रुपया दर्जन है.	It is ten rupees a dozen.

(10) 'There'

कुछ वाक्य 'There' से आरम्भ होते हैं, यद्यपि 'There' का कोई अर्थ नहीं लगाया जाता है. इस 'There' को Empty या Introductory there' कहते हैं.

ऐसे वाक्यों का प्रयोग स्थिति / अस्तित्व/ स्थान (Position/Existence/Place) सूचक वाक्यों में किया जाता है. जैसे-

31.	मेज के ऊपर एक किताब है.	There is a book on the table.
32.	इस कमरे में 10 लड़के हैं.	There are ten boys in the room.
33.	मेरे घर के पास एक मन्दिर है.	There is a temple near my house.
34.	मेरे घर के सामने बाग है.	There is a garden in front of my house.
35.	इस जंगल में बहुत शेर हैं.	There are many lions in this forest.
36.	दवात में स्याही नहीं है.	There is no ink in the inkpot

(3.10) Question Tag(पूरक प्रश्न)

कुछ अनुमान/आशा-सूचक साधरण वाक्य ऐसे बनाए जाते हैं, जिनके कथन की पुष्टि के लिए वक्ता स्वयं ही एक प्रश्न जोड़ देता है. ऐसे जुड़े हुए प्रश्न को पूरक प्रश्न (Question Tag) कहते हैं. जैसे—

वह एक गरीब विद्यार्थी है, है न ?

इसमें 'है न'? Question-Tag है.

हिन्दी में ये Question-Tag न ? / है न? / नहीं न? के रूप में लिखे जाते हैं.

Question-Tag जोड़ने के नियम ये हैं :

- ✍ Affirmative वाक्य के साथ Negative Question -Tag लगता है.
- ✍ Negative वाक्य के साथ Affirmative Question-Tag लगता है.
- ✍ Imperative वाक्य के साथ Question Tag 'will you/won't you' ? लगता है.
- ✍ I am... के बाद Question Tag aren't ? लगता है.
- ✍ I am not के बाद Question Tag am I? लगता है.

जैसे-

1. मैं तुम्हें प्यार करता हूँ, करता हूँ न ?	I love you, don't I?
2. वह मुझे प्यार नहीं करता है, क्या करता है ?	He doesn't love me, does he?
3. वह एक अच्छा आदमी है, क्या नहीं है ?	He is a good man, isn't he?
4. वह अच्छा आदमी नहीं है, है क्या ?	He is not a good man, is he?
5. कृपया जल्दी आना, आओगे न ?	Please come soon, won't you?
6. कृपया देर न करना, करोगे क्या ?	Please don't be late, will you be ?
7. कृपया बात न करें, करोगे क्या ?	Please don't talk, will you?
8. कृपया शांत रहें, रहोगे न ?	Please keep quiet, won't you?
9. मैं बहुत थका हुआ हूँ, हूँ न ?	I am much tired, aren't I?
10. मैं बिल्कुल नहीं थका हूँ, थका हूँ क्या ?	I am not tired at all, am I?

Now Test Yourself (अब आप अपनी परीक्षा स्वयं लें)

इस अध्याय में अँग्रेजी सीखने की आधारशिला रख दी गई है. अँग्रेजी में मुख्य रूप से कितने प्रकार के वाक्य बनाए जाते हैं, और उनके बनाने के क्या नियम हैं, उन सबको उदाहरण सहित पूरी तरह समझा दिया गया है. अब आपको स्वयं अपनी परीक्षा लेकर यह देखना है कि आप इन वाक्यों के बनाने की कला कहाँ तक सीख पाए हैं, और कहाँ तक उन्हें प्रयोग में ला सकते हैं. इसके लिए निम्नलिखित प्रश्नों को स्वयं हल करिए और अपने उत्तरों को नीचे दिए हुए हमारे उत्तरों या संकेतों से मिलाइए. जहाँ हमारे उत्तर भिन्न हों, वहाँ सोचिए क्यों और कैसे ?

PRACTIC SET - 1

1. (a) निम्नलिखित वाक्यों का अंग्रेजी में अनुवाद करिए और बोलिए:

1. हम बातचीत कर रहे थे.
2. तुम कल जाओगे.
3. वह रोज दौड़ता है.
4. वह आज लौटेगा.
5. वे यहाँ शाम को आते हैं.
6. हम कल दिल्ली जाएंगे.
7. वह कल यहाँ आएगी.
8. तुम जा सकते हो.
9. मैं आज तुमसे मिल सकता हूँ.
10. उसने एक खत लिख लिया है.
11. तुमने अपना काम खत्म कर लिया है.
12. तुम्हारी टीम मैच हार चुकी है.
13. वे तो पहले ही जा चुके थे.
14. मैं तुमसे पहले भी मिल चुका हूँ.
15. वह दूध पीती है.
16. वह एक अच्छा लड़का है.
17. वह मेरी बहन है.
18. मैं एक सिपाही हूँ.
19. वे खिलाड़ी हैं.
20. तुम एक विद्यार्थी हो.
21. वह स्कूल जा रही है.
22. वे क्रिकेट खेल रहे हैं.
23. हम अपना पाठ याद कर रहे हैं.
24. तुम खाना खा रहे हो.
25. वे घर जा रहे थे.

(b) निम्नलिखित वाक्यों का अंग्रेजी में अनुवाद कीजिए

1. क्या तुम कल कॉलेज गए थे?
2. तुम देर से क्यों आए हो ?
3. तुम इतनी देर से कहाँ थे ?
4. वह लड़की क्या बना रही है ?
5. आप अब कहाँ जाएंगे ?
6. कल तुम क्यों नहीं आए ?
7. अब तुम्हारे पिताजी कैसे हैं ?
8. तुमने अपना काम क्यों नहीं किया है ?
9. आप दिल्ली से कब लौटीं ?
10. वह अपना काम कब करता है ?

(c) निम्नलिखित वाक्यों का अंग्रेजी में अनुवाद कीजिए

1. मैं तुम्हारा मित्र नहीं हूँ.
2. मैं तुम्हें नहीं जानता.
3. मैं यहाँ नहीं जाऊँगा.
4. उसने मेरा काम नहीं किया.
5. यह क्यों नहीं आया ?
6. तुमने याद क्यों नहीं रखा?
7. क्या तुम उसे नहीं जानते हो ?
8. वह तुमसे नहीं मिलेगी.
9. मैं तुम्हारी प्रतीक्षा नहीं करूँगा.
10. वह मेरी मदद नहीं कर सकता.

2. निम्नलिखित वाक्यों को Affirmative (सकारात्मक) से Negative (नकारात्मक) तथा Interrogative (प्रश्न-वाचक) Form में बदलिए

1. She gets up early in the morning.
2. He will come today.
3. They will attend the meeting.
4. He has lost the case.
5. He behaved discourteously.
6. She had lost her purse.
7. You were ready to go.
8. She wrote a long letter.
9. He has promised to come.
10. I am sorry to hear this

3. Some of the following sentences have errors, while some have none Find out which sentences have errors and correct them

(निम्नलिखित वाक्यों में से कुछ में गलतियाँ हैं, कुछ में कोई गलती नहीं है. बताइए किन वाक्यों में गलतियाँ हैं, और उन्हें ठीक करिए)

1. I not am well.
2. He is laugh.
3. They have return from office.
4. I do not know him.
5. She were here last evening
6. You does not work hard.
7. Ram has sleeping.
8. I had not meet him.
9. They do not work here.
10. Does she weeps.

Answers

1. (a).

1.	We were talking.	(वी वर टॉकिंग)
2.	You will go tomorrow.	(यू बिल गो टुमारो)
3.	He runs every day.	(ही रन्स एवरी डे)
4.	He will return today.	(ही बिल रिटर्न टुडे)
5.	They come here in the evening.	(दे कम हियर इन द ईवनिंग)
6.	We shall go to Delhi tomorrow.	(वी शैल गो टु देलही टुमारो)
7.	She will come here tomorrow.	(शी मिल कम हियर टुमारो)
8.	You can go.	(यू कैन गो)
9.	I can meet you today.	(आइ कैन मीट यू टुडे)
10.	He has written a letter.	(ही हैज रिटिन ए लैटर)
11.	You have finished your work.	(यू हैव फिनिश्ड योर वर्क)
12.	Your team has lost the match.	(योर टीम हैज लौस्ट द मैच)
13.	They had already gone.	(दे हैड ऑलरेडी गौन)
14.	I have met you earlier also.	(आइ हैव मैट यू अलियर ऑलसो)
15.	She drinks milk.	(शी ड्रिंक्स मिल्क)
16.	He is a good boy.	(ही इज ए गुड बॉय)
17.	She is my sister.	(शी इज माइ सिस्टर)
18.	I am a soldier	(आइ एम ए सोल्जर)
19.	They are players.	(दे आर प्लेअर्स)

20.	You are a student.	(यू आर ए स्टूडेन्ट)
21.	She is going to school.	(शी इज गोइंग टु स्कूल)
22.	They are playing cricket.	(दे आर प्लेइंग क्रिकेट)
23.	We are learning our lesson.	(वी आर लर्निंग अवर लेसन)
25.	They were going home.	(दे वर गोइंग होम)

(b)

1.	Did you go to college yesterday?	(डिड यू गो टु कॉलेज यसटर्डे)
2.	Why have you come late ?	(व्हाइ हैव यू कम लेट ?)
3.	Where were you so long?	(व्हेयर वर यू सो लोन्ग ?)
4.	What is that girl making?	(व्हाट इज दैट गर्ल मेकिंग ?)
5	Where will you go now?	(व्हेयर विल यू गो नाउ ?)
6.	Why did you not come yesterday?	(व्हाइ डिड यू नौट कम यसटर्डे ?)
7.	How is your father now?	(हाउ इज योर पफादर नाउ ?)
8.	Why have you not done your work?	(व्हाइ हैव यू नौट डन योर वर्क ?)
9.	When did you return from Delhi?	(हैन डिड यू रिटर्न फ्रोम देलही ?)
10.	When does he do his work?	(व्हैन डज ही डू हिज वर्क ?)

1. (c)

1.	I am not your friend.	(आइ ऐम नौट योर फ्रेंन्ड)
2.	I do not know you.	(आइ डू नौट नो यू)
3.	I shall not go there.	(आइ शैल नौट गो देअर)
4.	He did not do my work.	(ही डिड नौट डू माइ वर्क)
5.	Why did he not come ?	(व्हाइ डिड ही नौट कम ?)
6.	Why did you not remember?	(व्हाइ डिड यू नौट रिमेम्बर ?)
7.	Do you not know him?	(डू यू नौट नो हिम ?)
8.	She will not meet you.	(शी विल नौट मीट यू)
9.	I shall not wait for you.	(आइ शैल नौट वेट फौर यू)
10.	He cannot help me.	(ही कैन्नौट हैल्प मी)

	Negative (नकारात्मक)	Interrogative (प्रश्नवाचक)
1.	She does not get up early in the morning.	Does she get up early in the morning?
2.	He will not come today.	Will he come today?
3	They will not attend the meeting.	Will they attend the meeting?
4.	He has not lost the case.	Has he lost the case?
5.	You were not ready to go.	Were you ready to go?
6.	She had not lost her purse.	Had she lost her purse ?
7.	He did not behave discourteously.	Did he behave discourteously?
8.	She did not write a long letter.	Did she write a long letter?
9.	He has not promised to come.	Has he promised to come?
10.	I am not sorry to hear this.	Am I sorry to hear this?

3. Hints

1. live; 2. believe; 3. do you; 4. correct; 5. Do not; 6. has; 7. am not ; 8. laughing; 9. returned; 10. correct; 11. was; 12. do not; 13. is/was sleeping; 14. met; 15. correct; 16. weep.

04 ERRORS IN PARTS OF SPEECH (शब्द खण्ड मे अशुद्धिया)

4.1 Introduction (परिचय)

अँग्रेजी में कुछ शब्दों के प्रयोग में विशेष सावधनी रखनी पड़ती है. व्याकरण की भाषा में ये (Parts of Speech) कहलाते हैं. ये हैं- संज्ञा (Noun), सर्वनाम (Pronoun). विशेषण (Adjective). क्रिया (Verb). क्रिया विशेषण (Adverb). सम्बन्ध-सूचक शब्द (Preposition), समुच्चय-बोधक शब्द (Conjunction). तथा A. An. The (Article). इनके प्रयोग के लिए कुछ तो निर्धारित नियम (Rules) हैं, और अधिकांश केवल प्रयोग (Use) में आने के कारण सर्वमान्य हो गए हैं. अतः विद्यार्थी को इस खण्ड में बताए गए शब्दों के सही प्रयोग को अच्छी तरह समझ लेना चाहिए और उनका अभ्यास करना चाहिए. ध्यान रहे कि इन शब्दों के प्रयोग में बहुत उच्च शिक्षित व्यक्ति, अधिकारी, राजनीतिज्ञ एवं अध्यापक तक अशुद्धियों कर बैठते हैं. इसलिए इस खण्ड को समझने और प्रयोग करने में और भी सावधानी की आवश्यकता है.

(1) Common Errors in the use of Nouns

संज्ञा - शब्दों के प्रयोग में सामान्य अशुद्धिया

1- कुछ Nouns ऐसी होती हैं जो हमेशा एकवचन (Singular Number) में ही प्रयोग की जाती हैं, जैसे- scenery, poetry, hair, furniture, machinery, bread, work, advice, gold, steel, news, issue, jewellery (जेवर), इनके साथ Verb भी Singular Number की प्रयोग की जाती है.

Incorrect (अशुद्धिया)	Correct (शुद्धिया)
1. The sceneries of Kashmir are very beautiful.	The scenery of Kashmir is very beautiful.
2. I have read the poetries of Keats.	I have read the poetry of Keats.
3. Her hairs have turned grey.	Her hair has turned grey.
4. He has bought beautiful furnitures.	He has bought beautiful furniture.
5. Here we have latest machineries.	Here we have latest machinery.
6. Do you want to have some more breads?	Do you want to have some more bread?
7. I have many works to do.	I have much work to do.
8. Kindly give me your advices.	Kindly give me your advice.
9. He has a large stock of golds.	He has a large stock of gold.
10. I have brought some good newses.	I have brought some good news.
11. She has no issues.(cPps)	She has no issue.

2. उपरोक्त Nouns में से कुछ को यदि Plural Number (बहुवचन) में प्रयोग करना ही हो तो इस प्रकार कर सकते हैं : Items of furniture, pieces of advice, acts of mischief, words of abuse, letters of alphabet

	Incorrect	Correct
1.	Show us some good furnitures.	Show us some good items of furniture.
2.	Kindly give me some more advices.	Kindly give me some more pieces of advice.
3.	He speaks foul abuses. (xanh xkfy;k)	He speaks foul words of abuse.
4.	Learn all the alphabets.	Learn all the letters of alphabet.
5.	He indulges in many mischiefs.	He indulges in many acts of mischief.

3. संख्यावाची शब्द जैसे Hundred, thousand, dozen, score, यदि किसी संख्या के बाद आएं तो Singular Number/एकवचन में प्रयोग किए जाते हैं.

Incorrect		Correct
1-	I have five dozens pencils.	I have five dozen pencils.
2-	There were two hundreds guests.	There were two hundred guests.
3-	He has five thousands cows.	He has five thousand cows.

3. कुछ शब्द हमेशा Plural Number (बहुवचन) में ही प्रयोग किए जाते हैं, और उनके साथ Plural Verb ही प्रयोग होती है, जैसे - Trousers (पाजामा या पतलून), shorts (नेकर), scissors (कैंची), thanks, spectacles/goggles (चश्मा), congratulations (बधाई), vegetables (सब्जिया), savings (बचत), regards (आंदर), orders (आदेश), repain (मरम्मत).

Incorrect		Correct
1-	Your trouser is loose.	Your trousers are loose.
2-	The scissor is blunt.	The scissors are blunt.
3-	Her spectacle is broken.	Her spectacles are broken.
4-	I have no saving.	I have no savings.
5-	I have no order to go.	I have no orders to go.
6-	Our house is under repair.	Our house is under repairs.

4. कुछ शब्द ऐसे होते हैं जो Plural (बहुवचन) अर्थ में भी एकवचन (Singular) की form में ही प्रयोग किए जाते हैं. ये शब्द Singular और Plural में एक से रहते हैं. जैसे— Sheep, fish, deer, hair

Incorrect		Correct
1-	She has two hundred sheeps.	She has two hundred sheep.
2-	He has caught a large number of fishes.	He has caught a large number of fish.
3-	So many deers were killed.	So many deer were killed.

5. कुछ शब्द ऐसे होते हैं जो बनावट में एकवचन (Singular) होते हैं किन्तु अर्थ में बहुवचन (Plural), ये बहुवचन की तरह ही प्रयोग किए जाते हैं, इनके अलग से बहुवचन नहीं बनाए जाते, और इनके साथ बहुवचन Verb लगती है. जैसे- People, Crew (नाविक), Jury (जजों की बेंच), Gentry (सभ्य लोग), Clergy (पादरी), Cattle, Children, Government, Police.

Incorrect		Correct
1-	The peoples are happy.	The people are happy.
2-	The clergy is very kind.	The clergy are very kind.
3-	The cattle is grazing.	The cattle are grazing.
4-	The children is playing.	The children are playing.
5-	The government has passed the budget.	The government have passed the budget.
6-	The police is on the alert.	The police are on the alert.

6- कुछ शब्द किसी संख्यात्मक शब्द से मिल कर एक Compound word (संयुक्त शब्द) बनाते हैं. ऐसे शब्दों में संख्या के बाद आने वाली Noun, एकवचन (Singular) में प्रयोग की जाती है. जैसे- a five-rupee note, a ten-year old boy, –store house, 20-mile run, five-day week

Incorrect		Correct
1-	He gave me a five&rupees note.	He gave me a five&rupee note.
2-	She is a two&years old child.	She is a two&year old child.
3-	He has built a 3-stories house.	He has built a 3-storey house.
4-	The central government have	The central government have declared
	declareda five-days working week.	five-day working week.

8- कुछ विशेषण – शब्द (Adjectives) ऐसे होते हैं - कि उनसे पहले The लगा दिया जाय तो वे Plural Noun का काम करते हैं, यद्यपि वे Singular Form में ही प्रयोग किए जाते हैं. जैसे - The poor (गरीब लोग). The rich (अमीर लोग), The sick (बीमार लोग), The down—trodden (पैरों तले दबे हुए लोग). The riches, The poors, The sicks आदि Plural रूप नहीं बनाने चाहिए.

Incorrect		Correct
1.	We should sympathise (gennhZ fn£kuk) with the poors.	We should sympathise with the poor.
2.	The riches should not be proud.	The rich should not be proud.
3.	They look after the sicks.	They look after the sick.
4.	We should help the down&troddens.	We should help the down&trodden.

9- Home से पहले 'to' नहीं लगाते. अतः 'I am going to home' गलत है. यहाँ होना चाहिए I am going home'. लेकिन यदि home से पहले my, your, his, her, our, their आया हो तो 'to' लगाते हैं.

Incorrect		Correct
1-	I returned to home yesterday.	I returned home yesterday.
2-	Let us now go to home.	Let us now go home.
3-	He has gone his home.	He has gone to his home.

10- कुछ शब्द ऐसे होते हैं जिनका एकवचन में अर्थ कुछ होता है, और बहुवचन में कोई दूसरा. ऐसे कुछ प्रचलित शब्द ये हैं-

Singular Number / एकवचन में अर्थ	Plural Number/बहुवचन में अर्थ
Abuse (एव्यूज) – गाली	Abuses – (कुरीतियाँ)
Air (एअर) – हवा	Airs – (दिखावटी आचरण)
Colour (कल (कलर) - -रंग	Colours – (सेना के झण्डे)
Custom (कस्टम) - रिवाज	Customs – (चुंगी)
Effect (इफैक्ट) – प्रभाव	Effects – (सामान)
Force (फोर्स) – शक्ति	Forces – (सेनाएं)
Good (गुड) – अच्छा	Goods – (सामान, माल)
Pain (पेन) – तकलीफ	Pains – (प्रयत्न)
Quarter (क्वार्टर) – चौथाई	Quarters – (छोटे मकान)
Water (वाटर) – पानी	Waters – (समुद्र)
Wood (वुड) – लकड़ी	Woods - (जंगल)
Letter (लैटर) – पत्रा	Letters – (साहित्य, वर्णाक्षर)
Ground (ग्राउन्ड) – जमीन	Grounds – (कारण)

(2) Errors in the use of Pronouns सर्वनाम के प्रयोग में कुछ अशुद्धियाँ

(I) Pronouns (सर्वनाम) के प्रयोग के लिए कुछ विशेष सावधनियाँ रखना आवश्यक है. सर्व प्रथम हमें Pronouns के भिन्न-भिन्न रूप समझ लेने चाहिए. व्यक्तिवाचक Pronoun के तीन रूप होते हैं :

	Singular	Plural
First Person (प्रथम पुरुष)	I	We
Second Person (मध्यम पुरुष)	You	You
Third Person (अन्य पुरुष)	He (पुल्लिंग)	They
	She (स्त्रीलिंग)	They

इन तीनों के भिन्न–भिन्न कारकों में भिन्न-भिन्न रूप नीचे की तालिका में दिए जा रहे हैं, जिनका ध्यानपूर्वक मनन कर लेना चाहिए

Class of Pronoun (सर्वनाम)	Nominative (कर्ताकारक)	Objective (कर्मकारक)	Possessive (सम्बन्ध सूचक)	Self (स्वयं)	अपना / अपनी / अपने
First Person	I	Me	My/Mine	Myself	My
	We	Us	Our/Ours	Ourselves	Our
Second person	You	You	Your/Yours	Yourself	Your
Third Person	He	Him	His	Himself	His
	She	Her	Her/Hers	Herself	Her
	They	Them	Their/Theirs	Themselves	Their
Neuter Gender	It	It	Its	Itself	Its
Personal	Who	Whom	Whose	–	–
Non-Personal	Which	–	of which	–	–

Note:

इस तालिका के Possessive (सम्बन्ध –सूचक) खाने में दो-दो प्रकार के शब्द लिखे हैं. उनमें अन्तर यह है कि जब सम्बन्ध-सूचक शब्द के बाद कोई Noun नहीं आये तो My/Our/Your/His/Her/ Their प्रयोग करते हैं, यदि कोई Noun नहीं आए तो Mine / Ours/Yours/Hers/His/Theirs प्रयोग करते हैं. उपरोक्त तालिका को ध्यान में रखते हुए निम्नलिखितअ शऔद्रध शुद्ध वाक्यों का ध्यानपूर्वक अध्ययन करें:

Incorrect (अशुद्ध)		Correct (शुद्ध)
1.	She has done his home work.	She has done her home work.
2.	I shall help.	I shall help her.
3.	We told they to go .	We told them to go .
4.	Who house is this?	Whose house is this?
5.	The tree grows himself.	The tree grows itself.
6.	Whom is your house .	Which is your house?
7.	Himself will go.	He himself will go .
8.	Them will help me .	They will help me .

9.	Whom came here.	Who came Here?
10.	She is learning Your lesson.	She is learning her lesson.

Rules:

1. Who का प्रयोग केवल व्यक्तियों के लिए Nominative Case (कर्ता कारक) में एकवचन और बहुवचन दोनों के लिए किया जाता है
2. It का प्रयोग बेजानदार वस्तुओं तथा बहुत छोटे जानवरों, कीड़े मकोड़ों तथा बहुत छोटे बच्चों के लिए किया जाता है.
3. Which का प्रयोग भी जानवरों तथा बेजानदार वस्तुओं के लिए किया जाता है.
4. 'Let' के बाद Pronoun कर्मकारक (Objective Form) में प्रयोग होता है.
5. Is, are, was, were, am के बाद Pronoun कर्ताकारक (Nominative Form) के रूप में आता है.
6. दो या दो से अधिक Nouns के लिए Plural Pronoun प्रयोग किया जाता है.
7. दो या दो से अधिक Nouns के पहले यदि each / every या either / neither आया हो तो Singular Pronoun प्रयोग होगा.
8. Either/Neither दो व्यक्तियों या वस्तुओं के लिए प्रयोग होता है.
9. Anyone/None दो से अधिक व्यक्तियों या वस्तुओं के लिए प्रयोग होता है.
10. Each other दो व्यक्तियों या वस्तुओं के पारस्परिक सम्बन्धो के लिए तथा One another दो से अधिक के लिए प्रयोग होता है.
11. Both दो के लिए तथा All दो से अधिक के लिए प्रयोग होता है...
12. भिन्न–भिन्न Persons के Pronouns यदि एक साथ प्रयोग करने हों तो उनका क्रम इस प्रकार होता है Singular Number: You + He + 1 = (2 + 3 + 1) Plural Number: We + You + They = (1 + 2 + 3)
13. Avail, absent, enjoy, apply, resign, hide के बाद 'self' वाले Pronoun अवश्य लगाए जाते हैं, जैसे himself, herself, myself, yourself, yourselves, ourselves. उपयुक्त Rules को ध्यान में रखते हुए निम्नलिखित अशुद्ध और शुद्ध वाक्यों को ध्यान से पढ़िए और समझिए :

Incorrect (अशुद्ध)		Correct (शुद्ध)
1.	He is my friend which helped me so much.	He is my friend who helped me so much.
2.	She is my sister about which I talked to you.	She is my sister about whom I talked to you.
3.	There is a cat who has been hurt.	There is a cat which has been hurt.
4.	Don't sit on the chair whose one leg is broken.	Don't sit on the chair of which one.
5.	It is me who came yesterday.	leg is broken.It is I who came yesterday.
6.	It is him who can help you.	It is he who can help you.
7.	It is them who saved me.	It is they who saved me.
8.	Let he come in.	Let him come in.
9.	Let we now go.	Let us now go.
10.	Ram and Mohan have finished his work.	Ram and Mohan have finished their work.
11.	All our friends have gone to our homes.	All our friends have gone to their homes.
12.	Each of my friends has taken their seat.	Each of my friends has taken his seat.
13.	Either my father or my brother has left their umbrella.	Either my father or my brother has left his umbrella.
14.	Neither John nor Smith is serious about their work.	Neither John nor Smith is serious about his work.
15.	Either he or his father will have to leave their job.	Either he or his father will have to leave his job.
16.	Both of them have left his seat.	Both of them have left their seat.

17.	All the candidates have his paper.	All the candidates have finished their paper.
18.	I, you and he will go on a picnic.	You, he and I will go on a picnic.
19.	We, they and you will travel by the same train.	We, you and they will travel by the same train.
20.	He has availed of this opportunity.	He has availed himself of this opportunity.
21.	They enjoyed fully at the hill station.	They enjoyed themselves fully at the hill station.
22.	She has resigned to her fate.	She has resigned herself to her fate.
23.	Anyone of them can take their chance.	Anyone of them can take his chance.
24.	All of the two brothers can have his claim	Both of the two brothers can have their claim.
25.	Both the friends should help one another.	Both the friends should help each other.

(4.4) Errors in the use of Adjectives विशेषण के प्रयोग में अशुद्धियाँ

1. Adjectives (विशेषणों) की तीन Degrees होती हैं :
   First Degree : Positive Degree (साधरण गुण- बोधक) जैसे - High, low, ugly, strong, weak, etc.
   Second Degree : Comparative Degree (तुलनात्मक) जैसे - Higher, lower, uglier, stronger, weaker, etc. इनके अन्त में बहुधा ' er ', 'or' आता है. या Third Degree : Superlative Degree (सवधिक) जैसे- Highest, lowest, ugliest, strongest, weakest, etc. इनके अन्त में बहुधा est' आता है.
2. Comparative Degree Adjective के प्रयोग में सम्बन्धित Adjective के बाद बहुधा 'than' प्रयोग करते हैं, जैसे- Higher than, lower than, uglier than, stronger than.
3. लेकिन कुछ Adjectives ऐसे भी होते हैं जिनमें 'than' के स्थान पर 'to' प्रयोग करते हैं, जैसे- Inferior / Superior to, junior/ senior to, prefer to, prior to.
4. Superlative Adjective से पहले Article 'The' अवश्य आता है, जैसे The best boy, the highest mountain, the most powerful force.
5. Adjective के प्रयोग में double degree कभी प्रयोग नहीं करनी चाहिए. अतः Adjectives का निम्न भौति प्रयोग गलत है: 'more senior', 'more superior', 'more better', 'more higher', 'more stronger'. किन्तु अधिक जोर देने के लिए ति better या much better जैसे expression प्रयोग कर सकते हैं. इसी प्रकार ये प्रयोग भी गलत है-most best, most weakest, most worst, etc. किन्तु by far the best, by far the strongest कहना ठीक है.
6. Adjective दो स्थानों पर प्रयोग किया जा सकता है- सम्बन्धित Noun से पहले या सम्बन्धित Noun के बाद. पहले प्रयोग को Attributive तथा दूसरे को Predicative नेम कहते हैं.
   अधिकांश Adjectives सम्बन्धित Noun से पहले प्रयोग किए जाते हैं, जैसे-a good child, (a child good नहीं), a gentle girl, a brave soldier.
7. लेकिन निम्नलिखित Adjectives हमेशा Predicatively अर्थात सम्बन्धित Noun के बाद प्रयोग किए जाते हैं. ये हैं- asleep, alive, awake, afraid, ashamed, alone, alike. जैसे- I found the child asleep (asleep child) The man was sitting alone (The alone man was sitting नहीं),
8. जब दो व्यक्तियों / वस्तुओं में समानता दिखानी हो तो इस प्रकार लिखते हैं- as + adjective + as (as sweet as honey) असमानता दिखानी हो तो इस प्रकार not as + adjective + as (not as brave as a lion).
9. Elder/older, eldest/oldest में अंतर जानना जरूरी है Elder (बड़ा उम्र में) eldest (सबसे बड़ा) एक ही परिवार के सदस्यों के लिए प्रयोग करते हैं older (बड़ा उम्र में), Oldest (सबसे बड़ा) परिवार के बाहर के लोगों के लिए प्रयोग करते हैं. जैसे-elder brother, eldest sister, a friend is older, oldest among friends

Note: Elder के बाद 'to' तथा older के बाद 'than' लगता है.

10. Many, several, few, fewer, संख्या वाचक Adjectives हैं इन्हें केवल संख्या के लिए प्रयोग करना चाहिए, मात्रा / वजन के लिए नहीं. Many books (many milks), several boys (several wheat 7).
11. Much, less, enough मात्रा बोधक Adjective हैं, इन्हें मात्रा / वजन के लिए ही प्रयोग करना चाहिए, जैसे-much water, less sugar (fewer or many sugar नहीं)
12. 'More' संख्या और मात्रा दोनों के लिए प्रयोग हो सकता है जैसे more friends, more tea

उपयुक्त बिन्दुओं को ध्यान में रखते हुए निम्नलिखित अशुद्ध और शुद्ध वाक्यों को पढ़िए और समझिए

Incorrect (अशुद्ध)	Correct (शुद्ध)
1. He is tall than I.	He is taller than I.
2. She is beautifuller than Sita.	She is more beautiful than Sita.
3. An elephant is more stronger than a horse.	An elephant is stronger than a horse.
4. I saw the most strangest dream.	I saw the strangest dream.
5. He is best boy of the class.	He is the best boy of the class.
6. This is more easy.	This is easier.
7. That is prettiest child.	That is the prettiest child.
8. He is smart a boy.	He is a smart boy.
9. You solved a problem very difficult.	You solved a very difficult problem.
10. I found ashamed him of his action.	I found him ashamed of his action.
11. These are so alike sisters.	These sisters are so alike.
12. My son is intelligent as your son.	My son is as intelligent as your son.
13. This is white as milk.	This is as white as milk.
14. This problem is not as easy you believe it to be.	This problem is not as easy as you believe it to be.
15. The weather is not pleasant as it was eñpected.	The weather is not as pleasant as it was expected.
16. He is my oldest brother.	He is my eldest brother.
17. My older brother has retired.	My elder brother has retired.
18. My friend is elder than me in age.	My friend is older than me in age.
19. I am elder than my sister.	I am elder to my sister.
20. He is the eldest among all our friends.	He is the oldest among all my friends.
21. Please give me a little much tea.	Please give me a little more tea.
22. I have a little friends here.	I have a few friends here.
23. I have purchased much books.	I have purchased many books.
24. Among these four essays yours is worse.	Among these four essays yours is the worst.
25. Which is better between these three pens?	Which is better between these two pens?

(4) Errors in the use of Verbs अशुद्धियाँ क्रिया के प्रयोग में

(1) क्रिया के शुद्ध प्रयोग का प्रथम और आधारभूत नियम यह है कि Singular Subject के साथ Singular Verb तथा Plural Subject के साथ Plural Verb प्रयोग की जाती है. यदि Subject कोई Pronoun हो तो Verb उस Pronoun के Person और Number के अनुसार प्रयोग होगी. (इसके लिए इस अध्याय के Noun और Pronoun के खण्डों को भी देखे)

(2) Subject और Helping Verb का सामंजस्य निम्नलिखित Table में देखे और सही प्रयोग करने का अभ्यास करें :

(3) Do not does not, did not के बाद Verb हमेशा First Form में ही प्रयोग होती है, Second या Third Form में कभी नहीं. जैसे-

He does not go. ('went' या 'gone' नहीं)

I do not go. ('went' या 'gone' नहीं)

They did not go ('went' या 'gone' नहीं)

(4) Do not, does not, did not कें बाद हमेशा have प्रयोग करते हैं, 'has' या 'had' कभी नहीं. जैसे-

I do not have a book.

You do not have a book.

He does not have a book.

They did not have a book.

(5) Has, have, had के बाद verb हमेशा Third Form में ही प्रयोग होती है. Subject या Tense चाहे जो भी हो जैसे-

He has gone back. ('go' या 'went' नहीं).

I have taken my chance. ('take' या 'took नहीं).

He had forgiven you. ('forgive' या 'forgave' नहीं)

(6) Has, have, had का प्रयोग Possession (अधिकार या सम्बन्ध) के लिए भी होता है. जैसे-

I/we have a book.

He/she had a good house.

A cow has a tail

(7) Shall तथा Will के बाद Verb हमेशा First Form में ही प्रयोग की जाती है. जैसे-

I/We shall go.

He/She will go.

(8) Must तथा Ought दोनों से बाध्यता (Compulsion) या अनिवार्यता (necessity) का भाव व्यक्त किया जाता है. हिन्दी में यह भाव 'चाहिए' या 'अवश्य चाहिए' से व्यक्त होता है. इनके प्रयोग में 'must' के बाद Verb का First Form तथा 'वनहीज' के बाद to के साथ Verb का First Form प्रयोग किया जाता है. जैसे-

तुम्हें अवश्य मेरी आज्ञा माननी चाहिए-

You must obey me.

You ought to obey me.

(9) May और Can दोनों का अर्थ है सकना किन्तु Can का प्रयोग शक्ति / सामर्थ्य के अर्थ में तथा may का प्रयोग प्रार्थना के अर्थ में किया जाता है. जैसे-

I can drive a car. May I come in.

Subject	Helping Verb (Present Tense)	Helping Verb (Past Tense)	Helping Verb (Future Tense)
I	am	was	shall
We	are	were	shall
You	are	were	will
He	is	was	will

She	is	was	will
They	are	were	will
He	has	had	will have
I/We/You/They	have	had	will have

(10) None, neither, nor, nothing, nobody, नकारात्मक शब्द (Negative words) हैं. इनके साथ अलग से कोई और Negative expression प्रयोग नहीं करना चाहिए. जैसे-

I cannot do nothing- यह वाक्य गलत है. इसका सही रूप होगा-

I can do nothing. Or I cannot do anything.

उपरोक्त बिन्दुओं को ध्यान में रखते हुए निम्नलिखित (अशुद्ध और शुद्ध) वाक्यों को पढ़िये और समझिये :

Incorrect (अशुद्ध)	Correct (शुद्ध)
1. They does not work.	They do not work.
2. I did not found him at home.	I did not find him at home.
3. He did not met me.	He did not meet me.
4. He were absent.	He was absent.
5. You was not at the office.	You were not at the office.
6. I is not his friend.	I am not his friend.
7. He will not reached tomorrow.	He will not reach tomorrow.
8. He has not learn his lesson.	He has not learnt his lesson.
9. I had solve all questions.	I had solved all questions.
10. We shall not joined the party.	We shall not join the party.
11. I did not had my lunch.	I did not have my lunch.
12. I did not saw him last year.	I did not see him last year.
13. You must to reach in time.	You must reach in time.
14. You ought attend the marriage.	You ought to attend the marriage.
15. He ought to came now.	He ought to come now.
16. Now you can gone.	Now you may/can go.
17. I may read this lesson.	I can read this lesson.
18. None cannot fight with him.	None can fight with him.
19. Neither of you cannot do it.	Neither of you can do it.
20. None was not so good.	None was so good.

Three Forms of the Verbs (क्रिया के तीन रूप)

क्रिया के तीन रूप (Three Forms) होते हैं - First Form से Present Tense, Second Form Past Tense, तथा Third Form से Past Participle का बोध होता है. अधिकांश क्रियाओं में ed लगाने से Second Form तथा —ed या -t लगाने से Third Form बनता है. किन्तु कुछ क्रियाओं के तीनों रूप अलग-अलग तरह से बनते हैं, जिनका जानना व याद करना आवश्यक है. इनके बिना कोई भी वाक्य शुद्ध रूप में नहीं लिया जा सकता. हम नीचे कुछ अधिक प्रचलित Verbs के तीनों रूपों की एक सूची दे रहे हैं. प्रत्येक विद्यार्थी को इसे याद कर लेना चाहिए.

Group A

I Form (Present Tense)	II Form (Past Tense)	III Form (Past-Participle Form)
Arise (एराइज) उठना	arose	arisen
Bear (बीयर) सहना	bore	borne
Beat (बीट) मारना	beat	beaten
Beget (विगैट) प्राप्त करना	begot	begot
Bite (बाइट) काटना	bit	bitten
Bind (बाइन्ड) बाँध्ना	bound	bound
Blow (ब्ला) हवा का चलना, फूँकना	blew	blown
Break (ब्रेक) तोडना	broke	broken
Burn (बर्न) जलाना, जलना	burnt	burnt
Choose (चूज) चुनना, पसंद करना	chose	chosen
Creep (क्रीप) रंगना	crept	crept
Deal (डील) व्यवहार करना	dealt	dealt
Dwell (ड्वैल) निवास करना	dwelt	dwelt
Draw (ड्रॉ) खींचना	drew	drawn
Drink (ड्रिन्क) पीना	drank	drunk
Drive (ड्राइव) गाड़ी चलाना	drove	driven
Eat (इंट) खाना	ate	eaten
Fall (फॉल) गिरना	fell	fallen
Feel (फील) महसूस करना	felt	felt
Fly (फलाइ) उड़ना	flew	flown
Forget (फॉरगेट) भूल जाना	forgot	forgotten
Freeze (फ्रीज़) जमना	froze	frozen
Get (गैट) प्राप्त करना	got	gotten
Give (गिव) देना	gave	given
Go (गो) जाना	went	gone
Grow (ग्रो) उगना	grew	grown
Hang (हैन्ना) लटकाना, फाँसी पर चढ़ा देना	hanged (फाँसी पर चढ़ा देना), Hung (लटकाना)	hanged (फाँसी पर चढ़ा देना) hung (लटकाना)
Hide (डाइड) छिपाना	hid	hidden
Kneel (नील) घुटनों पर झुकना	knelt	knelt
Know (नो) मालूम करना, जानना	knew	known
Laugh (लाफ) हँसना	laughed	laughed

Lie (लाइ) लेटना	lay	lain
Mean (मीन) अर्थ निकालना	meant	meant
Ride (राइड) सवारी करना	rode	ridden
Rise (राइज) उठना	rose	risen
See (सी) देखना	saw	seen
Shake (शेक) डिलाना	shook	shaken
Show (शो) दिखाना	showed	shown
Shrink (श्रिंक) सिकुड़ना	shrank	shrunk
Sink (सिन्क) डूबना	sank	sunk
Sow (सो) बीज बोना	sowed	sown
Slay (स्ले) काटना, कत्ल करना	slew	slain
Sleep (स्लीप) सोना	slept	slept
Smell (स्मैल) सूचना	smelt	smelt
Speak (स्पीक) बोलना	spoke	spoken
Spoil (स्पॉइल) बरबाद कर देना	spoilt	spoilt
Steal (स्टील) चुराना	stole	stolen
Strike (स्ट्राइक) चोट मारना	struck	struck
Swear (स्वेअर) कसम खाना	swore	sworn
Sweep (स्वीप) झाड़ू लगाना	swept	swept
Take (टेक) लेना	took	taken
Teach (टीच) पढाना	taught	taught
Tear (टीयर) फाड़ देना	tore	torn
Throw (थो) फेंकना	threw	thrown
Wear (वीयर) पहनना	wore	worn
Weave (वीव) बुनना	wove	woven
Weep (वीप) रोना	wept	wept
Write (राइट) लिखना	wrote	written

Group ii

Awake (अवेक) जागना	awoke	awoke
Build (विल्ड) बनाना	built	built
Become (बिकम) होना	became	become
Begin (बिगिन) आरम्भ करना / होना	began	begun

Behold (बिडोल्ड) देखना	beheld	beheld
Bend (बेंड) झुकाना	bent	bent
Come (कम) आना	came	come
Dig (डिग) खोदना	dug	dug
Feed (फीड) खिलाना	fed	fed
Fight (फाइट) लड़ना	fought	fought
Find (फाइन्ड) पाना, तलाश करना	found	found
Grind (ग्राइन्ड) पीसना	ground	ground
Hold (होल्ड) पकड़ना, रोकना	held	held
Lend (लैंड) उधर देना	lent	lent
Lead (लीड) मार्ग दिखाना	led	led
Ring (रिन्ग) घंटा बजाना	rang	rung
Run (रन) दौडना	ran	run
Read (रीड) पढना	read	read (jsM)
Shine (शाइन) चमकना	shone	shone
Sing (सिन्ग) गाना	sang	sung
Spill (स्पिल) फाड़ देना, फट जाना, फैला देना	spilt, spilled	spilt
Stand (स्टेन्ड) खड़े होना	stood	stood
Stick (स्टिक) जमे रहना	stuck	stuck
Swim (स्थिम) तैरना	swam	swam/swum
Win (विन) जीत लेना	won	won

Group III

निम्नलिखित Verb के रूप तीनों ही कालों में एकसमान ही रहते हैं-

Bet (बैट) शर्त लगाना	bet	bet
Burst (बस्ट) फटना, फोड़ना	burst	burst
Cast (कास्ट) फेंकना	cast	cast
Cut (कट) काटना	cut	cut
Cost (कौस्ट) कीमत लगाना, खर्च करना	cost	cost
Hit (हिट) चोट मारना	hit	hit
Hurt (हर्ट) चोट लगना / लगाना	hurt	hurt

Let (लैट) किसी काम को करने देना	let	let
Put (पुट) रखना	put	put
Rid (रिड) समाप्त कर देना	rid	rid
Set (सैट) रख देना / स्थापित कर देना	set	set
Shed (शैड) हटा देना	shed	shed
Shut (शट) बन्द कर देना	shut	shut
Spread (सोड) पफैला देना	spread	spread
Thrust (थ्रस्ट) थोप देना	thrust	thrust

(5) Errors in the use of Adverbs क्रिया (विशेषण के प्रयोग में अशुद्धियाँ)

1. Adverbs (क्रिया-विशेषण) में भी Adjectives की तरह तीन Degrees होती हैं Positive (सामान्य). Comparative (तुलनात्मक) तथा Superlative (सर्वाधिक) जैसे Powerfully more powerfully तथा most powerfully. इनका प्रयोग अर्थ के हिसाब से सावधानी पूर्वक करना चाहिए.
2. किसी वाक्य में Adverb किस स्थान पर प्रयोग किया जाय, इसका बहुत महत्व है. यदि गलत स्थान पर Adverb लगा दिया जाय तो अर्थ ही बदल जाएगा और कभी-कभी अर्थ का अनर्थ भी हो सकता है..
3. Adverbs of Manner (जैसे, quickly. slowly, clearly, foolishly. etc.). Adverbs of Time and Place (जैसे, early. after. ago, today, tomorrow. yesterday / here there where far. near. away. etc.) हमेशा Verb के बाद प्रयोग किए जाते हैं.
4. Adverbs of Frequency (जैसे always, never, often seldom generally, usually, rarely. almost already. hardly, nearly, just quite) प्रयोग निम्न भाँति करते हैं:

   (1) Is, are, am, was, were के बाद

   (2) अन्य क्रियाओं से पहले.
5. Only उस शब्द से ठीक पहले प्रयोग करना चाहिए जिसे वह modify करता है.
6. Too के प्रयोग में बहुत गलती होती है. याद रखे 'Too का अर्थ Negative (नकारात्मक) होता है. इसलिए इसका प्रयोग तभी करना चाहिए जब उसका नकारात्मक भाव उचित दिखाई पड़े अतः यदि हम कहें कि He is too good or too kind or too honest तो इसका प्रयोग गलत होगा क्योंकि इसका अर्थ हुआ कि वह इतना अच्छा या इतना दयालु या इतना ईमानदार है। जितना नहीं होना चाहिए. डॉ. too bad. too cruel या too dishonest कह सकते हैं क्योंकि इनका नकारात्मक अर्थ सही है. अथवा very good/kind / honest कहना चाहिए.
7. Very and Much इन दोनों शब्दों का अर्थ 'बहुत' होता है, किन्तु इनके प्रयोग में अन्तर है. 'Very' प्रयोग करते हैं Present Participle के साथ, तथा 'much' Verb या Past Participle के साथ जैसे- 'Very exciting', किन्तु 'much excited'. 'Very pleasing', किन्तु 'much pleased'.
8. Little. A little little का अर्थ है 'न होने के बराबर', किन्तु ' A little' का अर्थ है 'थोड़े से'. इस अर्थ को ध्यान में रखते हुए इनका प्रयोग करना चाहिए
9. Hard. Hardly: 'Hard' का अर्थ है 'कठिन मेहनत', किन्तु 'Hardly' का अर्थ है 'बहुत ही थोड़ा सा',
10. Late. Lately: 'late' का अर्थ है 'देर से', किन्तु 'lately' का अर्थ है 'हाल ही में.

उपयुक्त बिन्दुओं को ध्यान में रखते हुए निम्नलिखित अशुद्ध और शुद्ध वाक्यों को ध्यान पूर्वक पढ़िए और समझिए :

Incorrect (अशुद्ध)	Correct (शुद्ध)
1. He very quickly writes.	He writes very quickly.
2. He fast runs.	He runs fast.
3. I very cautiously drive.	I drive very cautiously.
4. I yesterday came here.	I came here yesterday.
5. He at 10 O'clock goes to office.	He goes to office at 10 O'clock.
6. I there found him standing.	I found him standing there.
7. He was near the pole waiting.	He was waiting near the pole.
8. He always is late.	He is always late.
9. He rarely is careless.	He is rarely careless.
10. He comes late rarely.	He rarely comes late.
11. I have finished my work just.	I have just finished my work.
12. He has come already.	He has already come.
13. Only he drank a glass of water.	He drank only a glass of water.
14. Only I heard a gun shot.	I only heard a gun shot.
15. I am too glad to hear of your success.	I am very glad to hear of your success.
16. He was too kind to me.	He was very kind to me.
17. I am too obliged to him.	I am much obliged to him.
18. He is too rich to buy a car.	He is rich enough to buy a car.
19. He is very interested to go there.	He is much interested to go there.
20. There is little milk left for you.	There is a little milk left for you.
21. He labours very hardly.	He labours very hard.
22. Late I have not seen him.	Lately I have not seen him.
23. He often comes lately.	He often comes late.
24. I request you to kindly grant me leave.	I request you kindly to grant me leave.
25. He was too kind to come.	He was kind enough to come.

कुछ अधिक प्रचलित Adverbial Words and Phrases

As soon as	जैसे ही	Nowhere	कहीं नहीं
Till now	अब तक	Always	हमेशा
Till then	तब तक	Never	कभी नहीं
By now	अभी तक	Rarely (रेअरली)	बहुत कम बार
By then	तब तक	Often (ऑफिन)	अक्सर
So far as	जहाँ तक कि	Generally (जनरली)	अधिकतर
As far as	जहाँ तक कि	By and by	धीरे-धीरे (समय बोधक)

So long as	जब तक कि	By the way	संयोगवश
No sooner than	जैसे ही	Slowly (स्लोली)	धीरे-धीरे (गति बोधक)
So many times	कितनी ही बार	Once upon a time	एक बार
Many a time	बहुत बार	Gradually (ग्रेजुअली))	धीरे-धीरे
How often	कितनी ही बार	At once	तुरन्त
Very often	अमूमन / अनेक बार	Kindly	कृपा करके
Seldom (सैलडम)	कभी-कभी बहुत कम	Then and there	उसी क्षण
Everywhere	हर जगह	For ever	हमेशा के लिए

(4.7) Errors in the use of Conjunctions (समुच्चयबोधक शब्दों के प्रयोग में असुद्धियाँ)

दो या दो से अधिक शब्दों, शब्द-समूहों या वाक्यांशों को जोड़ने वाले शब्दों को Conjunction या समुच्चय-बोधक शब्द कहते हैं. इनके प्रयोग में निम्नलिखित नियमों को ध्यान में रखना चाहिए:

(1) समानार्थी शब्दों को जोड़ने के लिए and (और/ तथा) लगाते हैं. जैसे Ram and Shyam, pen and inkpot, table and chair.

(2) विलोमार्थी शब्दों या भावों को जोड़ने के लिए but (किन्तु/परन्तु) लगाते हैं. जैसे—

I found him but not his son.

Ram but not Mohan came here.

He came but did not talk to me.

Not John but Smith came to my help.

(3) कुछ Conjunctions ऐसे होते हैं जो हमेशा Pairs (जोड़ों) में प्रयोग होते हैं. इनमें से एक Conjunction वाक्य के एक भाग में और दूसरा वाक्य के दूसरे भाग में प्रयोग किया जाता है.

वाक्य का पहला भाग	वाक्य का दूसरा भाग
Either	or
Neither	nor
as/as much	as
Both	and
Though/although	yet
Not only	but also
Lest	should
No sooner	than
Hardly	when
Whether	or

(4) Either or/Neither --- nor केवल दो व्यक्तियों या वस्तुओं के लिए ही प्रयोग किए जाते हैं, दो से अधिक व्यक्तियों वस्तुओं के लिए नहीं

(5) That का प्रयोग Indirect Narration में केवल साधारण वाक्य (Assertive sentence) के जोड़ने के लिए किया जाता है. Direct Narration में that नहीं लगाया जाता.

(6) Interrogative Adverb अथवा Interrogative Pronoun से आरम्भ होने वाले वाक्यों से पहले भी that नहीं लगाते. अर्थात् Why, where, when, who, whom, how, how many आदि से आरम्भ होने वाले clause से पहले that नहीं लगाते.

(7) अँग्रेजी में When के आगे then नहीं लगाते, then के स्थान पर केवल comma (,) लगाते हैं.

(8) Until और unless अपने आप में Negative Conjunctions हैं, इसलिए इनके बाद कोई भी negative expression नहीं

Incorrect (अशुद्ध)	Correct (शुद्ध)
1. We have a car but a scooter.	We have a car and a scooter.
2. I wanted to go and the rain stopped me.	I wanted to go but the rain stopped me.
3. He tried his best and failed.	He tried his best but failed.
4. He is either a fool and a joker.	He is either a fool or a joker.
5. Neither he or his friend turned up.	Neither he nor his friend turned up.
6. He is neither intelligent and industrious.	He is neither intelligent nor industrious.
7. He is as rich and generous.	He is as rich as generous.
8. He is not so powerful but appears to be.	He is not so powerful as he appears to be.
9. Both Ram as well as Mohan came together.	Both Ram and Mohan came together.
10. Though he laboured very hard but he failed.	Though he laboured very hard yet he failed.
11. He is not only strong and also helpful.	He is not only strong but also helpful.
12. Be quick lest you may miss the train.	Be quick lest you should miss the train.
13. No sooner did I see the bear when I climbed up a tree.	No sooner did I see the bear than I climbed up a tree.
14. I had hardly retired to bed than I heard a knocking at the door.	I had hardly retired to bed when I heard a knocking at the door.
15. I don't know whether he will come and not.	I don't know whether he will come or not.
16. Either of the four brothers can claim the property.	Either of the two brothers can claim the property. or Any one of the four brothers can claim the property.
17. He said he was going to Delhi.	He said that he was going to Delhi.
18. He asked that what his name was.	He asked what his name was.
19. He asked that where he was going.	He asked where he was going.
20. He wanted to know that why he did not come.	He wanted to know why he did not come.
21. There is no such problem which I cannot solve.	There is no such problem as I cannot solve.
22. When he comes, then I shall go.	When he comes, I shall go.
23. When I reached there, then I found him sleep& ing.	When I reached there, I found him sleeping.
24. Unless you do not help me, I shall not pass.	Unless you help me, I shall not pass.
25. I shall wait here until you do not come.	I shall wait here until you come.

(4.8) Errors in the use of Prepositions (सम्बन्ध - सूचक शब्दों के प्रयोग में अशुद्धियाँ)

अंग्रेजी में Prepositions का सही प्रयोग करना बड़ा ही कठिन कार्य है. बड़े-बड़े पढ़े-लिखे लोग भी Prepositions के प्रयोग में गलती कर बैठते हैं. इसका कारण यह है कि सही Preposition प्रयोग करने के अधिकांशतः कोई नियम नहीं हैं. सही Preposition का प्रयोग केवल व्यवहार (Usage) पर निर्भर करता है. फिर भी कुछ मोटे-मोटे नियम तो हैं ही जिन्हें हम नीचे समझा रहे हैं

(1) Transitive Verb और उसके Object के बीच कोई Preposition प्रयोग नहीं की जाती. अर्थात् Transitive verb के बाद कोई Preposition प्रयोग नहीं करनी चाहिए

Incorrect (अशुद्ध)	Correct (शुद्ध)
1. I met to you.	I met you.
2. He told to me.	He told me.
3. He asked to me.	He asked me.
4. He reached at the station.	He reached the station.
5. He did not meet with me.	He did not meet me.
6. I request to you.	I request you.

(2) Time और Place का बोध कराने वाले शब्दों से पहले भी कोई Preposition नहीं लगाते. ये शब्द है – today, tomorrow, yesterday, morning, evening, last year, this week, next Monday, here, there, outside, abroad, आदि

1 I shall meet you on tomorrow. – I shall meet you tomorrow.
2. He came here on last Sunday. – He came here last Sunday.
3. I shall come in this evening. – I shall come this evening.
4. I saw him in the market on today. – I saw him in the market today.
5. Please wait at outside. – Please wait outside.
6. I am going to abroad. – I am going abroad.

(3) Home से पहले Preposition नहीं लगाते.

1. I am going to home. – I am going home.
2. He returned to home very late. – He returned home very late.

(4) अब कुछ विशेष Prepositions का use देखेंगे :

In/Into

इन दोनों का अर्थ 'में' होता है, किन्तु इनके प्रयोग में अन्तर यह है कि 'in' स्थिर स्थिति (stationary position) के लिए प्रयोग होता है, और 'into' गतिशील अवस्था (moving state) के लिए :

1. He is into the room. He is in the room.
2. He fell in the well. He fell into the well.

On/Upon

'On' स्थिर अवस्था के लिए तथा 'upon' गतिशील अवस्था के लिए प्रयोग किया जाता है.

1. The book is upon the table. The book is on the table.
2. There is a monkey upon the roof. There is a monkey on the roof.
3- The monkey jumped on the roof. The monkey jumped upon the roof.

Between/Among

'Between' nks ds fy, rFkk 'among' nks ls vf/kd ds fy, ç;ksx gksrk gS-

1- The property will be equally divided among the two brothers.
The property will be equally divided between the two brothers.

2- Distribute the sweets between all the boys.

Distribute the sweets among all the boys.

In/At

'In' किसी बड़े आकार के स्थान या समय के लिए प्रयोग होता है, 'at' छोटे स्थान या समय के लिए.

1- He lives at Uttar Pradesh. He lives in Uttar Pradesh.

2- He lives in Shahpur. He lives at Shahpur.

Since/For

'Since' भूतकाल के किसी Point of time (समय का कोई आरम्भिक बिन्दु) को इंगित करता है, 'for' किसी Period of Time (समय अवधि) की ओर.

1- He has been living in America since five years.

He has been living in America for five years.

2- He has been working since two hours.

He has been working for two hours.

3- I have been serving here for 1990.

I have been serving here since 1990.

कुछ अन्य Prepositions

Incorrect	Correct
1. He is angry upon me.	He is angry with me.
2. What is the time in your watch?	What is the time by your watch?
3. I am pleased by your sense of duty.	I am pleased with your sense of duty.
4. The tiger was killed with the hunter.	The tiger was killed by the hunter.
5. Open your book on page 40.	Open your book at page 40.
6. I congratulate you for your success.	I congratulate you on your success.
7. I go to office by foot.	I go to office on foot.
8. She died from cholera.	She died of cholera.
9. I am proud on you.	I am proud of you.
10. I am tired from walking.	I am tired of walking.
11. He is suffering by cold.	He is suffering from cold.
12. Take care to the child.	Take care of the child.
13. Pay to the debt.	Pay off the debt.
14. I am jealous to her.	I am jealous of her.
15. He cannot compete by me.	He cannot compete with me.
16. Listen with me.	Listen to me.
17. I shall talk with you.	I shall talk to you.
18. I depend to you.	I depend upon you.

19. He has appeared in the examination.	He has appeared at the examination.
20. My pen is different to yours.	My pen is different from yours.
21. I have no complaint to you.	I have no complaint against you.
22. Write with ink.	Write in ink.
23. Write in pencil.	Write with pencil.
24. It is so kind to you.	It is so kind of you.
25. I don't agree to you.	I don't agree with you.

(4.9) Errors in the use of Articles के प्रयोग में कुछ सामान्य अशुद्धियाँ

हिन्दी भाषा और व्याकरण में अँग्रेजी के Articles के समकक्ष कुछ नहीं होता. इसलिए अँग्रेजी के Articles A/ An/ The के प्रयोग में बहुधा सामान्य अशुद्धियाँ हो जाया करती हैं. अँग्रेजी में Articles दो प्रकार के होते हैं-

(i) Indefinite Article – A/An

(ii) Definite Article – The

Indefinite Articles के प्रयोग : A/An

(i) जब किसी Common Noun (जातिवाचक संज्ञा) में Singular Number का प्रयोग पहली बार किया जाता है तो उससे पहले Article A या An अवश्य लगाया जाता है.

(ii) अब A या An में से कौनसा Article लगाया जाय, इसके लिए नियम यह है कि जो शब्द किसी Vowel / स्वर (a, e, i, o, u) से शुरू होते हैं उनसे पहले an लगाते हैं, और बाकी शब्दों से पहले a लगाया जाता है.

(iii) साथ ही यह भी ध्यान रखना चाहिए कि स्वर से शुरू होने वाले शब्दों का उच्चारण यदि व्यंजन की तरह हो तो उनसे पहले भी Article A लगाएंगे. इसके विपरीत यदि किसी व्यंजन से शुरू होने वाले शब्द का उच्चारण स्वर की तरह हो तो उससे पहले। Article An। लगाते हैं. जैसे-

(a) A book, a boy, a table, a river

(b) An egg, an owl, an Indian, an island

(c) An hour (आवर), an honest (ओनेस्ट) man

(d) A European (यूरोपियन), A union (यूनियन)

(iv) एक बात और याद रखनी चाहिए. कुछ संक्षिप्त शब्द (Abbreviations) जो व्यंजन से शुरू होते हैं, किन्तु स्वर की तरह उच्चारित होते हैं, उनसे पहले भी an लगाया जाता है. जैसे-

an M.A., an M.L.A., an M.P.

Incorrect	Correct
1. I saw lion.	I saw a lion.
2. There was a eagle.	There was an eagle.
3. I'll come a hour late.	I'll come an hour late.
4. He is an European.	He is a European.
5. They have formed an union.	They have formed a union.
6. Here is an one&rupee note.	Here is a one-rupee note.
7. He is an one&eyed man.	He is a one-eyed man.

8. He is a M.P.	He is an M.P.
9. He is a honest man.	He is an honest man.
10. He is a honorary chairman.	He is an honorary chairman.

Definite Article के प्रयोग The

(i) किसी भी व्यक्तिवाचक संज्ञा (Proper Noun) धातुवाचक / द्रव्यवाचक संज्ञा (Material Noun) अथवा भाववाचक संज्ञा (Abstract Noun) से पहले किसी प्रकार का Article (A / An / The) प्रयोग नहीं करते. अत: The / a Ram, The/a Calcutta, the/a gold, the / a water/ the milk/ the honesty नहीं लिखना चाहिए.

(ii) कोई भी Common Noun जो किसी वाक्य अथवा Paragraph में दूसरी या अधिक बार प्रयोग होती है और जिसमें पहली बार a/an लगाया जा चुका है, उसमें अगली बार the लगाया जाएगा. इसका कारण यह है कि दूसरी या अधिक बार प्रयोग करने पर उसमें निश्चित (Definite) का भाव आ जाता है. जैसे-

I saw a boy. The boy was poor.

He killed a dog. The dog was rabid.

(iii) नदियों, पहाड़ों, झीलों, सागरों, पुस्तकों, अखबारों, मैदानों, रेगिस्तानों के नामों से पहले Article 'The' लगाते हैं.

(iv) Superlative Degree Adjective से पहले भी Article The लगाया जाता है.

Incorrect	Correct
1. The Jawaharlal Nehru was the first Prime Minister of India.	Jawaharlal Nehru was the first Prime Minister of India.
2. I am going to the Kanpur tomorrow.	I am going to Kanpur tomorrow.
3. My friend, the Ram Lal is coming next week.	My friend, Ram Lal is coming next week.
4. My chain is made of the pure gold.	My chain is made of pure gold.
5. The milk is a complete food.	Milk is a complete food.
6. The honesty is the best policy.	Honesty is the best policy.
7. Let me have a glass of the cold water.	Let me have a glass of cold water.
8. I don't drink the tea in the afternoon.	I don't drink tea in the afternoon.
9. I saw a girl. A girl was very pretty.	I saw a girl. The girl was very pretty.
10. I have bought a book. A book is excellent.	I have bought a book. The book is excellent.
11. Himalayas are the highest mountains.	The Himalayas are the highest mountains.
12. Ganga and Yamuna are holy rivers.	The Ganga and Yamuna are holy rivers.
13. Pacific ocean is the largest ocean.	The Pacific ocean is the largest ocean.
14. Small ships sail in Bay of Bengal.	Small ships sail in the Bay of Bengal.
15. The elephant is biggest land animal.	The elephant is the biggest land animal.
16. Jawaharlal Nehru was first Prime Minister of India.	Jawaharlal Nehru was the first Prime Minister of India.

17. Sahara is largest desert.	The Sahara is the largest desert.
18. She is most intelligent girl.	She is the most intelligent girl.

Now Test Yourself (अब आप अपनी परीक्षा स्वयं लें)

Exercise 1

Correct the following Sentences%

1. We must help the poors.
2. He returns to home late in the night.
3. Whom you want to meet ?
4. Himself can go there.
5. Where you live?
6. He asked that why he was late.
7. Let he go alone.
8. He can write with any hand.
9. Either he or his brother have left his book.
10. It is him who will help you.

Hints for Corrections

1. the poor; 2. returns home; 3. do you want; 4. He himself; 5. do you; 6. drop 'that'; 7. him; 8. either hand; 9. has left; 10. he;

Exercise 2

निम्नलिखित वाक्यों का अंग्रेजी में अनुवाद कीजिए:

1. वह कहाँ रहता है?
2. मैं कुछ नहीं जानता.
3. वे मेरे पिताजी हैं.
4. यह मेरे मित्र का घर है.
5. रमेश कब आएगा?
6. वह सबसे स्वस्थ बच्चा है.
7. मेरे मित्र को आज अवश्य आना चाहिए.
8. उसने अपनी किताब नहीं पढ़ी.
9. आज बहुत ठण्ड है.
10. कमरे में एक बिल्ली है.
11. वह मुझे नहीं देख सका.
12. यह पुस्तक अधिक अच्छी है.

13. गेरे पिताजी कल पटना गए.
14. वह गोरी बड़ी बहन है.
15. मुझे चाय की अपेक्षा दूध अधिक पसंद है.
16. मैं आपका इन्तजार करूँगा.
17. मैं बहुत थक गया हूँ
18. वह मेरा मित्र नहीं है.
19. बहुत तेज बारिश हो रही है.
20. मेज पर एक किताब है.

Exercise 3

(a) निम्नलिखित शब्दों से आरम्भ कर Interrogative वाक्य बनाइए:

What, Where, When, How Why Is, Are, Am, Was, Were, Do, Does, Did Has, Have, Had.

(b) निम्नलिखित Verbs को प्रयोग में लाते हुए Negative वाक्य बनाइए :

Is, Are, Were, Did, Does, Has, Had, Eat, Drink,

PRACTICAL GRAMMAR (व्यावहारिक व्याकरण)

(1) Active and Passive Voice (कर्तृवाच्य एवं कर्मवाच्य)

किसी भी कथन को हम दो प्रकार से कह सकते हैं-

(i) कर्ता पर बल देते हुए-

जैसे- उसने एक किताब लिखी...

He wrote a book.

(ii) कर्म पर बल देते हुए-

जैसे- एक किताब उसके द्वारा लिखी गई.

A book was written by him.

पहले प्रकार के वाक्य को कर्तृवाच्य (Active Voice) तथा दूसरे प्रकार के वाक्य को कर्मवाच्य (Passive Voice) कहते हैं. वे सभी वाक्य जिनमें Transitive Verb का प्रयोग हुआ हो, Active Voice से Passive Voice में तथा Passive Voice से Active Voice में बदले जा सकते हैं. Intransitive Verb वाले वाक्य Passive Voice में नहीं बदले जा सकते. ऐसे वाक्य हमेशा Active Voice में ही लिखे जाते हैं.

Active Voice से Passive Voice में बदलने के मुख्य Rules ये हैं-

(1) Subject और Object में पारस्परिक स्थान परिवर्तन

(i) कर्ता (Subject) और कर्म (Object) के पारस्परिक स्थानों को बदलकर कर्ता के स्थान पर कर्म तथा कर्म के स्थान पर कर्ता का प्रयोग करते हैं. जैसे-

Ram helps Mohan. (Active Voice)
(Subject) (Object)

(राम मोहन की सहायता करता है)

Mohan is helped by Ram. (Passive Voice)
(Subject) (Object)

(मोहन की सहायता राम द्वारा की जाती है)

(ii) Passive Voice में Object के पहले बहुधा by लगाते हैं. Object के स्थान पर यदि कोई Pronoun प्रयोग करना हो तो उसे Objective Case / Form में बदलकर प्रयोग करते हैं. इसी प्रकार जब object के स्थान पर प्रयुक्त किसी Pronoun को Subject के स्थान पर लाते हैं तो उसे Subjective / Nominative form में बदल देते हैं.

जैसे-

I के स्थान पर by me

We के स्थान पर by us,

He/She के स्थान पर by him/her.

They के स्थान पर by them प्रयोग करते हैं

It, You तथा किसी भी Noun के form में कोई परिवर्तन नहीं करते, किन्तु उनसे पहले by अवश्य लगाते हैं.

(2) Verb में परिवर्तन करना

(i) Active Voice से Passive Voice में बदलते समय Verb के Tense में कोई परिवर्तन नहीं करते, किन्तु उसके रूप में निम्न भाँति परिवर्तन अवश्य करते हैं.

(ii) मुख्य Verb को Past Participle (Third Form) में प्रयोग करते हैं.

(iii) मुख्य Verb के Past Participle Form से पहले कोई न कोई Helping Verb अवश्य लगाते हैं. ये Helping Verbs उसके नये Subject के Number, Person तथा Verb के Tense के अनुसार लगाये जाते हैं.

(iv) उदाहरण के लिये Helping Verb के भिन्न-भिन्न रूप भिन्न-भिन्न Tenses, Numbers और Persons के अनुसार Verb 'Love' के साथ निम्न तालिका में दिखाये गये हैं:

Tense	Indefinite Tense	Continuous Tense	Perfect Tense
Present	I am loved	am being loved	have been loved
	We/You/They are loved	are being loved	have been loved
	He/ She / It is loved	is being loved	has been loved
	Any Singular Noun is loved	is being loved	has been loved
	All Plural Nouns are loved	are being loved	have been loved
Past	I was loved	was being loved	had been loved
	We/You/They were loved	were being loved	
	He/She/It was loved	was being loved	
	Any Singular Noun was loved	was being loved	
	All Plural Nouns were loved	were being loved	
Future	I/We shall be loved	No Passive Voice can be made	shall have been loved
	You/He/They/All Nouns will be loved		will have been loved

उपयुक्त तालिका को ध्यान में रखते हुए निम्नलिखित वाक्यों के परिवर्तित रूपों को ध्यानपूर्वक पढ़िये और समझिये :

Examples

(Present Tense)

Active Voice	Passive Voice
1. She loves her child.	Her child is loved by her. (हर चाइल्ड इज लव्ड बाइ हर)
2. Mohan writes a letter.	A letter is written by Mohan. (ए लेटर इज रिटिन बाइ मोहन)
3. She follows me..	I am followed by her. (आइ ऐम पफॉलोड बाइ हर)

4. You know him.	He is known to you. (ही इज नोन टु यू)
5. I like her style.	Her style is liked by me. (हर स्टाइल इज लाइक्ड बाइ मी)
6. They beat the dog.	The dog is beaten by them. (द डॉग इज बीटिन बाइ देम)
7. He is giving a lecture.	A lecture is being given by him. (ए लेक्चर इज बीइंग गिवेन बाइ हिम)
8. They are helping the old man.	The old man is being helped by them. (द ओल्ड मैन इज बीइंग हेल्पड बाइ देम)
9. I am writing a letter.	A letter is being written by me. (ए लेटर इज बीइंग रिटन बाइ मी)
10. He has scored a goal.	A goal has been scored by him. (ए गोल हैज बीन स्कोर्ड बाइ हिम)
11. I have caught a thief.	A thief has been caught by me. (ए थीफ हैज बीन कॉट बाइ मी)
12. She has written an essay.	An essay has been written by her. (एन ऐसे हैज बीन रिटन बाइ हर)

Examples

(Past Tense)

Active Voice	Passive Voice
1. She wrote a letter.	A letter was written by her. (ए लेटर वाज रिटन बाइ हर)
2. He kicked the ball.	The ball was kicked by him. (द बॉल वाज किक्ड बाइ हिम)
3. He gave me a prize.	A prize was given to me by him. (ए प्राइज वाज गिवन टु मी बाइ हिम)
4. He brought the book.	The book was brought by him. (द बुक वाज ब्रॉट बाइ हिम)
5. They laughed at her.	She was laughed at by them. (शी वाज लाफ्रड एट बाइ देम)
6. I was writing an essay.	An essay was being written by me. (ऐन ऐसे वाज बीइंग रिटन बाइ मी)

7. He was completing his work.	His work was being completed by him. (हजि वर्क वाज बीइंग कम्प्लीटड बाद हिम)
8. You were knocking at the door.	The door was being knocked by you. (द डोर वाज बीइंग नोक्ड बाइ यू)
9. He had scored a goal.	A goal had been scored by him. (ए गोल हैड बीन स्कोर्ड बाइ हिम)
10. I had repaired the machine.	The machine had been repaired by me. (द मशीन हैड बीन रिपेयर्ड बाइ मी)
11. You had defeated him.	He had been defeated by you. (ही हैड बीन डिफीटड बाइ यू)

Examples

(Future Tense)

Active Voice	Passive Voice
1. She will read a poem.	A poem will be read by her. (ए पोइम विल बी रेड बाइ हर)
2. He will help you.	You will be helped by him. (यू विल बी हेल्पड बाइ हिम)
3. I shall solve the problem.	The problem will be solved by me. (द प्रोबलम विल बी सोल्वड बाइ मी)
4. He will need your help.	Your help will be needed by him. (योर हेल्प विल बी नीडड बाइ हिम)
5. Ram will have written a letter.	A letter will have been written by Ram. (ए लेटर विल हैव बीन रिटन बाई राम)
6. You will have finished your work by now.	Your work will have been finished by you by now. (योर वर्क विल हैव बीन फिनिश्ड बाइ यू बाइ नाउ)
7. Will you lose the chance ?	Will the chance be lost by you? (विल द चान्स बी लॉस्ट बाइ यू)
8. She will win the prize.	The prize will be won by her. (द प्राइज विल बी वन बाइ हर)

(3) Imperative Sentences को Passive Voice में बदलना

(i) Imperative Sentences (Order ;k Command okys) Passive Voice esa 'Let' ls 'kq: fd;s tkrs gSa- tSls&

Active — Help the poor.
(गरीबों की मदद करो.)

Passive — Let the poor be helped.
(गरीबों की मदद की जाय.)

(ii) Imperative Sentences (request/advice वाले) को Passive Voice में बदलते हुए 'should' का प्रयोग करते हैं, जैसे

Active — Love your country.
(अपने देश को प्रेम करो.)

Passive — Your country should be loved.
(अपने देश से प्रेम किया जाना चाहिए.)

Examples

Active Voice	Passive Voice
1. Close all the doors.	Let all the doors be closed. (लैट ऑल द डोर्स बी क्लोज़्ड)
2. Show the papers.	Let the papers be shown. (लैट द पेपर्स बी शोन)
3. Bring the pen.	Let the pen be brought. (लैट द पैन बी ब्रौट)
4. Lock the gate.	Let the gate be locked. (लैट द गेट बी लोक्ड)
5. Help the poor.	The poor should be helped. (द पूअर शुड बी हैल्पड)
6. Feed the child.	The child should be fed. (द चाइल्ड शुड बी फैड)
7. Love your neighbours.	Your neighbours should be loved. (योर नेवर्स शुड बी लव्ड)
8. Remember my advice.	My advice should be remembered. (माइ एडवाइस शुड बी रिमेम्बर्ड)

(4) Interrogative Sentences को Passive Voice में बदलना

(i) यदि Interrogative Sentence किसी Helping Verb (do. does, did, is, was, were, am, has, have, had) से प्रारम्भ होता है, तो Passive Voice में भी वाक्य Helping Verb से ही प्रारम्भ होगा, किन्तु उसका रूप Passive Voice के नये Subject के अनुसार बदल जाता है साथ ही has have had वाले वाक्यों में Verb की III Form से पहले been और लगाया जाता है.

(ii) यदि Interrogative वाक्य किसी Interrogative Adverb या Interrogative Pronoun से शुरू हो तो Passive Voice भी उसी Adverb / Pronoun से शुरू किया जाता है, किन्तु उससे पहले By लगाया जाता है. शेष परिवर्तन साधरण नियमों के अनुसार किये जाते हैं. जैसे—

Active Voice	Passive Voice
1- Does he help Ram ?	Is Ram helped by him? (इज राम हैल्पड बाइ हिम ?)
2- Has he killed the dog ?	Has the dog been killed by him? (हेज द डॉग बीन किल्ड बाय हिम ?)
3- Did he finish the work ?	Was the work finished by him? (वाज द वर्क फिनिश्ड बाई हिम ?)
4- Who killed the serpent ?	By whom was the serpent killed? (बाइ हूम वाज द सरपेन्ट किल्ड ?)
5- Had he helped you ?	Had you been helped by hina? (हैड यू बीन हैल्पड बाइ हिम ?)
6- Who had deceived you ?	By whom had you been deceived? (बाइ हूम हैड यू बीन डिसीव्ड ?)

(5) Negative Sentences dks Passive Voice esa cnyuk

इनमें Negative (नकारात्मक) वाक्यों को साधरण वाक्यों की तरह ही Passive Voice में बदला जाता है. इसमें not अपने स्थान पर ही रहता है, अर्थात् प्रथम सहायक क्रिया के बाद...

जैसे-

Active — The boy did not kick the ball.
Passive — The ball was not kicked by the boy.
(द बॉल वाज नौट किक्ड बाइ द बॉय)

Active — He does not love me.
Passive — I am not loved by him.
(आइ एम नौट लव्ड बाइ हिम)

Now Test Yourself

निम्नलिखित वाक्यों को Passive Voice में बदलिये

1. He killed a serpent.
2. I can pardon you.
3. A dog was chasing a cat.
4. She wrote a letter.
5. She will forgive you.
6. Close the door.

7. He has lost the pen.
8. He did not know you.
9. Tell the truth.
10. You have done your duty.
11. Do you know him?
12. He kept me waiting.
13. She gave him a new book.
14. Did he make a promise ?
15. Keep your eyes open.

(5.2) Direct and Indirect Narration (प्रत्यक्ष एवं अप्रत्यक्ष कथन)

वक्ता के किसी कथन को दो प्रकार से लिखा जा सकता है :-

(i) पहली विधि में वक्ता के वास्तविक शब्दों को Inverted Commas के अन्दर ज्यों का त्यों लिखा जाता है. इस विधि को Direct Narration (प्रत्यक्ष कथन) कहते हैं. जैसे- He said, "I am reading my book."

(ii) दूसरी विधि वह है जिसमें वक्ता के वास्तविक शब्दों का प्रयोग न करते हुए उनका सारांश या भाव बिना Inverted Commas लगाये हुए व्यक्त किया जाता है. जैसे, उपयुक्त वाक्य को इस प्रकार लिखेंगे: He said that he was reading his book

इस विधि को Indirect Narration (अप्रत्यक्ष कथन) कहते हैं.

Direct Narration से IndirectNarration में बदलने के नियम

ये नियम तीन भागों में बाँटे जा सकते हैं :

(1) Connective लगाने के नियम-

Inverted Commas के बाहर और अन्दर वाले कथनों को (Inverted Commas हटा कर किसी Connective से जोड़ा जाता है।:

(i) यदि Inverted Commas के अन्दर का कथन Simple sentence में है तो Connective 'that' जोड़ते हैं.

(ii) यदि अन्दर का कथन Imperative Sentence (आज्ञा या प्रार्थना सूचक वाक्य) में है तो 'that' नहीं लगाते, किन्तु मुख्य क्रिया से पहले 'to' लगाकर उसे Infinitive में बदल देते हैं.

(iii) यदि अन्दर का कथन Do, Did, Does, Is, Was, Were, Will, Shall, Has, Have या Had से शुरू होने वाला Interrogative Sentence (प्रश्नवाचक वाक्य) हो तो Connective 'that' नहीं लगाते, किन्तु उसके स्थान पर whether' या 'if' लगाते हैं. Interrogative sentence को Assertive form में बदल देते हैं. Interrogation mark हटा देते हैं.

(iv) यदि अन्दर का कथन What, Where, When, Why, Who, Whom, Whose, Which आदि से शुरू होने वाला Interrogative Sentence हो तो कोई भी Connective नहीं लगाते बहुत से लोग ऐसे वाक्यों में भी What, Where आदि से पहले 'that' लगा देते हैं, जो नितान्त गलत है. Interrogative sentence को Assertive form में बदल देते हैं. Interrogative Mark हटा देते हैं.

(2) Personal Pronouns (व्यक्तिवाचक सर्वनाम) में परिवर्तन के नियम-

Direct से Indirect Narration में बदलते समय Inverted Commas के अन्दर प्रयुक्त Personal Pronouns में भी परिवर्तन किये जाते हैं Inverted Commas के अन्दर आये हुए First Person Pronouns (I, We, Our, Us) को Inverted Commas (2) के बाहर के Subject के अनुसार बदल देते हैं. इसी प्रकार अन्दर के सभी Second Person Pronouns (You, Your) को बाहर के Object के अनुसार बदल देते हैं. Third Person Pronoun में कोई परिवर्तन नहीं करते.

(3) मुख्य Verb (क्रिया) के Tense में परिवर्तन के नियम-

(i) Inverted Commas के अन्दर प्रयुक्त सभी Present Tense (वर्तमान काल) की क्रियाओं को उसी रूप में Past Tense (भूतकाल) की क्रियाओं में बदल देते हैं.

(ii) किन्तु याद रखे कि क्रियाओं के Tenses में ये परिवर्तन तभी किये जाते हैं जब बाहर की क्रिया Past Tense में हो. यदि बाहर की क्रिया Present या Future Tense (वर्तमान या भविष्यत काल) में हो तो अन्दर की क्रियाओं के Tense में कोई परिवर्तन नहीं करते.

(iii) यह भी याद रखे कि बाहर की क्रिया के Tense में कोई परिवर्तन नहीं करते, किन्तु 'said' के स्थान पर भाव के अनुसार told, asked, enquired, observed आदि का प्रयोग करते हैं.

(4) कुछ अन्य परिवर्तन-

Inverted Commas के अंदर प्रयुक्त this, these, here, now, ago, today, tomorrow, yesterday क्रमशः that, those, there, then before, that day, the next day, the previous day में बदल देते हैं.

Direct Narration	Indirect Narration
1. He said, "I am a poor man." उसने कहा मैं एक गरीब आदमी हूँ	He told that he was a poor man. उसने कहा कि वह एक गरीब आदमी था
2. He said to the beggar, "You have fever." उसने भिखारी से कहा तुम्हें बुखार है	He told the beggar that he had fever. उसने भिखारी से कहा कि उसे बुखार था
3. I said to you, "You are a good boy." मैंने तुमसे कहा तुम एक अच्छे लड़के हो	I told you that you were a good boy. मैंने तुमसे कहा कि तुम एक अच्छे लड़के थे
4. He said to me, "You are so dear to me." उसने मुझसे कहा तुम मेरे इतने प्रिय हो	He told me that I was so dear to him. उसने मुझसे कहा कि मैं उसका इतना प्रिय था
5. The teacher said to the students, "Take out your books." अध्यापक ने विद्यार्थियों से कहा अपनी किताबें निकालो	The teacher asked the students to take out their books. अध्यापक ने विद्यार्थियों से अपनी किताबें निकालने के लिये कहा
6. The Manager said to the peon, "Bring a glass of water." मैनेजर ने चपरासी से कहा एक गिलास पानी लाओ	The Manager asked the peon to bring a glass of water. मैनेजर ने चपरासी से एक गिलास पानी लाने के लिये कहा
7. He said to me, "What is your name ?, उसने मुझसे कहा तुम्हारा क्या नाम है	He asked me what my name was. उसने मुझसे पूछा मेरा नाम क्या था
8. You said to him, "Where are you going?" तुमने उससे कहा तुम कहाँ जा रहे हो	You asked him where he was going. तुमने उससे पूछा कि वह कहाँ जा रहा था
9. I said to my friend, "What is the time?" मैंने अपने मित्र से कहा क्या समय हुआ है	I asked my friend what the time was. मैंने अपने मित्र से पूछा कि क्या समय हुआ था
10. Ram said to me, "Did you go to College yesterday ?, राम ने मुझसे कहा क्या तुम कल कॉलेज गये थे	Ram asked me whether I went to college the previous day. राम ने मुझसे पूछा कि क्या मैं पिछले दिन कॉलेज गया था
11. I said to you, "Do you know swimming?" मैंने तुमसे कहा क्या तुम तैरना जानते हो	I asked you whether you knew swimming. मैंने तुमसे पूछा कि क्या तुम तैरना जानते थे

12. Ram said to him, "Have you done your home&work ? राम ने उससे कहा क्या तुमने अपना होम वर्क कर लिया है	Ram asked him whether he had done his home work. राम ने उससे पूछा कि क्या उसने अपना होम वर्क कर लिया था
13. I said to my friend, "Has the peon rung the bell ?" मैंने अपने मित्र से पूछा क्या चपरासी ने घंटा बजा दिया है	I asked my friend whether the peon had rung the bell. मैंने अपने मित्र से पूछा कि क्या चपरासी ने घंटा बजा दिया था
14. I said to my friend, "Will you meet me tomorrow ?, मैंने अपने मित्र से कहा क्या तुम मुझसे कल मिलोगे	I asked my friend whether he would meet me the next day. मैंने अपने मित्र से पूछा कि क्या वह मुझसे अगले दिन मिलेगा
15. He said, "The earth is round." उसने कहा पृथ्वी गोल है	He told that the earth is round. उसने कहा कि पृथ्वी गोल है

Note:
उपयुक्त अन्तिम उदाहरण से आप देखेंगे कि जिन वाक्यों में कोई शाश्वत सत्य कहा जाता है उनमें Indirect Narration में भी Present Tense को Past Tense में परिवर्तित नहीं करते हैं.

Now Test Yourself

Exercise

निम्नलिखित वाक्यों को Indirect Narration में बदलिये -

1. He said, "I have a small house."
2. You said, "I am not going to office today."
3. She said, "I was not feeling well yesterday."
4. I told you, "I am not willing to go."
5. They said, "We cannot live like this."
6. My father said, Work hard regularly."
7. The teacher said to me, "Why are you late?"
8. My mother said, "Bring some sweets from the market."
9. The boy said to me, "Please give me a rupee."
10. She bluntly said, "I am not your servant."
11. She said to me, "What is the time?"
12. I said to him, "Are you ready to go?"
13. My son said to me, "Am I allowed to play now ?"

14. He said to you, "Will you now go home?"
15. The teacher said to the student, "Have you written your essay?"

(3) Time-Showing Sentences (काल सूचक वाक्य)

काल सूचक (Time-Showing) - शब्द निम्नलिखित हैं-

in, within, at, on, before, after, from to, till, until, for, since, how long, yet, about, by, when, while.

इन सब शब्दों का प्रयोग समय का बोध कराने के लिये किया जाता है, किन्तु इनमें से प्रत्येक शब्द किसी विशेष परिस्थिति में किसी विशेष प्रकार के समय का बोध कराता है. इनका प्रयोग विस्तार से नीचे समझाया गया है-

In

(में' समय की अवधि के लिये, जैसे in two hours, in four days, in two months, in five years, etc. या महीना, साल के लिये, जैसे in April, in 1996) -

We shall reach there in two hours. हम वहाँ दो घंटे में पहुँच जायेंगे.

He comes here once in six months. वह यहाँ छ: महीनों में एक बार आता है.

He met me in 1995- वह मुझसे 1995 में मिला था.

('में' के अन्तर्गत दी हुई समयावधि के समाप्त होने से पहले, उसके अन्दर)

Within two months, within two hours.

I can finish this work within six months.

मैं इस कार्य को छः महीने में के अन्दर समाप्त कर सकता हूँ.

At

(किसी निश्चित घंटे या समय के लिये, जैसे, at 4 O'clock, at 6 in the evening, at noon, at Sunset, at midnight)

Please come at 4 p.m. कृपया शाम 4 बजे आए

The office opens at 10%30 a.m. कार्यालय सुबह 10 बजे खुलता हैं

He knocked my gate just at noon time. उसने ठीक दोपहर के समय मेरा दरवाजा खटखटाया

Please come at the given time. कृपया दिए गए समय पर आए

On

(दिये हुए दिन के लिये, जैसे– On Monday, on his birthday, on the New Year's Day.)

He met me on Monday. यह मुझसे सोमवार को मिला था.

I congratulated him on his birthday. मैंने उसको उसके जन्मदिन पर बधाई दी.

Before

(से पहले before Sunday, before January, before he comes, before sunset) –

The train cannot reach Delhi before 10 O'clock.

गाड़ी 10 बजे से पहले दिल्ली नहीं पहुँच सकती.

He will leave Delhi before January.

वह जनवरी से पहले दिल्ली छोड़ देगा.

I cannot finish my work before he comes.

मैं उसके आने से पहले अपना काम समाप्त नहीं कर सकता.

After

(के बाद -after January, after 4 O'clock, after Monday, after his departure, after his death.)

We shall shift to Delhi after January.

हम जनवरी के बाद दिल्ली चले जायेंगे.

The rain stopped after 5 p.m.

बारिश 5 बजे के बाद बन्द हुई.

He sold his house after his father's death.

उसने अपने पिताजी की मृत्यु के बाद अपना मकान बेच दिया.

From------- जब (से ... तक किसी दिए हुए दिन, तारीख समय से किसी निश्चित दिन, तारीख, समय तक)

He was absent from Monday to Friday.

वह सोमवार से शुक्रवार तक अनुपस्थित था.

You will have to work from 10 a.m. to 5 p.m.

आपको सुबह 10 बजे से शाम 5 बजे तक काम करना होगा.

Till

(तब तक, जब तक till January, till Monday, till he returns)

You can work here till January.

तुम यहाँ जनवरी तक काम कर सकते हो.

You wait for him till he returns.

तुम उसके आने तक उसका इन्तजार करो.

Until

(जब तक कि न until he permits, until the office closes)

You will have to wait until he permits you to go.

तुम्हें तब तक इन्तजार करना पड़ेगा जब तक कि वह तुम्हें जाने की आज्ञा न दे.

Remain here until the office closes.

यहीं रहो जब तक कि दफ़्तर बन्द न हो जाय.

Note : until' स्वयं Negative expression है, इसलिये इसके बाद 'not' प्रयोग नहीं करते. अतः until he does not permit you अथवा until the office does not close लिखना गलत है.

For

(तक, के लिये अनिश्चित समय / काल के लिये)

He worked here for six months.

उसने यहाँ छः माह तक काम किया.

He has not come here for a long time.

वह यहाँ बहुत समय से नहीं आया हैं..

Note: अनिश्चित समय वह कहलाता है जिसका प्रारम्भिक बिन्दु मालूम न हो.

Since

(से, समय का निश्चित प्रारम्भिक बिन्दु - since Monday, since January, since 1995)

He has not come here since Monday. वह यहाँ सोमवार से नहीं आया है.

They have been living in America since 1990. वे 1990 से अमरीका में रह रहे हैं.

How long

(कितने समय तक कब तक यह प्रश्नवाचक expression है)

How long are you staying here? — आप यहाँ कब तक ठहरे हैं.

How long will you wait? — तुम कब तक इन्तजार करोगे.

Yet

(अभी तक, अभी)

He has not yet come. — वह अभी तक नहीं आया है.

It is not yet 10 O'clock. — अभी दस नहीं बजे हैं.

About

(लगभग अनुमानित समय)

He came here about 10 days ago. — वह लगभग दस दिन पहले यहाँ आया था.

He worked continuously for about 10 hours. — उसने लगभग 10 घंटे तक बरार्बर काम किया.

By

(किसी समय की अवधि तक)

He will leave India by Monday. — वह सोमवार तक भारत छोड़ देगा.

I will finish my work by evening. — मैं शाम तक अपना काम समाप्त कर लूँगा.

When (जब कब)

When are you going to Calcutta ? — तुम कलकत्ता कब जा रहे हो?

I will go when my father returns. — मैं जाऊँगा जब मेरे पिताजी लौट आयेंगे.

While (जब तक)

You can rest while I work. — तुम आराम कर सकते हो जब तक मैं काम कर रहा हूँ.

She danced while he sang. — जब तक वह गाना गाता रहा, वह नाचती रही.

(5.4) Place-Showing Sentences (स्थान-सूचक वाक्य)

स्थान-सूचक शब्द निम्नलिखित हैं :

Where, there, whence, on, upon, off, at, in, into, to, by, beside, between, among, over, in front of, before, after.

आप देखेंगे कि कुछ शब्द Time -Showing तथा Place Showing दोनों ही होते हैं. उनका अर्थ उनके प्रयोग पर निर्भर होता है. इनका सही प्रयोग स्थान सूचक अर्थ में नीचे समझाया गया है :

Where (कहाँ, जहाँ)

Where do you live? — आप कहाँ रहते हैं ?

I know where he lives. — मैं जानता हूँ वह कहाँ रहता है.

I am going where you went last year. — मैं वहाँ जा रहा हूँ जहाँ तुम पिछली साल गए थे.

There (वहाँ)

I am going there today. — मैं वहाँ आज जा रहा हूँ.

Nobody is there. — वहाँ कोई नहीं है.

Whence कहाँ से

Whence does he come ? — वह कहाँ से आता है ?

On (पर स्थिर वस्तुओं के लिये)

Put the pen on the table. — कलम मेज पर रख दो.

There is a boy standing on the roof. — छत पर एक लड़का खड़ा है.

Upon (पर–गतिशील वस्तुओं के लिये)

He jumped upon the running horse. — वह दौड़ते हुए घोड़े पर कूद पड़ा.

Don't sit upon the roof of the running train. — चलती हुई गाड़ी की छत पर मत बैठो.

At (पर, में – छोटे कस्बों गाँवों आदि के लिये)

He lives at Fatehabad. — वह फतेहाबाद में रहता है.

He has a factory at Pali. — उसकी पाली में एक फैक्टरी है.

In (में बड़े शहरों, प्रदेशों या देशों के लिये या स्थिर वस्तुओं के लिये

I live in Bombay. — मैं बम्बई में रहता हूँ.

Qutb Minar is in Delhi. — कुतुबमीनार दिल्ली में है.

They live in America. — वे अमरीका में रहते हैं.

There is no boy in the room. — कमरे में कोई लड़का नहीं है.

Into (में गतिशील क्रिया के लिये) –

He jumped into the well. — वह कुएँ में कूद पड़ा.

The thieves broke into the house. — चोर घर में घुस गये.

Off (दूर)

He fell off the cycle. — वह साइकिल से दूर जा गिरा.

To (को)

I am going to Kanpur. — मैं कानपुर को जा रहा हूँ.

Go to your office and work there. — अपने दफ़्तर को जाओ और वहाँ काम करो.

He went to the playground for practice. — वह अभ्यास के लिये खेल के मैदान को गया.

By (के पास)

A tree stands by the road. — एक पेड़ सड़क के पास खड़ा है.

He passed by the station. — वह स्टेशन के पास से गुजरा.

Stand by my side. — मेरे बगल में खड़े हो .

Beside (के बगल में, पास में)

There is a mosque beside the temple. — मन्दिर के पास एक मस्जिद है.

Don't drive so fast beside the canal. — नहर के किनारे इतनी तेज गाड़ी मत चलाओ.

Between (बीच में, केवल दो के बीच के लिये)

There is a gallery between the two rooms. — दोनों कमरों के बीच में एक गैलरी है.

Mathura is between Agra and Delhi. — मथुरा आगरा और दिल्ली के बीच में है.

Five comes between four and six. — पाँच चार और छः के बीच में आता है.

Among (बहुतों के बीच में)

There is only one mango tree among so many neem trees.
बहुत से नीम के पेड़ों के बीच में केवल एक आम का पेड़ है.

Only one girl was dancing among so many boys.
बहुत से लड़कों के बीच में केवल एक लड़की नाच रही थी.

Over (के ऊपर, ऊँचाई पर)

Kites were flying over the houses. पतंगें मकानों के ऊपर उड़ रही थीं.

There is a bridge over the river. नदी के ऊपर एक पुल है.

Aeroplanes should not be allowed to fly over the cities.
हवाई जहाजों को शहरों के ऊपर उड़ने की अनुमति नहीं देनी चाहिये.

Before (आगे, सामने)

He stood before me. वह मेरे सामने खड़ा हो गया.

I was running before him. मैं उसके आगे दौड़ रहा था.

After कि बाद में पीछे

There is a school after my house. मेरे मकान के बाद एक स्कूल हैं.

Who was running after you? तुम्हारे पीछे कौन दौड़ रहा था.

In front of (सामने)

There is a picture&house in front of my house.
मेरे मकान के सामने एक सिनेमाघर हैं.

A lion stood in front of the hunter.
शिकारी के सामने एक शेर खड़ा था.

(5.4) Conditional Sentences (शर्तसूचक वाक्य)

शर्तसूचक शब्द ये हैं–
If, provided, on condition that, unless, until
इनके प्रयोग नीचे दिये जा रहे हैं :

If (यदि – यह सबसे अधिक प्रचलित Conditional शब्द है)

If you help me, I will pass.
यदि आप मेरी मदद करेंगे तो मैं पास हो जाऊँगा.

He will reach in time if he goes by taxi.
यदि वह टैक्सी से जाय तो समय पर पहुँच सकता है.

He will die if the doctor doesn't reach in time.
यदि डॉक्टर समय पर नहीं पहुँचा तो वह मर जायेगा.

He will drown if he doesn't know swimming.
यदि वह तैरना नहीं जानता है तो वह डूब जायेगा.

Provided (बशर्ते कि)

I can help him provided he applies in time.

मैं उसकी मदद कर सकता हूँ बशर्ते वह समय पर आवेदन करे.

I can forgive him provided he apologises.

यदि वह माफी माँगे तो मैं उसे क्षमा कर सकता हूँ.

I can work for you provided all facilities are given to me.

मैं आपके लिये काम कर सकता हूँ बशर्ते कि मुझे सब सुविधायें दी जायें.

On Condition that (इस शर्त पर कि)

I can go there on condition that the weather remains clear.

मैं वहाँ जा सकता हूँ इस शर्त पर कि मौसम साफ रहे.

The bank can advance loan on condition that you pledge your house.

बैंक कर्जा दे सकती है इस शर्त पर कि तुम अपना मकान गिरवी रखो.

Unless (जब तक कि न)

I can't sanction leave to you unless you submit a Medical Certificate.

मैं तुम्हारी छुट्टी मंजूर नहीं कर सकता जब तक कि तुम मेडिकल सर्टीफिकेट नहीं जमा करते.

He can't pass unless he works very hard.

वह पास नहीं हो सकता जब तक कि वह कड़ी मेहनत नहीं करता.

Until (जब तक कि – समय के अर्थ में)

Wait here until he comes.

यहाँ इन्तजार करो जब तक कि वह आ न जाये.

The train will not move until the guard gives signal.

गाड़ी तब तक नहीं चलेगी जब तक कि गार्ड संकेत न दे.

(5.5) Sentences with Correlative Words (पूरक शब्दों के साथ बनने वाले वाक्य)

कुछ Correlative words/ conjunctions कुछ निश्चित जोड़ों (Pairs) में ही प्रयोग किये जाते हैं. उनका प्रयोग निर्धारित Pairs में ही सही होता है. इनके मुख्य Pairs निम्नलिखित हैं. उन Pairs का पहला शब्द वाक्य के एक Clause में तथा दूसरा शब्द वाक्य के दूसरे Clause या भाग में प्रयोग किया जाता है. ऐसे मुख्य Pairs ये हैं-

Either	or
Neither	nor
Both	and
Though/Although	yet
Whether	or
Not only	but also
Lest	should
No sooner	than
Hardly/Scarcely	when
As	as

Either--- or (दो में से यह या वह)

You can have either milk or coffee. तुम या तो दूध ले सकते हो या कॉफी.

She would either sing or dance. वह या तो गाना गायेगी या नाचेगी.

Either you or your brother can go with me.

तुम या तुम्हारा भाई मेरे साथ जा सकता है.

They would either do or die. वे या तो काम करेंगे या मर जायेंगे.

Neither... nor

(दो में से न यह न वह यह Negative (नकारात्मक) expression है, इनमें अलग से कोई Negative word नहीं लगाया जाता)

Neither she nor her mother was there. वहाँ न तो वह न उसकी माँ मौजूद थी.

(उपयुक्त okD; esa 'nor her mother was not there' कहना गलत होगा.)

Neither a tree nor a bush was there. वहाँ पर न तो कोई पेड़ था न कोई झाड़ी.

Neither breakfast nor lunch was served there.

वहाँ पर न तो नाश्ता दिया गया था न दुपहर का खाना.

Both --- and (दोनों ही)

Both Ram and Mohan were present. राम तथा मोहन दोनों ही मौजूद थे.

Though / Although--- yet (यद्यपि ... तथापि, हालांकि... फिर भी)

Though he is very poor] yet he does not beg.

यद्यपि वह बहुत गरीब है, तथापि वह भीख नहीं माँगता.

Note : 'yet' को हटा कर केवल comma (,) लगाना भी सही है, लेकिन 'yet' के स्थान पर 'but' आदि कोई अन्य शब्द प्रयोग नहीं कर सकते.)

Whether....or (कि या) –

I do not know whether he will come or not. मैं नहीं जानता कि वह आयेगा या नहीं.

Not only --- but also (न केवल ... किन्तु)

He not only teased him but also beat him.

उसने न केवल उसे चिढ़ाया, किन्तु पीटा भी.

Lest --- should (कहीं ऐसा न हो .... . कि)

Work hard lest you should fail.

कड़ी मेहनत करो, कहीं ऐसा न हो कि तुम फेल हो जाओण

No sooner --- than (जैसे ही न... कि)

No sooner did he come out than he was arrested.

जैसे ही वह बाहर आया नहीं कि उसे गिरफ्तार कर लिया गया.

Note: No sooner' के बाद कोई Negative शब्द नहीं लिखा जाता. यह स्वयं Negative है.)

Hardly/Scarcely --- when (ही.... कि)

He hardly opened his eyes when someone knocked at the door.

उसने आँखें खोली ही थीं कि किसी ने दरवाजा खट खटाया.

He had hardly landed on the platform when he was heavily garlanded.

वह प्लेटफार्म पर उतरा ही था कि उसे फूल मालाओं से लाद दिया गया.

As--- as (जितना ... उतना, ज्योंही... त्योंही, जैसे ही... वैसे ही, जब तक .... तब तक, जहाँ तक वहाँ तकद्ध ेिण` के कई मगचतमेपवदे होते हैं जैसे:

as much as

as soon as

as long as

as far as

You can eat as much as you like.	तुम जितना चाहो उतना खा सकते हो.
He met me as soon as he came.	वह जैसे ही आया वैसे ही मुझसे मिला.
You can stay here as long as you like.	तुम यहाँ जब तक चाहो तब तक ठहर सकते हो.
I shall go with you as far as possible.	मैं तुम्हारे साथ जहाँ तक सम्भव होगा वहाँ तक जाऊँगा.

(5.6) Short Responses (संक्षिप्त उत्तर)

अँग्रेजी भाषा में वार्तालाप करते हुए प्रश्नों का संक्षिप्त उत्तर देने का बड़ा प्रचलन है. हिन्दी भाषा में यह प्रचलन कम है. ये संक्षिप्त उत्तर सक्षिप्त होते हुए भी अपने अर्थ में पूर्ण होते हैं. इनके प्रयोग से वार्तालाप में स्वाभाविकता (Naturalness) तथा व्यावहारिकता (Practicality) आ जाती है और इन संक्षिप्त उत्तरों का व्यवहार में लाना अच्छा भी लगता है. Grammar की दृष्टि से भी ये संक्षिप्त उत्तर सही होते हैं. विद्यार्थियों को इन संक्षिप्त उत्तरों को अच्छी तरह समझ लेना चाहिये और वार्तालाप में अधिकाधिक प्रयोग करना चाहिये.

(1)

Short Responses के सामान्य नियम ये हैं :

1. उत्तर के अनुसार Subject के स्थान पर Subject प्रयोग किया जाता है.
2. उत्तर में केवल Helping Verb प्रयोग करते हैं. मुख्य Verb को छोड़ देते हैं. मुख्य Verb का भाव Helping Verb में ही आ जाता है.
3. यदि Response Negative हो तो Helping Verb में मिलाते हुए 'not' का short form प्रयोग करते हैं. जैसे do + not को don't have + not को haven't लिखेगे.
4. Yes' या 'No' उत्तर के अनुसार पहले लगाते हैं Helping Verb के साथ 'not' मिलाकर Verb के Short Form इस प्रकार बनते हैं :

do + not = don't (डौन्ट)	is + not = isn't (इजन्ट)
does + not = doesn't (डजन्ट)	was + not = wasn't (वाजन्ट)
did + not = didn't (डिडन्ट)	were + not = weren't (वरन्ट)
has + not = hasn't (हैजन्ट)	I + am + not = I'm not (आइम नौट)
have + not = haven't (हैवन्ट)	are + not = aren't (आरन्ट)
had + not = hadn't (हैडन्ट)	would + not =wouldn't / won't (वुडन्ट / वोन्ट)
I + have + not = I've not (आई हैवन्ट)	could + not = couldn't (कुडन्ट)
will + not = won't (वोन्ट)	can + not = can't (कान्ट)
shall + not = shan't (शान्ट)	must + not = mustn't (मस्टन्ड)
	Ought + not = oughtn't (ऑटन्ट)

I + have	=	I've (आइ हैव)
I + will	=	I'll (आइ वील)
You + will	=	You'll (यू वील)
he + will	=	he'll (ही वील)
They + will	=	They "II (दे वील)
I/you/he/we + would	=	I'd/you'd/he'd/we'd (आइ हैड / यू हैड / ही हैड / वी वुड)
I + am	=	I'm (vkb e)
he + is	=	he's (gh t)

Examples

(A) Is, are, am, was, were के साथ

Q.	Is he your brother ? (इज ही योर ब्रदर ?)	क्या वह तुम्हारा भाई है ?
A.	Yes, he's.	हाँ, वह मेरा भाई है.
	No, he isn't.	नहीं, यह मेरा भाई नहीं है.
Q.	Are you hungry? (आर यू हॅंग्री ?)	क्या तुम भूखे हो ?
A. Yes, I'm.		हाँ, मैं भूखा हूँ.
	No. I'm not.	नहीं, मैं भूखा नहीं हूँ.
Q.	Am I wrong? (ऐम आइ रॉन्ग ?)	क्या मैं गलत हूँ ?
A.	Yes, you're.	हाँ, तुम गलत हो.
	No, you aren't.	नहीं, तुम गलत नहीं हो.
Q.	Was he here yesterday ? (वाज ही हियर यसटर्डे ?)	क्या वह कल यहाँ था ?
A.	Yes, he was.	हाँ, वह यहाँ था.
	No, he wasn't.	नहीं, वह यहाँ नहीं था.
Q.	Were they going ? (वर दे गोइन्ग ?)	क्या वे जा रहे थे ?
A.	Yes, they were.	हाँ, वे जा रहे थे.
	No, they weren't.	नहीं, वे नहीं जा रहे थे.

(B) Do/ does/ did के साथ

Q.	Do you know him? (डू यू नो हिम ?)	क्या तुम उसे जानते हो ?
A.	Yes, I do.	हाँ, मैं जानता हूँ.

	No, I don't.	नहीं, मैं नहीं जानता.
Q.	Do you know English ? (डू यू नो इंगलिश ?)	क्या तुम अँग्रेजी जानते हो ?
A.	Yes, I do.	हाँ, मैं जानता हूँ.
	No, I don't.	नहीं, मैं नहीं जानता.
Q.	Do you love him ? (यू लव हिम ?)	क्या तुम उसे प्यार करते हो ?
A.	Yes, I do.	हाँ, मैं उसे प्यार करता हूँ.
	No, I don't.	नहीं, मैं उसे प्यार नहीं करता.
Q.	Does he work here ? (डज ही वर्क हीयर ?)	क्या वह यहाँ काम करता है ?
A.	Yes, he does.	हाँ वह करता है.
	No, he doesn't.	नहीं, वह नहीं करता.
Q.	Does he quarrel with you ? (डज ही क्वारेल विद यू ?)	क्या वह तुमसे झगड़ता है ?
A.	Yes, he does.	हाँ, वह झगड़ता है.
	No, he doesn't.	नहीं, वह नहीं झगड़ता.
Q.	Did you go there? (डिड यू गो देयर ?)	क्या तुम वहाँ गये थे ?
A.	Yes, I did.	हाँ, मैं गया था.
	No, I didn't.	नहीं, मैं नहीं गया था.
Q.	Did you meet him ? (डिड यू मीट हिम ?)	क्या तुम उससे मिले ?
A.	Yes, I did.	हाँ, मैं मिला था.
	No, I didn't.	नहीं, मैं नहीं मिला.

(C) Have/ has/ had के साथ

Q.	Have you done your work? (हैव यू डन पोर वर्क ?)	क्या तुमने अपना कार्य समाप्त कर लिया है ?
A.	Yes, I have.	हाँ, मैंने अपना कार्य समाप्त कर लिया है.
	No, I haven't.	नहीं, मैंने अपना कार्य समाप्त नहीं कर लिया है.
Q.	Have we forgiven him ? (हैव वी फॉरगियन हिम ?)	क्या हमने उसे माफ कर दिया है ?
A.	Yes, we have.	हाँ, हमने माफ कर दिया है.
	No, we haven't.	नहीं, हमने माफ नहीं किया है.

Q.	Has he insulted you ? (हैज ही इन्सल्टड यू ?)	क्या उसने तुम्हारी तौहीन की है ?
A.	Yes, he has.	हॉ. उसने की है.
	No, he hasn't.	नहीं, उसने नहीं की है.
Q.	Had he already gone? (हैड ही आलरेडी गॉन ?)	क्या वह पहले ही जा चुका था ?
A.	Yes, he had.	हाँ, वह चला गया था.
	No, he hadn't.	नहीं, वह नहीं गया था.

(D) Will/ can/ could/ should/ must

Q.	Will he now go ? (विल ही नाउ गो ?)	क्या वह अब जायेगा ?
A.	Yes, he will.	हाँ, वह अब जायेगा.
	No, he won't.	नहीं, वह नहीं जायेगा.
Q.	Can you help me ? (कैन यू हेल्प मी ?)	क्या तुम उसकी मदद कर सकते हो ?
A.	Yes, I can.	हाँ, कर सकता हूँ.
	No, I can't.	नहीं, मैं नहीं कर सकता.
Q.	Could you reach in time ? (कुड यू रीच इन टाइम ?)	क्या तुम समय पर पहुँच सके ?
A.	Yes, we could.	हाँ, हम पहुँच सके.
	No, we couldn't.	नहीं, हम नहीं पहुँच सके.
Q.	Should we help him ? (शुड वी हैल्प हिम ?)	क्या हमें उसकी मदद करनी चाहिये ?
A.	Yes, we should.	हाँ, करनी चाहिये.
	No, we shouldn't.	नहीं, हमें नहीं करनी चाहिये.
Q.	Must I make the payment ? (मस्ट आइ मेक द पेमेन्ट ?)	क्या मुझे भुगतान कर देना चाहिये.
A.	Yes, you must.	हाँ, कर देना चाहिये.
	No, you mustn't.	नहीं, भुगतान नहीं करना चाहिये.

(2)

यह आवश्यक नहीं कि Short Response केवल प्रश्नों के उत्तर में ही दिये जायें. कभी-कभी वार्तालाप में एक व्यक्ति अपनी कोई बात कहता है, और दूसरा व्यक्ति भी वैसी ही कोई बात कहना चाहता है, तो वह दूसरा व्यक्ति Short response में अपनी बात कह सकता है. उदाहरण के लिये यदि एक आदमी कहे : 'I can drive bus.' (मैं बस चला सकता हूँ) और दूसरा आदमी कहे कि मैं भी बस चला सकता हूँ, तो दूसरा आदमी अपनी बात को संक्षेप में इस प्रकार कह सकता है- 'So can I.'

इस संदर्भ में भी याद रखे कि ऐसे Responses में भी केवल Helping Verb से पूरा भाव प्रकट हो जाता है. यदि Response सकारात्मक (Affirmative) है, तो So do / did I / So can I / So could I/ So will I जैसे expressions से बनता है, और यदि नकारात्मक हो, तो Neither या Nor से बनाया जाता है.

Examples

(i) सकारात्मक (Affirmative)

A.	I go to office by bus. (आइ गो टु ऑफिस बाइ बस)	मैं बस से दफ़्तर जाता हूँ.
B.	So do I.	मैं भी बस से दफ़्तर जाता हूँ.
A.	I stayed in a hotel. (आइ स्टेड इन ए होटल)	मैं एक होटल में ठहरा.
B.	So did I.	मैं भी होटल में ठहरा.
A.	I can solve this problem. (आई कैन सोल्व दिस प्रोब्लम)	मैं इस प्रश्न को हल कर सकता हूँ.
B.	So can I.	मैं भी कर सकता हूँ.
A.	I could reach in time. (आइ कुड रीच इन टाइम)	मैं समय पर पहुँच गया.
B.	So could I.	मैं भी पहुँच गया.
A.	He will go in the morning. (ही विल गो इन द मॉर्निंग)	वह सवेरे जायेगा.
B.	So will I.	मैं भी सवेरे जाऊँगा.
A.	I have given up smoking. (आइ हैव गिवन अप स्मोकिंग)	मैंने सिगरेट पीना छोड़ दिया है.
B.	So have I.	मैंने भी छोड़ दिया है.
A.	I had left Calcutta last year. (आइ हैड लेफ्ट कैलकटा लास्ट ईयर)	मैंने कलकत्ता पिछली साल छोड़ दिया था.
B.	So had I.	मैंने भी छोड़ दिया था.

(ii) नकारात्मक (Negative)

A.	I don't go there every day. (आइ डोन्ट गो देअर एवरी डे)	मैं वहाँ प्रतिदिन नहीं जाता हूँ.
B.	Nor/Neither do I.	न मैं वहाँ प्रतिदिन जाता हूँ.
A.	I did not apply for the post. (आइ डिड नोट एप्लाई फॉर द पोस्ट)	मैंने उस पद के लिये आवेदन नहीं किया.
B.	Neither / Nor did I.	न मैंने किया.
A.	He cannot help him. (ही कैन्ट हेल्प हिम)	वह उसकी मदद नहीं कर सकता.
B.	Neither can I.	मैं भी नहीं कर सकता हूँ.
A.	He could not write the letter. (ही कुड नोट राइट द लेटर)	वह पत्रा नहीं लि£ सका.
B.	Nor could I.	न मैं लि£ सका.
A.	He has no friend here. (ही हैज़ नोड हीयर)	उसका यहाँ कोई मित्र नहीं है.
B.	Neither have I.	न मेरा है.
A.	He had committed no mistake. (ही हैड कमिटड नो मिस्टेक)	उसने कोई गलती नहीं की.
B.	Neither had she..	न उस महिला ने.
A.	He will not go. (ही विल नोट गो)	वह नहीं जायेगा.
B.	Neither will his son.	न उसका बेटा जायेगा.
A.	He will not miss the chance. (ही विल नोट मिस द चान्स)	वह यह मौका नहीं चूकेगा.
B.	Nor will I.	न मैं चूकूँगा.
A.	He is not to blame. (ही इज नॉट टु ब्लेम)	उसका दोष नहीं है.
B.	Neither am I.	न मेरा है.
A.	He was not honest. (ही वाज नोट आनेस्ट)	वह ईमानदार नहीं था.
B.	Nor was his father.	न उसका पिता ईमानदार था.
A.	You were not responsible. (यू वर नोट रैसपोन्सिविल)	तुम जिम्मेदार नहीं थे,
B.	Neither was I.	न मैं ही जिम्मेदार था.
A.	He must not smoke. (डी मस्ट नोट स्मोक)	उसे सिगरेट नहीं पीनी चाहिये.
B.	Neither must you.	न तुम्हें सिगरेट पीनी चाहिये.

(5.7) Introductory Words (कुछ प्रारम्भिक शब्द)

बातचीत करते समय अधिकतर पहला वाक्य बोलने में कुछ हिचक होती है कि किस प्रकार शुरू किया जाय दूसरी ओर जिस व्यक्ति से बात करनी होती है, उसका ध्यान आकर्षित करने के लिये भी कुछ शब्द बोलना आवश्यक हो जाता है. ऐसे शब्दों को प्रारम्भिक शब्द (Introductory words) कहते हैं. इन शब्दों का अर्थ कुछ नहीं होता, न बातचीत से उनका कोई सम्बन्ध होता है, किन्तु बातचीत शुरू करते समय, या बीच में कहीं भी जरा हिचक हो, या उपयुक्त शब्द न मिल रहा हो तो क्षण भर को रुकना पड़ सकता है. ऐसे क्षणों को भरने के लिये ऐसे शब्दों की आवश्यकता होती है.

ये शब्द हैं :

Well	Look here	Right then	Yes
Well now	Well then	Now look	Oh !
Now	Look	All right then	Now then
Right	All right	Any way	Then
O.K.	O. K. then		

Examples

Harry	(Well) When did you come, Tom ?
Tom	I came yesterday.
Harry	The journey was comfortable, I believe.
Tom	(Look here) The train was very late and highly crowded.
Harry	(Any way) But you reached in time.
Tom	(Well) Somehow !
Harry	(O.K. then) We are meeting tomorrow.
Tom	(Right) I will try my best.
Harry	O.K.

(9) Punctuation Marks (विराम चिन्ह)

किसी भी भाषा में Punctuations (विराम चिन्ह) का बहुत महत्व होता है. इनके प्रयोग से लेखक का सही अर्थ या भाव प्रकट होता है. इनका प्रयोग न करने अथवा गलत प्रयोग करने से सही अर्थ समझने में भ्रम हो सकता है, और कभी-कभी विरोधी अर्थ भी निकल सकता है. इसलिये इनके सही प्रयोग को समझना अति आवश्यक है. इनके सही प्रयोग के बिना सही अँग्रेजी लिखना अथवा समझना सम्भव नहीं है.

अंग्रेजी में मुख्य विराम चिन्ह निम्नलिखित हैं :

(1) Full Stop/ फुल स्टॉप (.)

यह पूर्ण विराम चिन्ह है. इसका प्रयोग प्रत्येक पूरे Assertive अथवा Imperative वाक्य के अन्त में किया जाता है. याद रखें कि Interrogative (प्रश्नवाचक) अथवा Exclamatory (विस्मयबोधक) वाक्यों के बाद Full Stop नहीं लगाते. Abbreviations के प्रत्येक अक्षर के बाद तथा नाम के Initials के प्रत्येक अक्षर के बाद भी Full Stop लगाया जाता है. जैसे-

He is going home. You can also go.

M.L.A. M.P. M.K. Gandhi.

(2) Mark of Interrogation / मार्क ऑफ इन्टेरोगेशन (?)

यह प्रश्नवाचक चिन्ह है. यह प्रत्येक प्रश्नवाचक वाक्य के अन्त में लगाया जाता है. जैसे

What are you doing?

Is he your brother?

(3) Mark of Exclamation / मार्क ऑफ एक्सक्लेमेशन (!)

यह विस्मय बोधक चिन्ह है. यह प्रत्येक विस्मय बोधक वाक्य अथवा शब्द के बाद लगाया जाता है. जैसे :

What a fearful scene it was!

Alas! He is dead.

(4) Comma/कोमा (,)

यह सबसे छोटा विराम चिन्ह है. यह सबसे अधिक प्रयोग में आता है. जैसे :

(i) एक ही Parts of speech वाले कई शब्दों को अलग-अलग करने के लिये.

Bring me a pen, a pencil, a rubber, and cutter.

(ii) एक ही सीरीज में आये हुए कई जोड़ों को अलग-अलग करने के लिये. The poor and rich high and low proud and humble all come here.

(iii) दो या दो से अधिक साथ-साथ आने वाले Adjectives, Adverbs या Adverbial phrases को अलग-अलग करने लिये.

She is a good, beautiful smart and cultured girl. Then, after waiting for an hour, he left the office.

(iv) किसी compound sentence में प्रयुक्त छोटे-छोटे Co-ordinate clauses को अलग-अलग करने के लिये.

The morning was cool, the breeze was gentle, the hills all round were green.

(v) सम्बोधन वाले नाम को अलग करने के लिये,

Ram, come here. Where are you going, my friend?

(vi) वाक्य के आरम्भ में Yes या No को अलग करने के लिये.

No. I shall not go.

Yes, I can do it.

(vii) वाक्य के बीच में प्रयुक्त किसी Adverb को आगे और पीछे दोनों ओर से अलग करने के लिये.

I am therefore not responsible for it.

He is after all my friend.

(viii) Direct Narration में Inverted commas लगाने से पहले.

He said, "I am your friend."

(ix) दिन, तारीख और साल को अलग-अलग करने के लिये.

Monday, 20th July.

March 15, 1996.

(x) किसी के नाम और उसकी Degree या title के बीच भी Comma लगाया जाता है.

A. K. Jain, M. A. Ph. D. D. Litt, B.K. Nehru, the Chairman of the Company.

(5) Semicolon/सेमीकोलन (;)

यह अर्धविराम का चिन्ह है. यह compound sentence के उन co-ordinate clauses को अलग-अलग करने के लिये प्रयोग किया जाता है जो अपने आप में पूर्ण sentences बनने के योग्य हों.

He came. he saw. he conquered

E.S.C. 119

(6) Apostrophe/ एपोस्ट्रोफी (')

यह Comma जैसा होता है, किन्तु यह किसी शब्द के अन्त में ऊपर की ओर लगाया जाता है. इसके बाद 's लगा कर या कभी-कभी बिना s के ही Possessive Sentence बनता है सम्बन्धसूचक बनता है.

Ram's house. Father's property.

Girl's hostel.

कभी-कभी किसी शब्द को छोटा करने के लिये कुछ letters को निकाल दिया जाता है. उन निकाले गये letters की खाली जगह पर भी यह चिन्ह लगाया जाता है.

I'm (I am); he's (he is); they're (they are);

they'd (they would); ne'er (never)

(7) Hyphen/हाइपफन (-)

छोटे dash को Hyphen कहते हैं. यह compound शब्द बनाने के लिये प्रयोग किया जाता है. पंक्ति के अन्त में यदि किसी शब्द की spelling का आधा ही भाग लिखा जाय तो उसके बाद Hyphen लगाकर शब्द की spelling का दूसरा भाग अगली पंक्ति के आरम्भ में लिखा जाता है. जैसे -

Father-in-law, Officer-in-charge.

He was also permitted to go home.

(8) Inverted Commas / इनवर्टड कोमाज (".......")

इनको Quotation Marks (क्वोटेशन मार्क्स) भी कहते हैं. ये Direct Narration में वक्ता के वास्तविक कथन को या किसी Quotation को इंगित करने के लिये उस कथन या Quotation के दोनों ओर शुरू और अन्त में लगाये जाते हैं.. याद रखे कि यदि शुरू में ये Inverted commas लगाये जायें तो अन्त में उन्हें बन्द भी अवश्य करना चाहिये. जैसे :

He said, "You are my very dear friend,"

"Child is father of the man."

(9) Colon / कोलन (या :-)

Colon डैश के साथ या बिना डैश के भी प्रयोग किया जाता है. यह किसी Quotation लिखने से पहले या किसी List बनाने से पडले प्रयोग किया जाता है. जैसे: Bacon says: "Reading makes a full man, writing an exact man, speaking a ready man."

Kindly supply the following articles: Chairs. Tables, Book&shelves, desks, and benches.

(5.9) Rules of Spellings (स्पेलिंग्स के नियम)

अँग्रेजी भाषा में सही spellings लिखना एक कठिन कार्य है. विशेष कठिनाई उस समय आती है जब एक शब्द से दूसरा शब्द बनाने के लिये उस शब्द के आगे या पीछे कुछ अक्षर जोड़ने पड़ते हैं. किसी शब्द के आगे-ing. d या ed अथवा उसके पहले un, in, im जोड़ना पड़ सकता है. इन अक्षरों के जोड़ने से Verb के भिन्न-भिन्न रूप बनते हैं, या उन शब्दों के विरोधभाषी शब्द (Antonyms) बनाये जाते हैं. एक दूसरी कठिनाई उस समय पैदा होती है जब यह सोचना पड़ता है कि किसी शब्द में ie या ei, an या on, ea या ia लगाना चाहिये, ऐसी और भी अनेक कठिनाइयाँ आती हैं. इनके सही प्रयोग करने के कुछ नियम हैं, यद्यपि उन नियमों के बहुत से अपवाद भी होते हैं. सही spellings लिखने के मुख्य मुख्य नियम ये हैं:

Rule 1-

जिन क्रिया शब्दों के अन्त में एक Vowel (स्वर) तथा उसके बाद एक consonant (व्यंजन) आता है, उनमें यदि -ing या-ed जोड़ना हो तो उस शब्द के अन्तिम consonant को double कर देते हैं. जैसे-

Run	Running	Beg	Begged
Sit	Sitting	Plot	Plotted
Put	Putting	Begin	Beginning

Rule 2.

जिन शब्दों के अन्त में/आता है उनके अन्त में कोई Suffix जोड़ना हो तो उस अन्तिम स को double कर देते हैं. जैसे-

Control – Controlled, Controller

Travel – Traveller, Travelled

Quarrel – Quarrelled, Quarrelling

Rule 3.

जिन शब्दों के अन्त में silent e (अनुच्चारित e) आता है, उनमें यदि 'ing' जोडना हो तो silent e को हटा देते हैं. जैसे-

Hope Hoping

Move Moving

Drive Driving

Live Living

Like Liking

Rule 4.

जिन शब्दों के अन्त में ce या ge आता है, उनमें a. o. u से शुरू होने वाला कोई Suffix जोड़ना हो तो अन्तिम ९ को नहीं हटाते. जैसे-

Courage Courageous

Replace Replaceable

Change Changeable

Rule 5.

जिन शब्दों के अन्त में y आता है और y से पहले कोई consonant, उनमें '-ing' के अलावा कोई भी दूसरा Suffix जोडने पर y को हटा कर उसके स्थान पर 1 कर देते हैं, और तब Suffix जोड़ते हैं. जैसे-

Happy Happily

Mercy Merciful

Beauty Beautiful

Duty Dutiful

Note 1 किन्तु यदि '-ing' जोडना हो तो y को नहीं हटाते. जैसे-

Marry – Marrying Carry – Carrying

Note 2 किन्तु अन्तिम y से पहले कोई Vowel आया हो तो भी y को नहीं हटाते. जैसे-

Pray – Prayed, praying Play – Played playing

Rule 6-

जब किसी शब्द के अन्त में ie आता है तो उसमें suffixing जोड़ने के लिये ie के स्थान पर y कर देते हैं, और उसके बाद -ing लगाते हैं. जैसे-

lie	–	lying	tie	–	tying
die	–	dying			

Rule 7.

जिन शब्दों के अन्त में II (doulbe II) आता है, उनमें यदि full जोडना हो, तो मुख्य शब्द तथा full दोनों में से एक-एक निकाल देते हैं.

Skill + Full = skilful   Will + Full = wilful

Rule 8.

यदि किसी शब्द की spelling में यह भ्रम हो कि ie याei में से कौन सा लगेगा, तो याद रखे कि केवल c के बाद ei लगता है, और बाकी सबके साथ ie. जैसे- Receive, conceive, deceive, perceive. Thief, belief, relief.

Note: किन्तु ये शब्द सही हैं-

Neither, either, their, height- Efficient, ancient sufficient,

Now Test Yourself

Exercise

(a) निम्नलिखित में ei अथवा ie भरिये :

Rel--f perc---ve, rec---pt gr---ve, n---gh, br---f. suffic---nt pr---st bel---f ach-ve, y---Id.

(b) निम्नलिखित में & full जोड़िये :

Duty, beauty, skill, change, care, grace, will fill,

(c) निम्नलिखित में -ing या-ed जोड़िये :

Put get, give, hit, move, cry, commit prove, remove, run, sit dig, ride, fly, try, cry.

06 PRACTICE SPEAKING IN ENGLISH (अंग्रेजी में बोलने का अभ्यास)

6.1 Introduction (परिचय)

कुछ विशेष अवसरों जैसे विवाहोत्सव, जन्मोत्सव, त्यौहारों, विजय-पराजय, दुःख-सुख, बीमारी, यात्रा आदि के अवसरों पर कुछ पारम्परिक या समयानुसार कुछ वाक्य बोले जाते हैं. ये वाक्य छोटे-छोटे, किन्तु अत्यन्त महत्वपूर्ण होते हैं। ऐसे वाक्यों को अंग्रेजी में बोलना आगे चलकर अंग्रेजी में वार्तालाप करने की पहली सीढ़ी है. इसलिये हम इस अध्याय में भिन्न-भिन्न अवसरों या परिस्थितियों में ऐसे वाक्य बोलना सिखा रहे हैं।

6.2 Talk to Yourself (अपने बारे मे बात करे)

सबसे पहले खुद के बारे मे आप क्या जानते है या क्या सोचते है यह स्वयं को बताये खुद से बात करे निचे लिखे मुखय बिदुओ पर प्रकाश डाले और एकांत मे निम्मलिखित बिदुओ पर प्रायस करे

Tall to yourself
Tell about something you love ?
Tell about something you hate?
Tell about someth ing you really care about ?
Tell about someone you dislike ?
Tell about a dream you have had ?
Tell about a dream you have had?
Tell about a goal you have ?
Tell about yourself?
Tell about your childhood ?
Tell about your faily?
Tell about your parents
Tell about your boyfriend
Tell about girlfriend?
Tell about Your pet?
Tell about something you belive in?
Tell about a place you've visited ?
Tell about an accident you've seen?
Tell about a time when you were happy?
Tell about a time when you were frightened?
Tell about your favourite pastime ?
Tell about rainy days ?
Tell about something beautiful?
Tell about something pleasant?

6.3 Conversation in our Daily life (हमारे दैनिक जीवन मे वार्तालाप)

(1) Awaking in the morning (प्रातःकाल सोकर उठने पर)

1. Kindly wake me up at 4 O' clock. — कृपया मुझे चार बजे जगा देना।
   काइन्डली वेक मी अप एट फोर ओ क्लॉक
2. Please let me have a cup of tea. — कृपया मुझे एक प्याला चाय दीजिये।
   प्लीज लेट मी हैव ए कप ऑफ टी
3. I must take a bath now. — अब मुझे नहाना चाहिये।
   आइ मस्ट टेक ए वाथ नाउ
4. I must dress up at once. — मुझे तुरन्त कपड़े पहनने चाहिये।
   आइ मस्ट ड्रैस अप ऐट वन्स
5. How's the morning? — प्रातःकाल कैसा है?
   हाउश श द मॉर्निंग
6. The morning is very fine. — प्रातःकाल बहुत सुहावना है।
   द मॉर्निंग इज वैरी फाइन
7. The morning is very sultry. — प्रातः काल बड़ा उमस भरा है।
   द मॉर्निंग इज वैरी सल्ट्री
8. I'm sorry I'm late in getting up. — मुझे अफसोस है मुझे उठने में देर हो गई।
   आइ एम सॉरी आइ एम लेट इन गेटिंग अप
9. I must go on a morning walk. — मुझे प्रातःकाल घूमने अवश्य जाना है।
   आइ मस्ट गो ऑन ए मॉर्निंग वाक
10. I've to catch the morning train. — मुझे सुबह की गाड़ी पकड़नी है।
    आइहैव टु कैच द मॉर्निंग ट्रेन

(2) Office-Going time (कार्यालय जाने के समय)

1. I'm getting late for office. — मुझे ऑफिस को देर हो रही है।
   आइ'म गैटिंग लेट फॉर ऑफिस
2. Mother let me have breakfast at once. — माँ, मुझे नाश्ता तुरन्त दो।
   मदर, लैट भी हैव ब्रेकफास्ट एट वन्स
3. What will you have for breakfast. — नाश्ते में तुम क्या लोगे?
   व्हाट विल यू हैव फॉर ब्रेकफ़ास्ट
4. The office timings from today are from 7 a.m. to 2 p.m. — कार्यालय जाने का समय आज से प्रातः 7 बजे से दोपहर 2 बजे तक का है।
   द ऑफिस टाइमिन्स फ्रॉम टुडे आर फ्रॉम सैविन ए. एम. टू पी. एम.
5. Anything that you can prepare within ten minutes. — कुछ भी जो आप दस मिनिट में बना सकें।
   एनीथिंग दैट यू कैन प्रीपेयर विदिन टैन मिनिट्स
6. My God, there is no petrol in my scooter. — हे भगवान, मेरे स्कूटर में पेट्रोल नहीं है।
   माइ गॉड, देयर इज नो पेट्रोल इन माइ स्कूटर

7. Now I shall have to go by bus. — अब मुझे बस से जाना पड़ेगा।
   नाउ आइ शैल हैव टु गो बाइ बस
8. I am not finding my socks. — मुझे मेरे मोजे नहीं मिल रहे हैं।
   आइ एम नॉट फाइन्डिंग माइ सौक्स
9. Where are my specs. — मेरा चश्मा कहाँ है?
   व्हेयर आर माइ स्पैक्स ?
10. I shall have my lunch when I come back from office. — मैं ऑफिस से लौटने के बाद खाना खाऊँगा।
    आइ शैल हैव माइ लंच वेन आइ कम बैंक फ्रॉम ऑफिस

(3) Sentences relating to meals (भोजन से संबंधित वाक्य)

1. I have my breakfast at 8 a.m. — मै नाश्ता सुबह आठ बजे लेता हूँ।
   आइ हैव माइ ब्रेकफास्ट ऐट एट ए.एम.
2. I take a glass of milk, two slices of bread and a little porridge for my breakfast. — मैं अपने नाश्ते में एक ग्लास दूध, डबलरोटी के दो पीस और थोड़ा सा दलिया लेता हूँ।
   आइ टेक अ ग्लास ऑफ मिल्क, टू स्लाइसज ऑफ ब्रेड एण्ड ए लिटिल पॉरिज फॉर माइ ब्रेकफास्ट
3. I don't take sugar in my tea because I'm diabetic. — मैं चाय में चीनी नहीं लेता, क्योंकि मुझे शुगर की बीमारी है।
   आइ डोन्ट टेक शुगर इन माइ टी बिकॉज़ आइ'म डायबेटिक
4. I take plenty of green vegetables. — मैं हरी सब्जियाँ बहुत लेता हूँ।
   आइ टेक प्लेंटी ऑफ ग्रीन वैजीटेवल्स
5. I take my lunch at 2 p.m. and my dinner at 9 in the night. — मैं अपना दोपहर का खाना दो बजे और रात का खाना नौ बजे लेता हूँ।
   आइ टेक माइ लंच ऐट टू पी.एम. एण्ड माइ डिनर एट नाइन इन द नाइट
6. I avoid taking fatty and sharp spicy preparations. — मैं बहुत चिकनाई युक्त तथा तेज मसालेदार चीजें लेने से परहेज करता हूँ।
   आइ एवोइड टेकिंग फैटी एण्ड शार्प स्पाइसी प्रिपेरेशन्स
7. I am very fond of curd and milk preparations. — मुझे दही और दूध से बनी हुई चीजें बहुत पसंद हैं।
   आइ एम वैरी फौन्ड ऑफ कर्ड एण्ड मिल्क प्रिपेरेशन्स
8. I am in the habit of taking a short nap after lunch. — मुझे लंच के बाद थोड़ी देर सोने की आदत है।
   आइ एम इन द हैबिट ऑफ टेकिंग ए शौर्ट नैप आफ़्टर लंच
9. I go for a short walk after dinner everyday. — मैं शाम के खाने के बाद प्रतिदिन थोड़ा घूमने जाता हूँ।
   आइ गो फॉर ए शौर्ट वाक आफ़्टर डिनर ऐवरीडे
10. I take a glass of milk everyday before going to bed. — मैं सोने के लिये जाने से पहले प्रतिदिन एक गिलास दूध लेता हूँ।
    आइ टेक ए ग्लास ऑफ मिल्क एवरीडे बिफोर गोइंग टु बैड
11. Do you have some pickles. — क्या आपके पास कुछ अचार हैं?

डू यू हैव सम पिकल्स?

12. What sweet dishes do you have . — आपके पास कौन–कौनसी मीठी चीजें हैं?
 व्हाट स्वीट डिशज डू यू हैव?
13. Food has been served. — खाना परोस दिया गया है।
 फ़ूड हैज है बीन सर्वड
14. Pass me the salt, please. — कृपया, मेरी तरफ नमक खिसका दीजिये।
 पास मी द साल्ट, प्लीज
15. I'll dine out today. — मैं आज बाहर खाना खाऊँगा।
 आइल डाइन आउट टुडे
16. Please get me a pinch of salt. — कृपया, मुझे एक चुटकीभर नमक दीजिये।
 प्लीज गैट मी ए पिन्च आफ साल्ट
17. Please have your dinner with me. — कृपया, आज रात का खाना मेरे साथ खाइये।
 प्लीज हैव योर डिनर विद मी
18. Let me have a little more gravy. please. — कृपया, मुझे थोड़ी तरी दीजिये।
 लैट मी हैव ए लिटिल मोर ग्रेवी, प्लीज
19. Have you had your dinner. — क्या आप डिनर ले चुके हैं?
 हैव यू हैड योर डिनर?
20. I am vegetarian. — मैं शाकाहारी हूँ
 आइ एम वेजीटेरियन

(4) Time (समय)

1. Be punctual, I hate late comers. — समय का पाबंद रहो मै देर से आने वाले से घृणा करता हू।
 बी पन्क्चुअल आई हेट लेट कमर्स
2. I am short of time. — मैरे पास समय की कमी है।
 आइ एम शौर्ट ऑफ टाइम
3. Time is running out. — समय बीता जा रहा है।
 टाइम इज रनिंग आउट
4. Time is money; time is elastic. — समय बीता जा रहा है।
 टाइम इज मनी टाइम इज इलास्टिक
5. Time and tide wait for nobody. — समय और अवसर किसी का इंतजार नही करता।
 टाइम एण्ड टाइड वेट फॉर नोबडी
6. Please come in time; don't be late. — कृपया, समय पर आइये देर न करे।
 प्लीज कम इन टाइम डोन्ट बी लेट
7. He is always behind the times. — वह हमेशा समय से पीछे रहते है।
 ही इज आलवेज बिहाइन्ड द टाइम्स
8. He comes here from time to time. — वह समय समय पर यहाँ आता रहता है।

ही कम्स हीयर फॉम टाइम टु टाइम

9. I am staying in a hotel for the time being — मै थोड़े दिन के लिए एक हाटॅल मे ठहरा हुआ है ।
आइ एम स्टेइंग इन ए होटेल फॉर द टाइम बीइंग

10. He is a time server. — वह मतलबी हे ।
ही इज अ टाइम सर्वर

11. What's the time by your watch? — तुम्हारी घड़ी में कितने बजे हैं?
व्हाट्स द टाइम बाई योर वाच?

12. It's quarter past ten. — सवा दस बजे हैं।

13. It's half past tenA — साढ़े दस बजे हैं।
इट्स हाफ पास्ट टैन

14. It's quarter to ten. — पौने दस बजे हैं।
इट्स क्वार्टर टु टेन

15. It's twenty minutes to ten. — दस बजने मे 20 मीनट बाकी है ।
इट्स ट्वेंटी मिनिट्स टु टैन

(5) Inviting Guest (अतिथि को आमंत्रित करना)

1. Here is an invitation card for you. — यह आपके लिए निमंत्रण पत्र है ।
हियर इज ऐन इनविटेशन कार्ड फॉर यू

2. My parents have invited you to dinner this evening. — मेरे माता-पिता ने तुम्हें आज शाम खाने पर आमंत्रित किया है।
माइ पेरेन्ट्स हैव इनवाइटड यू टु डिनर दिस इवनिंग

3. You are cordially invited — आपके लिए हार्दिक आमंत्रण है।
यू आर कॉडयेली इनवाइट

4. You are invited to stay with us. — आप हमारे साथ ठहरने के लिये आमंत्रित है ।
यू आर इनवाइटड टु स्टे विद अस

5. I invite you to accompany us to the movie. — मै तुम्हे अपने साथ सिनेमा देखने के लिये आमंत्रित करता हु ।
आइ इनवाइट यू टु एकोम्पनी अस टु द मूवी

6. I have been invited to preside over the function. — मुझे समारोह की अध्यक्षता करने के लिए आमंत्रित किया गया है।
आइ हैव बीन इनवाइटड टु प्रिसाइड ओवर द फन्कशन

7. Have you been invited to deliver the Presidential address. — क्या आपको भाषण देने के लिए आमंत्रित किया गया है।
हैव यू बीन इनवाइटड टु डिलीवर द प्रेसीडेन्शियल एड्रेस?

8. I have not received any invitation to attend the marriage — मुझे विवाह मे सम्मिलित होने के लिये कोई निमन्त्रण नही है
आइ हैव नॉट रिसीव्ड ऐनी इनविटेशन टु अटेंड द मैरिज

9. Will you invite all your friends to the party? — क्या तुम अपने सब मित्रो को पार्टी मे सम्मिलित होने के लिये आमंत्रित करोगे?
विल यू इनवाइट ऑल योर फ्रेन्ड्स टु द पार्टी ?

10. If you don't invite him, he will feel it very much. यदि तुम उसे आमंत्रित नही करोगे तो उसे बहुत दुरुख होगा।
इफ यू डोन्ट इनवाइट हिम ही विल फील इट वैरी मच

(6) Acceptance or inability to accept the invitation (स्वीकृति अथवा अस्वीकृति)

1. I have received your wedding card. I have applied for leave. If I get leave, I'll certainly come.
आइ हैव रिसीव्ड योर वैडिंग कार्ड । आइ हैव एप्लाइड फॉर लीव। इफ आइ गैट लीवए आइ विल सरटेनली कम।
मुझे तुम्हारा शादी का कार्ड प्राप्त हो गया है। मैने अवकाश के लिये प्रार्थना.पत्र दे दिये है। यदि मुझे अवकाश मिल गया तो मै अवश्य आऊँगा।
2. I am sorry I could not attend your marriage party. because my mother was suddenly taken ill.
आइ एम सॉरी आइ कुड नॉट अटेंन्ड योर मैरिज पार्टी। बिकॉज़ माइ मदर वाज़ सडनली टेकन इल।
मुझे अफसोस है कि मै तुम्हारी शादी की पार्टी में सम्मलित नहीं हो सका क्योकि मेरी माँ अचानक बीमार पड़ गई थी A
3. I regret my inability to attend your marriage because I could not get leave due to general elections.
तुम्हारी शादी में शामिल होने की असमर्थता के लिए मुझे अफ़सोस है क्युकी चुनावो के कारण मुझे छुटटी नहीं मिल सकीA
4. Thanks for your invitation. I'll make it a point to attend your party.
थैंक्स फॉर योर इनविटेशन। आइ विल मेक इट पॉइन्ट टु अटेन्ड योर पार्टी ।
आपके निमंत्रण के लिए धन्यवाद मै अवश्य ही आपकी पार्टी में सम्मिलित रहूँगाA
5. I was so glad to receive your wedding card. I have come a day earlier to join your wedding.
आइ वाज़ सो ग्लैड टु रिसीव योर वैडिंग कार्ड । आइ हैव कम अ डे एअरलियर टु ज्वायन योर वैडिंग ।
तुम्हारा शादी का कार्ड पाकर मुझे बहुत खुशी हुई मै तुम्हारी शादी में सम्मलित होने के लिए एक दिन पहले ही आ गया हूँ A

7 Meeting and parting (भेट एवं विदा)

1. It's my pleasure. ये मेरे लिए खुशी की बात है ।
इट्स माइ प्लेजर ।
2. The pleasure is equally mine. मेरे लिए भी उतनी ही खुशी की बात है ।
द प्लेजर इज ईक्वली माइन ।
3. We are meeting after such a long time. हम बहुत दिनों बाद मिल रहे है ।
वी आर मीटिंग आफ़्टर सच अ लौन्ग टाइम ।
4. Yes, it's over a year now since we met last. हाँ आखिरी मुलाकात से एक साल से ऊपर हो चूका है ।
यस, इट्स ओवर अ ईयर नाउ सिन्स वी मैट लास्ट ।
5. I have heard a lot about you. आइ हैव हर्ड अ लौट एबाउट यू ।
मैने आपके बारे में बहुत कुछ सुना हैA
6. Glad to have met you ! आपसे मिल कर खुशी हुई।
ग्लैड टु हैव मैट यू
7. Well, I would now take leave of you / Please permit me to go.
वैल, आइ वुड नाउ टेक लीव ऑफ यू / प्लीज परमिट मी टु गो।
अच्छा मै अब आपसे विदा लूँगा/अब मुझे जाने दीजिए ।
8. Could you not stay for a day more. क्या आप एकदिन और नहीं ठहर सकेंगे ।
कुड यू नॉट स्टे फॉर ए डे मोर ?

9. No, please, I have to attend my office tomorrow. — कृपया नहीं मुझे कल अपने दफ्तर जाना है ।
नो, प्लीज, आइ हैव टु अटेंड माइ ऑफिस टुमारो।

10. O. K. See you again. — ठीक है फिर मिलेंगे ।
ओ. के. सी यू अगेन

11. Wish you a happy / pleasant / nice journey ! — आपकी यात्रा अच्छी/ सुखद हो ।
विश यू ए हैपी / प्लेजेन्ट / नाइस जर्नी !

12. God bless you ! — ईश्वर आप पर कृपा रखे ।
गौड ब्लैस यू!

13. Please convey my regards to your father. — कृपया पिताजी से मेरा नमस्कार कहिये ।
प्लीज कनवे माइ रेगार्डस टु योर फादर ।

14. Bye Bye/Goodbye. — नमस्कार /अलविदा ।
वाय, वाय / गुड-वाय

15. Please write to me as soon as you reach there. — कृपया वहाँ पहुँचते ही मुझे पत्र लिखना ।
प्लीश राइट टु मी ऐश सून ऐश यू रीच देयर।

(8) Thanks and Gratitude

1. Thanks / Thank you very much / I am so thankful to you.
थैन्क्स/थैन्क यू वैरी मच/आइ एम सो थैंकफुल टु यू ।
धन्यवाद/ आपको बहुत बहुत धन्यवाद /मै आपका बहुत आभारी हूँ।

2. I am so grateful to you. — मै आपके प्रति अत्यंत कृतज्ञ हूँ ।
आइ एम सो ग्रेटफुल टु यू ।

3. Thank you very much for helping me. — आपने मेरी मदद की उसके लिए बहुत बहुत धन्यवाद।
थैंक यू वैरी मच फॉर हैल्पिंग मी ।

4. I must thank you for your advice. — आइ मस्ट थैन्क यू फॉर योर एडवाइस।
आपकी सलाह के लिए मुझे अवश्य धन्यवाद देना चाहिए।

5. I am much obliged to you. — मै आपके प्रति बहुत आभारी हूँ ।
आइ एम मच ऑबलाइजड टु यू ।

6. Thanks for your New Year greetings. — नव वर्ष की बधाई के लिए धन्यवाद।
थैंक्स फॉर योर न्यू ईयर ग्रीटिंग्स।

7. Thanks for your present. — आपके उपहार के लिए धन्यवाद।
थैंक्स फॉर योर प्रेजेन्ट।

8. It's so kind of you. — आपकी बहुत कृपा है।
इट्स सो काइन्ड ऑफ यू।

9. It's all right / Doesn't matter / Let it go. — ठीक है/ कोई बात नहीं/ जाने भी दोA
इट्स ऑल राइट/डजन्ट मैटर/लैट इट गो।

10. Welcome, you are welcome. — आपका स्वागत है।
वैलकम, यू आर वैलकम।

11. It's my pleasure. ये मेरे लिये सुखद बात है।
इट्स माइ प्लेजर।

(9) Congratulations and Good Wishes (बधाई और शुभकामनाए)

1. I wish you a very happy and prosperous New Year.
आइ विश यू ए वैरी हैपी एण्ड प्रोसपरस न्यू ईयर ।
मै आपके लिए सुगंध और समृद्धिदायक नव-वर्ष की कामना करता हूँ ।
2. Wishing you a very happy Diwali. मंगलमय दिवाली की कामना करते है ।
विशिंग यू ए वैरी हैपी दिवाली ।
3. New Year Greetings. नव वर्ष का अभिवादन ।
न्यू ईयर ग्रीटिन्स ।
4. Happy/Merry Christmas. बड़ा दिन सुगध और मंगलमय हो ।
हैपी / मैरी क्रिसमस
5. Congratulations and Blessings on your Birthday. तुम्हारे जन्मदिन पर बधाई और आशीर्वाद ।
कॉन्ग्रेचुलेशन्स एण्ड ब्लैसिंग्स ऑन योर बर्थडे ।
6. Many many happy returns of the Day. ये शुभ दिन बार बार आये ।
मैनी–मैनी हैपी रिटर्न्स ऑफ द डे ।
7. Hearty felicitations on your Birthday. आपके जन्मदिन पर हार्दिक अभिनन्दन ।
हार्टी फैलिसीटेशन्स ऑन यौर बर्थडे ।
8. Wish you all the best. आपके सब मनोकामना पूर्ण हो ।
विश यू आल दा बेस्ट ।
9. Hearty congratulations on your wedding anniversary.
हार्टी कॉन्ग्रेचुलेशंस ऑन योर वेडिंग एनीवर्सरी।
शादी की वर्षगाठ पर हार्दिक बधाई।
10. May luck favour you! भाग्य आपका साथ दे।
मे लक फेवर यू!
12. May God be ever with you! मे गॉड बी ऐवर विद यू!
ईस्वर की आप पर सदा कृपा रहे।
13. May you have the best of both the worlds! आपका यह लोक और परलोक दोनों ही मंगलमय हो।
मे यू हैव द बैस्ट ऑफ बोथ द वर्ल्ड्स!
14. May the Newborn have long and healthy life! नवजात शिशु स्वस्थ और दीर्घायु हो।
मे द न्यूबौर्न हैव लॉन्ग एण्ड हैल्दी लाइफ!
15. Convey my greetings to the newly wedded couple.
कनवे माय ग्रीटिंग्स टु द न्यूली वेडड कपल।
नवविवाहित युगल को मेरा हार्दिक अभिनन्दन प्रेषित करे।
16. Best of luck. सर्वोत्त्म भाग्य साथ दे / शुभकामनाएं
बैस्ट ऑफ लक।

(10) Relating to Request (अनुरोध से संबंद्धित)

1. Come in, please. कृपया अन्दर आईये।
   कम इन, प्लीज।
2. Help me, please. कृपया मेरी सहायता कीजिए।
   हैल्प मी, प्लीज।
3 Please come and sit here. कृपया आइये और यहा बैठिये।
   प्लीज कम एण्ड सिट हीयर।
4. Let me also sit, please. कृपया मुझे भी बैठ जाने दीजिए।
   लैट मी आल्सो सिट प्लीज।
5. Could you do me a favour? क्या आप मेरा एक काम करेंगे
   कुड यू डू मी ए फेवर
6. Could you lend me your pen for a minute? क्या एक मिनिट के लिए अपना पेन देंगे?
   कुड यू लैन्ड मी योर पैन फॉर अ मिनिट?
7. Please repeat / Pardon / I beg your pardon. कृपया दुबारा कहिये।
   प्लीज रिपीट/पार्डन/आइ बैग योर पार्डन।
8. Could you, please, shift a little? क्या आप कृपा कर थोड़ा सा खिसक जायगेA
   कुड यू, प्लीज, शिफ्ट ए लिटिल?
9. Please forgive me. कृपा मुझे क्षमा करे ।
   प्लीज़ फौरगिव मी ।
10. All are requested to reach in time. सब से निवेदन है कि समय पर पहुँचेA
    ऑल आर रिक्वेस्टड टु रीच इन टाइम।

(11) Permission and Motivation (अनुमति एवं उत्साह)

1. Shall we now begin? क्या अब हम शुरू करें ।
   शैल वी नाउ बिगिन?
2. May I now go? क्या मै अब जा सकता हु ।
   मे आइ नाउ गो
3. May I also come along with you? क्या मै भी आपके साथ चल सकता हु ।
   मे आइ ऑलसो कम एलोंग विद यू
4. Yes, you may go now. हां अब तुम जा सकते हो ।
   यस, यू मे गौ नाउ।
5. Can I use your phone? क्या मै आपका फ़ोन यूज़ कर सकता हु ।
   कैन आइ यूज़ योर फोन?
6. May I come in, please. क्या मै अंदर आ सकता हु ।
   मे आई कम इन, प्लीज?

7. Can I disturb you a little? — क्या मै आपको थोड़ी तकलीफ दे सकता हु ।
कैन आइ डिस्टर्ब यू ए लिटिल?

8. Can I smoke here? — क्या मै यहा सिगरेट पी सकता हु ।
कैन आइ स्मोक हियर?

9. Of course, with pleasure. — हाँ हाँ खुशी से ।
ऑफ़ कोर्स विथ प्लेज़र ।

10. Do I have your permission to go? — क्या मुझे जाने की आज्ञा है।
डू आई हैव योर परमिशन टु गो?

11. Shall I switch on the fan? — क्या मै पंखा चला दू ?
शैल आइ स्विच आन द फैन?

12. Shall I help you? — क्या मै तुम्हारी मदद करू?
शैल आई हैल्प यू?

13. Have faith in God. — ईस्वर पर भरोसा रखो।
हैव फेथ इन गॉड।

14. Fortune favours the brave. — भाग्य बहादुर का साथ देता है।
फारचून फेवर्स द ब्रेव।

15. Be optimistic. — आशावादी बनो।
बी आप्टीमिसटिक।

16. Honest labour never goes waste. — ईमानदारी से किया हुआ परिश्रम कभी व्यर्थ नहीं होता।
आनेस्ट लेवर नैवर गोज वेस्ट।

17. Stop worrying. — चिंता करना छोड़ दो
स्टॉप वरीइंग।

18. Don't worry about me. — मेरी चिंता मत करो।
डोन्ट वरी एबाउट मी।

19. There is nothing to fear. — डरने की बात नहीं है।
देयर इज नथिंग टु फीयर।

20. Don't be scared. — डरो मत।
डोन्ट बी स्केअर्ड।

21. Don't hesitate. — हिचकिचाओ मत।
डोन्ट हैषीटेट

22. Be bold. — बहादुर बनो।
बी बोल्ड

23. It doesn't matter. — कोई हर्ज नहीं।
इट इजन्ट मैटर।

24. There's nothing to worry. — चिंता की कोई बात नहीं है।
देअर्स नथिंग टु वरी।

25. I'm not bothered about it. — मुझे उसकी परवाह नहीं।
आइ'म नॉट बौदर्ड एबाउट इट।

26. You are unnecessarily worrying. — आप फिजूल चिंता कर रहे है।
यू आर अननैसैसरीली वरीइंग।

27. I am proud of you. — मुझे तुम पर गर्व है।
आइ एम प्राउड ऑफ यू।

(13) Consolations (सांत्वना)

1. Our heartiest sympathies. — हमारी हार्दिक संवेदनाये ।
अवर हार्टियेस्ट सिम्पैथीष।

2. It's very sad indeed. — यह वास्तव में बड़े दुःख की बात है।
इट्स वैरी सैड इन्डीड ।

3. It's a pity. — यही अफ़सोस की बात है।
इट्स अ पिटी ।

4. It was God's will. — ईस्वर की ऐसी ही इच्छा थी।
इट वाज़ गौड्स विल ।

5. Who can fight against fate? — भाग्य से कौन लड़ सकता है।
हू कैन फाइट अगेन्स्ट फेट?

6. Have faith in God. All will be well in the end. — ईस्वर पर भरोसा रखो अंत में सब ठीक हो जायगा ।
हैव फेथ इन गॉड. आल विल बी वैल इन द एन्ड ।

7. Console him / comfort him. — उसे सांत्वना दो /उसे धैर्य दिलाओ ।
कन्सोल हिम / कम्पफर्ट हिम ।

8. That's the way of the world. — संसार का यही नियम है ।
दैट्स द वे ऑफ द वर्ल्ड ।

9. May God give you strength enough to bear this irreparable loss!
मे गॉड गिव यू स्ट्रैन्थ इनफ टु बियर दिस इरिपेयेरेविल लॉस!
ईस्वर आप को इस अपूर्णीय क्षति को सहन करने की शांति दे ।

10. Our heartfelt condolences. — हमारी हार्दिक शोक-सम्वेदनाये ।
अवर हार्टफेल्ट कन्डोलेन्सज ।

11. What cannot be cured must be endured. — जिसका कोई इलाज नहीं उसे सहना चाहिए ।
व्हाट कैन्नोट बी क्योर्ड मस्ट बी एन्ड्योर्ड ।

12. We are deeply grieved on hearing this sad news. — हमे यह दुःखद समाचार सुनकर अत्यंत दुःख हुआ है ।
वी आर डीपली ग्रीव्ड आन हीयरिंग दिस सैड न्यूज ।

13. We are deeply grieved to hear the sad news of the death (demise) of your father.
वी आर डीपली ग्रीव्ड टु हियर द सैड न्यूज ऑफ द डैथ (डिमाइज) ऑफ योर फादर ।
हमे आपके पिताजी के निधन का समाचार पाकर गहरा दुःख हुआ ।

14. May his soul rest in peace! — भगवान उनकी आत्मा को शांति दे ।
मे हिज सोल रैस्ट इन पीस!

(14) Love and Affection (प्यार और स्नेह)

1. You are so dear to me. — तुम मेरे अत्यंत प्रिय हो ।
   यू आर सो डियर टु मी ।
2. Well done! Bravo! — शाबास ! बहुत अच्छे !
   वेल डन ! ब्रावो !
3. You are such a sweet child! — तुम कितने प्यारे बच्चे हो ।
   यू आर सच ए स्वीट चाइल्ड!
4. It was so brave of you. — ये तुमने बड़ी बहादुरी का काम किया ।
   इट वाज सो ब्रेव ऑफ यू ।
5. You are so nice / How nice you are! — तुम कितने अच्छे हो।
   यू आर सो नाइस ध हाउ नाइस यू आर!
6. You acted so well. — तुमने बहुत अच्छा काम किया ।
   यू एक्टड सो वैल।
7. You played wonderfully well. — तुम बहुत ही अच्छा खेले ।
   यू प्लेड वंडरफुली वैल ।
8. You deserve every praise. — तुम हर तरफ की प्रसंसा के योग्य हो ।
   यू डिजर्व एवरी प्रेज ।
9. You deserve a prize. — तुम इनाम पाने के योग्य हो ।
   यू डिषर्व , प्राइज़।
10. I am proud of you. — मुझे तुम पर गर्व है ।
    आइ एम प्राउड ऑफ यू ।

(15) Sorrow and Grief (दु:ख और शोक)

1. I am sorry. — मुझे अफ़सोस है ।
   आइ एम सॉरी ।
2. I am sad. — मुझे दु:ख है ।
   आइ एम सैड ।
3. I am sorry to hear that you have met with an accident.
   आइ एम सॉरी टु हियर दैट यू हैव मैट विद ऐन एक्सीडेन्ट।
   मुझे यह जानकर दु:ख हुआ है कि तुम्हारे साथ दुर्घटना हो गई हैA
4. I am sorry to learn that your scooter has been stolen.
   आइ एम सॉरी टु लर्न दैट योर स्कूटर हैज बीन स्टोलन।
   मुझे ये जानकर दु:ख हुआ कि आपका स्कूटर चोरी हो हो गया है ।
5. It is sad that he has failed.
   इट इज सैड दैट ही हैज फेल्ड ।
   यह अफ़सोस की बात है कि वह फेल हो गया है ।

6. I am sorry I could not help you. मुझे अफ़सोस है कि मै आपकी मदद नहीं कर सका ।
   आइ एम सॉरी आइ कुड नॉट हैल्प यू ।
7. I am sorry to hear that you have suffered a great loss.
   आइ एम सॉरी टु हियर दैट यू हैव सफर्ड ए ग्रेट लॉस ।
   मुझे यह जानकर दुःख हुआ कि आपको बहुत नुकसान उठाना पड़ा है ।
8. I am sorry to hear of your illness. आपके बीमार होने की सुनकर मुझे अफ़सोस हुआ ।
   आइ एम सॉरी टु हियर ऑफ योर इलनैस ।

(16) Joy and Happiness (आंनद और खुशी)

1. I am so glad. मै बहुत खुश हूँ ।
   आइ एम सो ग्लैड ।
2. I was delighted. मुझे बहुत खुशी हुई ।
   आइ वाज डिलाइटड ।
3. It gave me immense pleasure. इससे मुझे बहेद प्रसन्नता हुई ।
   इट गेव मी इम्मेन्स प्लैजर ।
4. I was glad to hear that you passed in the first division.
   आइ वाज ग्लैड टु हियर दैट यू पास्ड इन द फर्स्ट डिवीजन ।
   मुझे यही सुनकर खुशी हुई कि तुम प्रथम में पास हुए ।
5. I am glad to learn that you have been blessed with a son.
   आइ एम ग्लैड टु लर्न दैट यू हैव बीन ब्लेस्ड विद ए सन ।
   मुझे यह जानकर खुशी हुई कि तुम्हे पुत्र रतन कि प्राप्ति हुई है ।

(17) Displeasure and Annoyance (नाराजगी और चिड़चिड़ापन)

1. I am not satisfied with your work / progress. मै तुम्हारे काम की प्रगति से खुश नहीं हूँ ।
   आइ एम नॉट सैटिस्फाइड विद योर वर्क / प्रोग्रेस ।
2. I am really annoyed with you. मै तुमसे वास्तव में नाराज हूँ ।
   आइ एम रियली एनोयड विद यू ।
3. You are still here. तुम अभी तक यही हो ।
   यू आर स्टिल हीयर ।
4. You have not yet started your work. तुमने अभी तक अपना काम शुरू नहीं किया ।
   यू हैव नॉट यट स्टार्टड योर वर्क ।
5. This is really bad of you. यह तुम्हारी और से वास्तव मे बुरी बात है ।
   दिस इज रीयली बैड आफॅ यू ।
6. I did not expect it from you. मुझे तुमसे ऐसी उम्मीद नहीं थी ।
   आइ डिड नॉट एक्सपेक्ट इट फ्रॅाम यू ।
7. I was really hurt with your behaviour. तुम्हारे व्हवहार से मुझे वास्तव में चोट पहुँची ।
   आइ वाज रीयली हर्ट विद योर बिहेवियर ।

8. How could you be so rude? तुम इतने असभ्य कैसे हो गए?
हाउ कुड यू बी सो रुड?

9. Don't be angry. नाराज मत हो ।
डोन्ट बी ऐन्ग्री ।

10. Don't lose temper. मिजाज मत खाओ / क्रोध मत करो ।
डोन्ट लूज टैम्पर ।

11. Don't enrage me/don't make me lose my temper. मुझे क्रोध मत दिलाओ ।
डोन्ट एनरेज मी ध डोन्ट मेक मी लूज माइ टैम्पर ।

12. You are unnecessarily getting angry / losing your temper.
यू आर अननैसेसरीली गैटिंग एन्ग्री/ ए लूजिंग योर टैम्पर ।
आप व्यर्थ ही नाराज हो रहे है ।

13. You have knowingly offended me. तुमने जानबूझ कर मुझे क्रोध दिलाया है आघात पहुँचाया ।
यू हैव नोइंगली ऑफन्डड मी ।

14. This was done by mistake. यह गलती से हो गया ।
दिस वाज डन बाइ मिस्टेक ।

15. This was not my fault. इसमें मेरी गलती नही थी ।
दिस वाज नॉट माइ फॉल्ट ।

16. What a shame! कितनी शर्म की बात है ?
व्हाट ए शेम!

17. Who is to blame for this? इसमें किसका दोष है?
हू इज टु ब्लेम फॉर दिस?

18. I am not to blame for this. इसमें मेरा कसूर नहीं है।
आइ एम नॉट टु ब्लेम फॉर दिस।

19. He is a fool / a dunce / a duffer. वह बेवकूफ है /उल्लू है/गधा है।
ही इष ए फूल/ए डन्स / ए डफर।

20. I hate him. मै उससे घृणा करता हूँ ।
आइ हेट हिम।

21. He irritates me. मुझे उससे चिढ़ हैA
ही इरीटेट्स मी।

22. I can't bear his sight. मै उसकी शक्ल नहीं देख सकताA
आइ कान्ट बीयj हिज साइट।

23. He has let me down. उसने मुझे निचे दिखाया है।
ही हैज लेट मी डाउन।

24. You just / simply waste your time. तुम अपना समय बर्बाद करते हो।
यू जस्ट/सिम्पली वेस्ट योर टाइम।

25. You have disgraced me. तुमने मेरी नाक कटवा रखी है।
यू हैव डिसग्रेड मी।

26. He is so ungrateful. वह इतना कृत्घन है ।
ही इज सो अनग्रेटफुल ।

(18) Apology and Forgiveness(क्षमा और याचना)

1. I beg your pardon. क्षमा माँगना और क्षमा करना ।
आइ बैग योर पार्डन ।
2. I apologise to you. मै आपसे क्षमा मांगता हूँ ।
आइ एपोलोजाइज टु यू ।
3. Excuse me, please. कृपया मुझे क्षमा कर दीजिये ।
एक्सक्यूज मी, प्लीज ।
4. I beg to be forgiven. मै माफ़ी की प्राथना करता हु ।
आइ बैग टु बी फॉरगिवन ।
5. I am really very sorry. मुझे वास्तव मे बहुत अफ़सोस है ।
आई एम रियली वैरी सॉरी
6. This was done by mistake. ये गलती से हो गया ।
दिस वाज इन बाई मिस्टेक ।
7. I did it out of my ignorance. ऐसा मेने अपनी अज्ञानता के कारण किया ।
आइ डिड इट आउट ऑफ माइ इगनोरेन्स ।
8. This will not happen again / This will not be repeated.
दिस विल नॉट हैपन अगेन/दिस विल नॉट बी रिपीटड।
ऐसा फिर नहीं होगा ।
9. Please forgive and forget. कृपया क्षमा करे और गलती भूले ।
प्लीज फॉरगिव एण्ड फॉरगैट ।
10. I shall be more careful in future. मै आगे से अधिक सावधान रहुँगा ।
आई शैल बी मोर केयरफुल इन फ्रयूचर ।
11. I'm sorry for interrupting you. मुझे आपको बिच मे टोकने लिए अफ़सोस है ।
आइ म सॉरी फॉर इन्टरप्टिंग यू ।

(19) Quarrel and Disagreement (झगड़ा और असहमति)

1. Don't talk nonsense. फिजूल बकवास मत करो ।
डोन्ट टाक नॉनसेन्स ।
2. I haven't harmed you in any way. मैने तुम्हे कोई नुकसान नहीं पहुँचाया है।
आइ हैवन्ट हार्मड यू इन ऐनी वे।
3. Why do you lose temper? ये मेरी पहेली चेतावनी है ।
व्हाइ डू यू लूज टैम्पर?
4. Are you in your senses? क्या आप अपने होश- हवाश में है ।
आर यू इन योर सैन्सज?

5. Go to hell! — भाड़ में जाओ ।
   गोटु हैल!
6. You, scoundrel! — तुम, बदमाश !
   यू, स्काउन्ड्रेल!
7. Come what may! — कुछ भी हो !
   कम व्हाट मे!
8. Get out of my sight. — मेरी निगहा से दूर हो जाओ ।
   गैट आउट ऑफ माइ साइट ।
9. Behave yourself. — ढंग से बात करो तमीज से बात करो ।
   विहेव योरसैल्फ ।
10. Mend your ways. — अपने व्यवहार /आदतों को संभालो।
    मैन्ड योर वेज ।
11. You have got on my nerves. — यू हैव गौट ऑन माइ नर्वस ।
    तुमने मेरी नाक में दम कर रखा है ।
12. Now hold your tongue. — अब अपनी जवान बंद करो / अपनी बकवास बंद करो ।
    नाउ होल्ड योर टंग ।
13. I don't agree with you. — मै आपसे सहमत नहीं हूँ ।
    आइ डोन्ट एग्री विद यू ।
14. Now let the matter end here. — अब मामला यही खत्म करो ।
    नाउ लैट द मैटर एन्ड हियर ।
15. Don't meddle with our affairs. — हमारे मामले में दखलदाजी मत करो /टांग मत अड़ाओ ।
    डोन्ट मैडल विद अवर एफेयर्स ।
16. I'll kick you out. — मै तुम्हे ठोकर मार कर बहार निकल दूँगा ।
    आइल किक यू आउट ।
17. You will come to grief. — तुम्हे पछताना पड़ेगा ।
    यू विल कम टु ग्रीफ ।
18. Have patience! — सब्र रखो ।
    हैव पेशेन्स!
19. Don't frown at me. — मेरे ऊपर घुराओ नहीं/मुझे आँखे मत दिखाओ ।
    डोन्ट फ्राउन ऐटी
20. Leave my office at once. — मेरे दफ्फ्तर से फौरन बहार चले जाओ ।
    लीव माइ ऑफिस एट वन्स ।

(20) Warning and Remonstrance (चेतावनी और फटकार)

1. I warn you for the last time. — मै तुम्हें आखिरी चेतावनी दे रहा हूँ ।
   आइ वार्न यू फॉर द लास्ट टाइम ।
2. I have already warned him. — मै उसे पहले ही चेतावनी दे चूका हूँ ।
   आइ हैव ऑलरेडी वार्न हिम ।

3. This is my first warning.
ये मेरी पहेली चेतावनी है ।
दिस इज माइ फर्स्ट वार्निंग ।
4. You have spoilt your career.
यू हैव स्पॉइल्ट योर कैरियर ।
तुमने अपना करयिर खराब कर लिया है ।
5. I'll make an entry in your C. R.
आइल मेक ऐन ऐन्ट्री इन योर सी. आर. ।
मै तुम्हारी चरित्र-पत्रिका में यह प्रविस्ट कर दूँगा ।
6. Remember, you can be demoted.
रिमैम्बर, यू कैन बी डेमोटेड ।
याद रखो तुम्हारी पदोन्नति की जा सकती है।
7. I'll suspend you.
आइ विल ससपेन्ड यू ।
मै तुम निलंबित कर दूँगा ।
8. Be careful in future.
बी केयरफुल इन फ्रयूचर ।
भविष्य में सावधान रहो ।
9. Realize your responsibility.
रीयलाइज योर रेसपॉन्सिबिलिटी ।
अपनी जिमेदारी समझो ।
10. Mind your business.
माइन्ड योर बिज़नेस ।
अपना काम करो ।

(21) Anger (क्रोध)

1. Don't try to be too clever.
डोन्ट ट्राइ टु बी टू क्लैवर ।
बहुत चालक बनने की कोशिश मत करो ।
2. You are an extremely cunning man.
यू आर ऐन एक्सट्रीमली कनिंग मैन ।
तुम बहुत ही धूर्त व्यक्ति हो ।
3. He is a mean fellow.
ही इज अ मीन फैलो ।
वह एक नीच व्यक्ति है ।
4. It's all your doing.
इट्स आल योर डूइंग ।
यह सब तुम्हारी करतूत है ।
5. It's all because of you.
इट्स आल बिकॉज ऑफ यू ।
यह तुम्हारी वजह से हुआ है ।
6. You must be punished.
यू मस्ट बी पनिश्ड ।
तुम्हे अवश्य दंड मिलना चाहिए ।
7. You don't deserve forgiveness.
यू डोन्ट डिजर्व फॉरगिवनैस ।
तुम माफ़ी के हकदार नहीं हो ।
8. It's all nonsense.
इट्स आल नॉनसेन्स ।
ये सब बकवास है ।
9. Shame on you!
शेम आन यू!
तुम्हारे ऊपर लालत है ।
10. You should be ashamed of yourself.
तुम्हे अपने ऊपर शर्म आनी चाहिए ।
यू शुड बी अशेम्ड आफॅ योरसैल्फ ।

(22) Health (स्वस्थ)

1. How are you? — आप कैसे है
   हाउ आर यू?
2. How is your father now? — आपके पिताजी अब कैसे है ।
   हाउ इज योर फादर नाउ?
3. He is suffering from fever. — उसे बुखार आ रहा है ।
   ही इज सफरिंग फ्रॉम फीवर ।
4. He has a headache. — उसके सिर में दर्द है।
   ही हैज ए हैडक ।
5. He has cold. — उसे जुकाम हो गया है ।
   ही हैज कोल्ड ।
6. I had fever last night. — मुझे कल रात से बुखार था ।
   आइ हैड फीवर लास्ट नाइट ।
7. He has high fever. — उसे तेज बुखार है ।
   ही हैज हाई फीवर ।
8. He is laid up with fever. — वह बुखार से पीड़ित है ।
   ही इज लेड अप विद फीवर
9. He has chicken-pox, — उसे छोटी माता निकली है ।
   ही हैज चिकन पॉक्स ।
10. He has tooth-ache. — उसके दाँत में दर्द है ।
    ही हैज टूथ–ऐक ।
11. He has hurt his foot. — उसने अपने पैर में चोट लगाली है ।
    ही हैज हर्ट हिज फुट ।
12. He is deaf and non - verbal. — वह बहरा और गूंगा है ।
    ही इज डिफ एण्ड नॉन वर्बल ।
13. He is run down in health. — उसका स्वास्थ्य गिर गया है ।
    ही इज रन डाउन इन हैल्थ ।
14. He has diarrhoea (also, diarrhea). — उसे दस्त हो गए है ।
    ही हैज डायरिया ।
15. He has constipation. — उसे कब्ज है ।
    ही हैज कॉन्स्टीपेशन ।
16. He has heart-trouble. — उसे ह्दय रोग है ।
    ही हैज हार्ट–ट्रबुल ।
17. He has high / low blood pressure. — उसे उच्च /निमन रक्तचाप रहता है।
    ही हैज हाई/लो ब्लड प्रैशर ।
18. This medicine will bring down your temperature. — इस दवा से तुम्हारा बुखार उतर जायगा।
    दिस मैडिसिन विल ब्रिंग डाउन योर टैम्परेचर।

19. My stomach is upset.
माइ स्टमक इज अपसेट।
मेरा पेट गड़बड़ है।

20. He is diabetic.
ही इज डायबेटिक ।
उसे शुगर की बीमारी है

21. I am feeling feverish.
आइ एम फीलिंग फीवरिश ।
मुझे हल्का सा बुखार मालूम पङ रहा है ।

22. The patient is out of danger.
द पेशेन्ट इज आउट आफ डेन्जर ।
रोगी खतरे से बाहर है ।

23. She has a weak constitution.
शी हैज अ वीक कॉन्स्टीटूशन ।
उसका शरीर कमजोर है ।

24. He is not feeling well.
ही इज नॉट फीलिंग वैल ।
वह अस्वस्थ है ।

25. Consult a doctor.
कंसल्ट अ डॉक्टर ।
किसी डॉक्टर को दिखाओ ।

26. His nose is running.
हिज नोश इश रनिंग।
उसकी नाक बह रही है ।

27. He has fractured his arm bone.
ही हैज फ्रैकचर्ड हिज आर्म बोन ।
उसके हाथ की हड्डी टूट गई है ।

28. He is much better today.
ही इज मच बैटर टुडे ।
आज वह पहले काफी ठीक है ।

29. He has sore eyes.
ही हैज सोर आइज ।
उसकी आखे दुख रही है ।

30. He has gained weight.
ही हैज गेन्ड वेट ।
उसका वजन बढ़ गया है ।

31. Small-pox is an infectious disease.
स्मॉल–पॉक्स इज एन इनफैक्शस डिसीज ।
छोटी माता छूत की बीमारी है ।

32. What is the trouble with you.
व्हाट इज द ट्रबल विद यू?
तुम्हे क्या तकलीफ (रोग)है ।

33. What has the doctor diagnosed?
व्हाट हैज द डॉक्टर डायगनोज्ड?
डॉक्टर ने क्या बीमारी बताई है ।

34. Consult some specialist.
कनसल्ट सम स्पेशलिस्ट ।
किसी विशेषज्ञ को दिखाओ ।

35. He is breathing his last.
ही इज ब्रेथिंग हिज लास्ट ।
वह अंतिम साँस ले रहा है ।

36. He is asthmatic.
ही इज एस्थमैटिक ।
वह साँस का रोगी है ।

37. He has pneumonia.
ही है निमोनिया ।
उसे निमोनिया हो गया है

38. She is in the family way. वह गर्भ से है ।
शी इज इन द फैमिली वे ।

39. He has undergone an operation. उसका ऑपरेशन हुआ है ।
ही हैज अंडरगोन एन ऑपरेशन ।

40. He is feeling giddy. उसे चककर आ रहे है ।
ही इज फीलिंग गिडी ।

(23) Study(अध्धयन)

1. In which class do you study. तुम किस कक्षा में पढ़ते हो ।
इन व्हिच क्लास डू यू स्टडी?

2. She studies in a Convent school. वह एक कान्वेंट स्कूल में पड़ती है ।
शी स्टडीज इन ए कानवेन्ट स्कूल ।

3. She has had good education. उसे अच्छी शिक्षा मिली है ।
शी हैज हैड गुड एजुकेशन ।

4. He is illiterate. वह अशिक्षित है ।
ही इज इल्लिटरेट ।

5. She belongs to a highly educated family. उसका परिवार उच्चशिक्षत है ।
शी बिलोंग्स टु ए हाइली एजुकेटड फैमिली ।

6. She will pass M. A. this year. वह इस साल ऍम ए पास कर लेगी ।
शी विल पास एम. ए. दिस ईयर ।

7. He is weak in Mathematics. वह गणित में कमजोर है ।
ही इज वीक इन मैथमैटिक्स ।

8. I have completed my course. मैने अपना कोर्स पूरा कर लिया है ।
आई हैव कम्पलीटंड माइ कोर्स ।

9. Which books in English do you study? तुम अंग्रजी में कौन सी पुस्तके पड़ते हो ।
व्हिच बुक्स इन इंगलिश डू यू स्टडी?

10. He has been absent since Monday. वह सोमवार से अनुपस्थित है ।
ही हैज बीन एब्सेंट सिन्स मन्डे ।

11. When do your exams. begin? तुम्हारे इम्तिहान कब से शुरू हो रहे है ।
हैन डू योर एक्जाम्स बिगिन?

12. He doesn't take interest in his studies. वह अपनी पढ़ाई में रूचि नहीं लेता है ।
ही डजन्ट टेक इंटरेस्ट इन हिज स्टडीज?

13. How are you getting on with your studies. तुम अपनी पढ़ाई में कैसे चल रहे हो ।
हाउ आर यू गैटिंग ऑन विद योर स्टडीज ।

14. He often plays truant from the class. वह क्लास से अक्सर भाग जाता है ।
ही ऑफिन प्लेज ट्रॉन्ट फ्रॉम द क्लास ।

15. Our school will remain closed tomorrow. — हमारा स्कूल कल बंद रहेगा ।
    अवर स्कूल विल रिमेन क्लोज्ड टुमारो ।
16. Do you have a spare pencil? — क्या तुम्हारे पास अलग से एक पेंसिल है ।
    डू यू हैव ए स्पेयर पेन्सिल?
17. He is junior to me by one year. — वह मुझ से एक साल पीछे है ।
    ही इज जूनियर टु मी बाइ वन ईयर ।
18. He is my college mate. — वह मेरा कॉलेज का साथी है ।
    ही इज माइ कालेज मेट ।
19. It is time for school. — अब स्कूल का समय हो गया है ।
    इट इज टाइम फॉर स्कूल ।
20. He has offered Biology group. — उसने जिव-विज्ञान विषय चुना है ।
    ही हैज ऑफर्ड बायलोजी ग्रूप ।
21. Can you recite a poem? — क्या तुम एक कविता सुना सकते हो ?
    कैन यू रिसाइट अ पोइम?
22. He has topped in the class. — उसने क्लास में प्रथम स्थान पाया है ।
    ही हैज टॉप्ड इन द क्लास ।
23. He runs a school. — वह एक स्कूल चलाता है
    ही रन्स ए स्कूल ।
24. When do the summer vacations begin? — ग्रीष्मावकाश कब से शुरू हो रहा है ।
    व्हैन डू द समर वैकेशन्स बिगिन ।
25. What are your optional subjects? — तुम्हारे ऐच्छिक विषय क्या है?
    व्हाट आर योर आप्शनल सबजेक्ट्स?

(24) The Weather (मौसम)

1. The weather is very pleasant. — मौसम बहुत सुहावना है ।
   द वैदर इज वैरी प्लेजेन्ट ।
2. The day is sultry. — आज का दिन बड़ा उमस भरा है ।
   द डे इज सल्ट्री ।
3. The sky is clear, — आसमान साफ है ।
   द स्काइ इज क्लीयर ।
4. It is raining cats and dogs, — बड़ी जोर की बारिस हो रही है ।
   इट इज रेनिंग कैट्स एण्ड डॉग्स ।
5. It is drizzling. — हल्की -हल्की बुंदे पड़ रही है ।
   इट इज डिजलिंग ।
6. It is likely to rain. — बारिश होने वाली है ।
   इट इज लाइकली टुरेन ।

7. The evenings are often stormy. — शाम के समय अमूमन आंधी आती है ।
   द ईवनिंग्स आर ऑफन स्टोर्मी ।
8. The sea is calm. — समुंद्र शांत है ।
   द सी इज कामं ।
9. The west wind is blowing. — पछुआ हवा चल रही है ।
   द वैस्ट विन्ड इज क्लोइंग ।
10. The day is scorching hot. — आज का दिन जलता हुआ गर्म है ।
    द डे इज स्कॉचिंग हौट ।
11. The storm is brewing. — तूफान उठ रहा है ।
    द स्टौर्म इष ब्रूइंग ।
12. The sky is overcast. — आसमान बादलो से घिरा है ।
    द स्काइ इज ओवरकास्ट ।
13. It is biting / freezing cold. — काटने वाली /ज़माने वाली ठण्ड पड़ रही है ।
    इट इज बाइटिंग / फ्रीजिंग कोल्ड ।
14. I am shivering. — मै जाड़े से काँप रहा हूँ ।
    आइ एम शिवरिंग ।
15. I am perspiring. — मुझे पसीना आ रहा है ।
    आइ एम पर्सपाइरिंग ।
16. I was completely drenched. — मै पूरी तरह भीग गया था ।
    आइ वाज कम्प्लीटली डरेंच्ड ।
17. There was a hail&storm last night. — कल रात ओले पड़े थे ।
    देयर वाज ए हेल–स्टोर्म लास्ट नाइट ।
18. It is very humid today. — आज बड़ी उमस है ।
    इट इज वैरी ह्यूमिड टुडे ।
19. Hot winds are blowing. — लुये चल रही है ।
    हौट विन्ड्स आर ब्लोइंग ।
20. It is awfully dusty today. — आज बहुत धूल भरा दिन है ।
    इट इष ऑपुफली डस्टी टुडे ।

(25) Instructions and Orders (निर्देश एव आज्ञा)

1. Sit quietly. — चुपचाप बैठो ।
   सिट क्वाइटली ।
2. Don't talk. — बात मत करो ।
   डोन्ट टॉक ।
3. Stand still. — चुपचाप खड़े रहो ।
   स्टैन्ड स्टिल ।
4. Do your work. — अपना काम करो ।
   डू योर वर्क ।

5. Open the window ओपन द विन्डो ।	खिड़की खोल दो ।
6. Draw the curtains. ड्रॉ द कर्टेन्स ।	पर्दे गिरा दो ।
7. Come along with me. कम एलांग विद मी ।	मेरे साथ साथ आओ ।
8. Sit erect. सिट इरैक्ट ।	सीधे बैठो ।
9. Keep to the left. कीप टु द लेफ्ट।	बाई ओर चलो ।
10. Walk cautiously. वाक कौशसली ।	सावधानी से चलो ।
11. Wait here. वेट हियर ।	यहाँ इंतजार करो ।
12. Close the door. क्लोज द डोर ।	दरवाजा बंद करो ।
13. Talk politely. टॉक पोलाइटली ।	नर्मता से बात करो ।
14. Don't shout. डोन्ट शाउट ।	चिल्लाओ मत ।
15. Speak the truth. स्पीक द ट्रूथ ।	सच बोले ।
16. Be quiet. बी क्वाइट ।	शांत हो ।
17. Hold your tongue. होल्ड योर टंग ।	अपनी जुबान बंद रखो ।
18. Keep pace with me. कीप पेस विद मी ।	मेरे साथ कदम मिलाकर चलो ।
19. Work carefully. वर्क केयरफुली ।	सावधानी से काम करो ।
20. Read again. रीड अगेन ।	दोबारा पढ़ो ।
21. Get ready. गैट रैडी ।	तैयार हो जाओ ।
22. Wake me up at 4 O'clock. वेक मी अप ऐट फोर ओ क्लॉक ।	मुझे चार बजे जगा देना ।

23. Come later. बाद में आना ।
कम लेटर ।

24. Answer any five questions, किन्ही पांच प्रश्नो के उत्तर दो ।
एन्सर ऐनी फाइव क्वेशन्स ।

25. Bring me a cup of tea. मेरे लिए एक प्याला चाय लाओ ।
ब्रिन्ग मी ए कप ऑफ टी ।

26. Call the visitor in. मिलने आए व्यक्ति को अंदर लाओ ।
कॉल द विजिटर इन ।

27. Let him go. उसे जाने दो ।
लैट हिम गो ।

28. Mend your ways. अपनी आदते सुधारो ।
मैन्ड योर वेज ।

29. See him off. उन्हें विदा कर दो ।
सी हिम ऑफ ।

30. Come forward. आगे आओ ।
कम फॉरवर्ड ।

31. Remind me tomorrow. मुझे कल याद दिलाना ।
रिमाइन्ड मी टुमारो ।

32. Take him round the city. उसे शहर गुमा लाओ ।
टेक हिम राउंड द सिटी ।

33. You may go now, अब तुम जा सकते हो ।
यू मे गो नाउ ।

34. Note it down. इसे लिख डालो ।
नोट इट डाउन ।

35. See me again. मुझसे दुबारा मिलना ।
सी मी अगेन ।

36. Respect your elders. अपने से बड़ो की इज्जत करो ।
रेसपैक्ट योर एल्डर्स ।

37. Take care of your health. अपने स्वस्थ का ध्यान रखो ।
टेक केयर ऑफ योर हैल्थ ।

38. Light the lamp. दिया जलाओ ।
लाइट द लैम्प ।

39. Put out the lamp. दिया बुझा दो ।
पुट आउट द लैम्प ।

40. Switch on the fan. पंखा चला दो ।
स्विच ऑन द फैन ।

41. Switch off the fan. पंखा बंद कर दो ।
स्विच आफ द फैन ।

42. Send for him. किसी को भेजकर उसे बुलवाओ ।
सैन्ड फॉर हिम ।
43. Button up your coat. कोट के बटन बंद करो ।
बटन अप योर कोट ।
44. Post this letter. इस पत्र को डाक में डाल दो ।
पोस्ट दिस लैटर ।
45. Hire a taxi. कार किराये पर मँगाओ ।
हायर ए टैक्सी ।
46. Brush your teeth. अपने दांतो को बुर्श से साफ़ करो ।
ब्रुश योर टीथ ।
47. Write in ink. स्याही से लिखो ।
राइट इन इंक ।
48. Write with pen/pencil. पेन/पेंसिल से लिखो ।
राइट विद पैन/पेन्सिल ।
49. Drive Cautiously सावधानी से गाड़ी चलाओ ।
ड्राइव कौशसली ।
50. Go at once. फौरन चले जाओ ।
गो एट वन्स ।
51. Drive the cattle away. जानवरो को भगा दो ।
ड्राइव द कैटिल अवे ।
52. Open your book at page seventy-one. अपनी किताब पृष्ठ इकहतर पर खोलो ।
ओपिन योर बुक एट पेज सेवेन्टी–वन ।
53. Spread the bed बिस्तर लगा दो ।
स्प्रैड द बैड ।
54. Serve the dinner. खाना लगा दो ।
सर्व द डिनर ।
55. Direct/ask him to meet me tomorrow. उससे कहो कि मुझसे कल मिले ।
डाइरैक्ट/आस्क हिम टु मीट मी टुमारो ।

(26) Negative Instructions (निषेधात्मक निर्देश)

1. Don't tell a lie. झूठ मत बोलो ।
डोन्ट टैल ए लाइ ।
2. Don't cheat me. मुझे धोखा मत दो ।
डोन्ट चीट मी ।
3. Don't deceive anybody. किसी को धोखा मत दो ।
डोन्ट डिसीव ऐनीवडी ।
4. Don't sit idly. आलस्य में मत बैठे रहो ।
डोन्ट सिट आइडली ।

5. Don't talk nonsense. फिजूल बकबक मत करो ।
   डोन्ट टॉक नॉनसेन्स ।
6. Don't fight here. यहाँ मत लड़ो ।
   डोन्ट फाइट हियर ।
7. Don't quarrel. झगड़ो मत ।
   डोन्ट क्वारेल ।
8. Don't meddle with the affairs of others. दुसरो के कामो में दखलदांजी मत करो ।
   डोन्ट मैडल विद द एफेयर्स ऑफ अदर्स ।
9. I don't agree. मै सहमत नहीं हूँ ।
   आइ डोन्ट एग्री ।
10. Don't be rude. असभ्य मत बनो ।
    डोन्ट बी रुड ।
11. Don't be stubborn. जिद्दी मत बनो ।
    डोन्ट बी स्टबर्न ।
12. Don't be proud. घमंडी मत बनो ।
    डोन्ट बी प्राउड ।
13. Don't grumble. बड़बड़ाओ मत ।
    डोन्ट ग्रम्बल ।
14. Don't hesitate. हिचकिचाओ मत ।
    डोन्ट हैजीटेट ।
15. Don't abuse. गाली मत दो ।
    डोन्ट एब्यूज ।
16. Don't misuse your powers. अपनी शक्तियों/अधिकारों का दुरूपयोग मत करो ।
    डोन्ट मिसयूज योर पॉवर्स ।
17. Don't pretend बहाने मत बनाओ ।
    डोन्ट प्रीटेन्ड ।
18. Don't make a show. दिखावा मत करो ।
    डोन्ट मेक ए शो ।
19. Don't show impertinence. बदतमीजी मत करो ।
    डोन्ट शो इम्परटीनेन्स ।
20. Don't be negligent. लापरवाह मत बनो ।
    डोन्ट बी नेगलीजेन्ट ।

(27) House and Locality(भवन और स्थान)

1. We have built a new house in a posh colony of the city.
   वी हैव बिल्ट अ न्यू हाउस इन ए पौश कॉलोनी आफ द सिटी।
   हमने शहर की एक भव्य कॉलोनी में नया मकान बनवाया है ।

2. Our colony is quiet, neat and clean, away from the hubbub of the city.
अवर कॉलोनी इज क्वाइट नीट एण्ड क्लीन, अवे फ्रॉम द हब ऑफ द सिटी।
हमारी कॉलोनी शांत , साफ -सुथरी और शहर के शोरगुल से दूर है ।

3. We have built our house on a plot of 500 sq. meters.
वी हैव बिल्ट अवर हाउस आन ए प्लॉट ऑफ 500 स्क्वायर मीटर्स ।
हमने अपना मकान 500 वर्ग मीटर के प्लाट पर बनवाया है ।

4. We have two independent portions in our house,
वी हैव टू इन्डिपेंडेन्ट पोर्शन इन अवर हाउस ।
हमारे मकान में दो स्वतंत्र भाग है ।

5. Each portion has two bed-rooms, one drawing-cum-dining hall, one kitchen, one bathroom, two lavatories and a small courtyard.
ईच पोर्शन हैज टू बैडरूम्स, वन ड्राइंग–कम–डाइनिंग हॉल, वन किचिन, वन बाथरूम, टू लेवेटरीज, एण्ड अ स्माल कोर्टयार्ड ।
प्रत्येक भाग में दो रहने के कमरे , एक बैठक व भोजन कक्ष ,एक रसोईघर ,एक स्नानगृह , दो पखाने तथा एक छोटा -सा आंगन है ।

6. We have a small lawn also in front of the house.
वी हैव अ स्मॉल लॉन आलसो इन फ्रन्ट ऑफ द हाउस ।
हमारे मकान के सामने एक छोटा-सा लोन भी है ।

7. We have rented out one portion.
वी हैव रैन्टड आउट वन पोर्शन ।
हमने एक हिस्सा किराये पर उठा दिया है ।

8. Its rent is Rs. 2000/- per month.
इट्स रैन्ट इज रुपीज टू थाउजेंड पर मंथ ।
इसका किराया दो हज़ार रुपए मासिक है ।

9. I am a Jain.
आइ एम ए जैन ।
मैं जैन हूं ।

(28) Family(परिवार)

1. I am 25 years of age.
आइ एम टवेन्टी– फाइव ईयर्स ऑफ एज ।
मेरी उम्र पच्चीस साल है ।

2. I have two brothers and one sister.
आइ हैव टू ब्रदर्स एण्ड वन सिस्टर ।
मेरे दो भाई और एक बहन है ।

3. I am the youngest in the family.
आइ एम द यंगेस्ट इन द फैमिली ।
मै परिवार में सबसे छोटा हूँ ।

4. My family is a business family.
माइ फैमिली इज अ बिजनेस फैमिली ।
मेरा परिवार व्यवसायिक परिवार है ।

5. My family is highly educated.
माइ फैमिली इज हाइली एजुकेटड ।
मेरा परिवार उच्च शिक्षित है ।

6. My father is a Professor and my mother a house& lady.
माइ फादर इज ए प्रोफेसर एण्ड माइ मदर ए हाउसलेडी ।
मेरे पिताजी प्रोफेसर है और मेरी माताजी परिवारिक महिला है ।

7. My ambition is to become a doctor. मेरी अभिलाषा है कि मै डॉक्टर बनूँ ।
   माइ ऐम्बिशन इज टु बिकम ए डॉक्टर ।
8. I am a bachelor yet. मै अभी कुँआरा हूँ
   आइ एम ए बैचलर येट ।
9. I'll marry after I have settled down in life.
   आइ विल मैरी आफ़्टर आइ हैव सैटल्ड डाउन इन लाइफ ।
   मै जीवन में स्थापित होने के बाद शादी करुँगा ।
10. My eldest brother lives separately in his own bungalow.
   माइ एल्डैस्ट ब्रदर लिव्स सैपैरेटली इन हिज ओन बँगलो ।
   मेरे सबसे बड़े भाई अपने बंगले में अलग रहते है ।
11. The hair of my father has turned grey. मेरे पिता जी के बाल सफ़ेद हो गये है ।
   द हेयर आफ माइ फादर हैज टर्नड ग्रे ।
12. He has retired from Government service. वे सरकारी नौकरी से अवकाश ले चुके है ।
   ही हैज रिटायर्ड फ्रॉम गवर्नमेंट सर्विस ।
13. My father is highly respected in society. मेरे पिता जी की समाज में बहुत इज्जत है ।
   माइ फादर इज हाइली रेसपैक्टड इन सोसायटी ।

(29) Journey (यात्रा)

1. I will be travelling first class. मै प्रथम क्षेणी में यात्रा करुँगा ।
   आई विल बी ट्रैवलिंग फर्सट क्लास ।
2. I am going by the Frontier Mail. मै फ्रोंटियर मेल से जा रहा हूँ ।
   आइ एम गोइंग बाई द फ्रन्टीयर मेल ।
3. The train leaves at 10 a.m. and reaches Victoria Terminus the next day at 2 p.m.
   द ट्रेन लीव्स ऐट टैन ए. एम. एण्ड रीचज विक्टोरिया टर्मीनस द नैक्स्ट डे ऐट टू पी. एम ।
   ट्रैन सुबह दस बजे छूटती है और दूसरे दिन दोपहर दो बजे विक्टोरिया टर्मिनस पहुँचती हैं ।
4. I shall be staying there with a friend of mine.
   आइ शैल बी स्टेइंग देअर विद अ फ्रेंड ऑफ माइन ।
   मै वह अपने एक मित्र के साथ ठहरूँगा ।
5. I am going to Bombay to take a competitive examination.
   आइ एम गोइंग टु बोम्बे टु टेक अ कम्पटीटिव एक्जामिनेशन ।
   मै मुंबई एक प्रतियोगितात्मक परीक्षा देने जा रहा है ।
6. If I get time, I'll go for sight—seeing also.
   इफ आइ गैट टाइम, आइ विल गो फॉर साइट सीइंग आलसो ।
   यदि मुझे समय मिला तो कुछ स्थानों को देखने भी जाँऊगा ।
7. Hurry up, we are getting late. जल्दी करो हमे देर हों रही है ।
   हरी अप, वी आर गैटिंग लेट ।
8. I have got my reservation. मेरा ट्रैन में आरक्षण है ।
   आइ हैव गौट माइ रिजर्वेशन ।

9. I have a free pass. — मेरे पास फ्री पास है
आइ हैव अ फ्री पास ।

11. How far is the Railway Station? — रेलवे स्टेशन कितनी दूर है
हाउ फार इज द रेलवे स्टेशन?

12. Green signal has been given. — हरा सिगनल दे दिया गया है ।
ग्रीन सिगनल हैज बीन गिवन ।

13. The train is within sight. — गाड़ी दिखाई दे रही है।
द ट्रेन इज विदिन साइट।

14. Be careful and alert in the night. — रात में सावधान और होशियार रहना।
बी केयरफुल एण्ड एलर्ट इन द नाइट।

15. The next station is Bombay Terminus. — अगला स्टेशन मुंबई टर्मिनस है।
द नैक्स्ट स्टेशन इज बौम्बे टर्मीनस।

16. We have to get down here.
वी हैव टु गैट डाउन हियर।
हमे यहा उतरना है।

17. This bogie is reserved for the army. — यह डिब्बा फौज के लिये आरक्षित है।
दिस बोगी इज रिजर्वड फॉर द आर्मी।

18. The booking-office is closed for change of duty.
द बुकिंग ऑफिस इज क्लोज्ड फॉर चेन्ज ऑफ डयूटी ।
टिकिट घर ड्यूटी बदलने के लिये बंद है।

19. There is terrible rush in the train. — गाड़ी में भयंकर भीड़ है।
देयर इज टैरीबिल रश इन द ट्रेन।

20. The second coach is the sleeper coach. — दूसरे नंबर का डिब्बा शयनयान है।
द सेकन्ड कोच इज द स्लीपर कोच।

21. The train is late by an hour. — गाड़ी एक घंटा लेट है।
द ट्रेन इज लेट बाइ ऐन आवर।

22. The train is running right time. — गाड़ी ठीक समय पर चल रही है।
द ट्रेन इज रनिंग राइट टाइम।

23. Now pack up your bedding. The train is reaching Bombay within minutes.
नाउ पैक अप योर बैडिंग द ट्रेन इज रीचिंग बोम्बे विदिन मिनिटस ।
अब अपना बिस्तरा बाँध लो गाड़ी कुछ मिनटों में बम्बई पहुंचने वाली है।

24. Don't cross the track. Go by the bridge. — लाइन पर मत चलो पुल पर होकर चलो।
डोन्ट क्रौस द ट्रैक। गो बाइ द ब्रिज।

25. We have missed the train. — हमसे गाड़ी छूट गई है।
वी हैव मिस्ड द ट्रेन।

26. The guard has given the whistle. — गार्ड ने सिटी बजा दी है।
द गार्ड हैज गिवन द व्हिसल।

27. This bogie is less crowded. इस डिब्बे में कम भीड़ है।
दिस बोगी इज लैस क्राउडड।
28. Thank God, we have got a berth. ईस्वर का शुक्र है हमे सीट मिल गई।
थैंक गॉड, वी हैव गौट ए बर्थ।

(30) In the market or at a shop (बाजार में या दुकान पर)

1. I have to go to market today. आज मुझे बाजार जाना है।
आइ हैव टु गो टु मार्केट टुडे।
2. I have to make some urgent purchases. मुझे कुछ जरूरी ख़रीददारी करनी है।
आइ हैव टु मेक सम अर्जेंट परचेजज।
3. I have to encash my cheque. मुझे अपनी चेक भुनानी है।
आइ हैव टु एनकैश माइ चेक ।
4. Could you lend me a hundred rupees? I'll return them by tomorrow.
कुड यू लेंड मी अ हन्ड्रेड रुपीज? आइ विल रिटर्न दैम बाइ टुमारो।
क्या आप मुझे **100** रुपए उधार दे सकते है मै उन्हें कल लौटा दूँगा।
5. Today the market is closed. आज बाजार बंद है।
टुडे द मार्केट इज क्लोज्ड।
6. We don't sell anything on credit. हम कोई सामान उधार नहीं बेचते।
वी डोन्ट सैल ऐनीथिंग ऑन क्रेडिट।
7. I don't have small change. मेरे पास छोटी रेजगारी नहीं है।
आइ डोन्ट हैव स्मॉल चेन्ज।
8. We will have new stock next week. हमारे यहा नया स्टॉक अगले हफ्ते आ जयेगा।
वी विल हैव न्यू स्टॉक नैक्स्ट वीक।
9. What is the bill? बिल कितना हुआ।
व्हाट इज द बिल ?
10. You have not allowed any discount to us. आपने हमे कोई कमीशन नहीं दिया है।
यू हैव नॉट एलाउड ऐनी डिसकाउन्ट टु अस।
11. Sir, this is the net price. श्रीमान यह शुद्ध कीमत है।
सर, दिस इज द नैट प्राइस।
12. The prices are soaring sky-high. कीमते आसमान छू रही है।
द प्राइसज आर सोरिंग स्काई–हाइ।
13. There is slump in the market. आजकल बाजार में मंदी है।
देयर इज स्लम्प इन द मार्केट।
14. The price is beyond my capacity. ये कीमत मेरी सामर्थय से बाहर है।
द प्राइस इज बियोंड माइ कैपेसिटी
15. There is hard competition in the market. बाजार में कडी सपर्धा है।
देयर इज हार्ड कम्पटीशन इन द मार्केट।

16. The money-market is very tight. — बाजार में धान की कड़ी कमी है।
द मनी मार्केट इज वैरी टाइट।
17. I am already under debt. — मै पहले ही कर्जे में दबा हूँ।
आइ एम ऑलरेडी अण्डर डैट।
18. This is a fixed & price shop. — यह एक दाम की दुकान है।
दिस इज अ फिक्स्ड प्राइस शॉप।
19. We give guarantee for a year. — हम एक साल की गारंटी देते है।
वी गिव गारंटी फॉर ए ईयर।
20. We supply genuine goods. — हम असली सामान बेचते है।
वी सप्लाई जेन्युइन गुड्स।
21. This coin is base. — यह सिक्का खोटा है।
दिस कोइन इज बेस।
22. This note is counterfeit. — यह नोट जाली है।
दिस नोट इज काउन्टरफीट।
23. Keep the accounts clear. — हिसाब साफ-सुथरा रखो।
कीप द एकाउन्ट्स क्लीयर।
24. Please count the money. — कृपया रुपया गिन ले।
प्लीज काउन्ट द मनी।
25. Please check up the bill. — कृपया बिल चैक कर ले।
प्लीज चेक अप द बिल।
26. I don't have any cash. — मेरे पास नकद रुपया नहीं है।
आइ डोन्ट हैव ऐनी कैश।
27. I have invested all my money. — मैने अपना सारा रुपया बचत योजना में लगा रखा है।
आई हैव इनवेस्टड आल माइ मनी।
28. Are you in business? — क्या आप किसी व्यापार मे है ?
आर यू इन बिजनेस?
29. They are brokers. — वे दलाल /आढ़ती है।
दे आर ब्रोकर्स।
30. I have shortage of funds these days. — मेरे पास आजकल रुपया की कमी है।
आइ हैव शॉर्टेज ऑफ फण्ड्स दीज डेज।

On the playground (खेल के मैदान में)

1. Where is the world cup being played? — वर्ल्ड कप कहाँ खेला जा रहा है?
वेयर इज द वर्ल्ड कप बीइंग प्लेड ?
2. What is the score? — कितने रन बने है?
वाट इज द स्कोर ?
3. Who are batting? — बल्लेबाजी कौन कर रहे है?
हू आर बैटिंग ?

4. Who are fielding? — फील्डिंग कौन कर रहे है?
हू आर फील्डिंग ?

5. India's score is one hundred fifty for two. — भारत को स्कोर दो विकिट पर एक सौ पचास है।
इंडिया ज स्कोर इज वन हंड्रेड फिफ्टी फॉर टू ।

6. Suman gil has scored a century. — सुमन गिल ने शतक बना लिया है।
सुमन गिल हैज स्कोर्ड ए सेन्चुरी ।

7. Who has been declared the man of the Match? — मैन ऑफ द मैच किसको घोषित किया गया है?
हू हैज बीन डिक्लेयर्ड द मैन ऑफ द मैच ?

8. How is the pitch? — पिच कैसी है ?
हाउ इज द पिच ?

9. The stumps have fallen. — स्टम्प /विकट /गिल्लियाँ गिर गई है ।
द स्टम्प्स हैव फालेन ।

10. Which game do you like ? — तुम्हे कौनसा से खेल पसंद है?
विच गेम डू यू लाइक ?

11. Do you play any game? — क्या तुम कोई खेल खेलते हो?
डू यू प्ले एनी गेम ?

12. I Watched the match on the T.V. — मैने टी.वी पर मैच देखा ।
आइ वॉचड द मैच ऑन द टी. वी ।

31. A Function (Wedding ceremony) | एक समारोह (विवाहोत्स्व)

1. I am going to join a marriage party. — मैं एक बारात में जा रहा हूँ ।
आइ एम गोइंग टु ज्वाइन ए मर्रिज पार्टी ।

2. The marriage procession starts at 8.p.m — बारात 8 बजे चलेगी ।
द मैरिज प्रोसेसन स्टार्टस एट 8 पी.एम ।

3. It was a splendid Function. — वह बहुत ही भव्य समारोह था ।
इट वास ए स्प्लेंडिड फंक्शन ।

4. The decoration was really supurb. — सजावट वास्तव में बहुत ही भव्य /शानदार थी ।
द डेकोरेशन वास रियली सुपर्ब ।

5. Is there dowry system amongst you? — क्या आप लोगो के बिच दहेज प्रथा है?
इज देयर डाउरी सिस्टम अमगस्ट यू ?

6. Is it an arranged or a love marriage? — क्या यह तय की हुई शादी है या प्रेम विवाह ?
इज इट एन अरेंजेड और ए लव मैरिज ?

7. So much of pomp and show is wastage of money. — इतनी शान-शोकात रुपए की बर्बादी है।
सो मच ऑफ़ पॉम्प एंड शो इज वेस्टेज ऑफ़ मनी ।

8. Here is a small present from me. — यह मेरी तरफ से एक छोटा सा उपहार है ।
हियर इज ए स्माल प्रेजेंट फ्रॉम मी ।

32 To a servant (नौकर से)

1. What is your name ? — तुम्हारा नाम क्या है
वाट इज योर नेम ?

2. What is your age ? — तुम्हरी उम्र क्या है?
वाट इज योर ऐज ?

3. What caste are you ? — तुम किस जाति के हो ?
वाट कास्ट आर यू ?
4. Are you literate? — क्या तुम थोड़ा-बहुत पढ़े हो ?
आर यू लिटरेट ?
5. Do you know Cyling ? — क्या तुम साईकिल चलाना जानते हो ?
डू यू नो साइकलिंग ?
6. Can you cook? — क्या तुम खाना बना सकते हो ?
कैन यू कुक ?
7. What pay do you expect? — तुम कितनी तनखाह चाहते हो ?
वाट पे डू यू एक्स्पेक्ट ?
8. Do you have a Family? — क्या तुम्हरा परिवार है ?
डू यू हैव ए फैमिली ?

33. To The Teacher (अध्यापक से)

1. Sir I was two minutes late. Kindly mark me present.
सर आई वाज टू मिनिट लेट काइंडली मार्क मी प्रेजेंट ।
श्रीमान, मै दो मिनट लेट हो गया कृपया उपस्थित लगा दीजिये ।
2. Sir I couldn't come yesterday because I had fever.
सर,आई कुडन्ट कम यस्टरडे बिकॉज़ आई हैड फीवर ।
श्री मान मै कल नहीं आ सका क्योकि मुझे बुखार था ।
3. Sir I have some difficulty in English could you,Sir give me fifteen minutes?
सर आई हैव सम डिफीकल्टी इन इंग्लिश कुड यू सर गिव मी फिफ्टीन मिन्ट्स ।
श्रीमान मुझे अंग्रेजी में कुछ कठिनाई है क्या कृपा कर आप मुझे 15 मिनिट दे सकते है ।
4. Pardon me.Sir ,I could not do my home-work today because there was function at home .
पार्डन मी सर आई कुड नॉट डू माई होमवर्क टुडे बिकॉज़ देयर वाज ए फंक्शन ऐट होम ।
श्री मान मुझे क्षमा करे मै आज का अपना होमवर्क न कर सका , क्योकि मेरे घर पर एक उत्स्व था ।
5. Pardon me,sir this time . I'll not do such a folly in future.
पार्डन मी सर दीस टाइम आइ विल नॉट डू सच ए फौली इन फ्यूचर ।
श्रीमान मुझे इस बार क्षमा कर दीजिये मै ऐसी बेवकूफी भविष्य में नहीं करुँगा ।
6. Could you, sir suggest to me a good dictionary? — श्रीमान मुझे कोई अच्छी -सी डिक्शनरी बताने की कृपा करेंगे?
कुड यू सर सजेस्ट टु मी ए गुड डिक्शनरी ?
7. Sir, I promise I'll work very hard this time. — सर मै वायदा करता हूँ इस बार बहुत मेहनत करूँगा ।
सर आई प्रॉमिस आइ विल वर्क वैरी हार्ड दिस टाइम ।
8. Sir , somebody has taken away my pencil-box — श्रीमान किसी ने मेरा पेंसिल बॉक्स ले लिया है ।
सर समबडी हैज टेक्न अवे माइ पेंसिल बॉक्स ।
9. Could you Madam check up my science copy ? — मैडम क्या आप मेरी साइंस की कॉपी चैक करने की कृपा करेगी ?
कुड यू मैडम चौक अप माइ साइंस कॉपी ?
10. Madam, I want to recite a poem on the Teacher'Day.
मैडम आई वांट टु रीसाईट ए पोएम ऑन द टीचर्स डे ।
मैडम मै अध्यापक दिवस पर एक कविता सुनाना चाहता हूँ ।

34. To a lawyer

1. Sir,my case is fixed up for tomorrow. श्रीमान मेरे केस की कल की तारीख है ।
   सर माय केस इस फिक्स्ड अप फॉर टुमॉरो ।
2. Who is the plaintiff in this case? इस मुकदमे में वादी कौन है ?
   हु इज द प्लैनटिफ इन दिस केस ?
3. Who is the Defendant in this case? इस मुकदमे में प्रतिवादी कौन है ?
   हु इज द डिफेंडेंट इन दिस केस ?
4. Is it a civil or a criminal case? यह माल का मुकदमा है या फौजदारी का ?
   इज इट ए सिविल और ए क्रिमिनल केस ?
5. What is the next date in my case, sir ? मेरे मुकदमे में अगली तारीख कौन सी है श्रीमान?
   वाट इज द नेक्स्ट डेट इन माइ केस सर?
6. kindly expedite my case. कृपया मेरे मुकदमे में जल्दी कराइए ।
   काइंडली एक्सपीडाइट माइ केस ।
7. can there be a settlement outside the court? क्या न्ययालय से बहार यह मामला सुलझाया जा सकता है ?
   कैन देयर बी ए सेंटलमेंट आउटसाइड द कोर्ट ?
8. Your case is very weak . I can't say anything. तुम्हारा मुकदमा बड़ा कमजोर है मै कुछ कह नहीं सकता ।
   योर केस इस वैरी वीक आई कांट से एनीथिंग ।
9. All the witnesses have gone against you. सारे ग्वाह तुम्हारे विरोध में चले गए है ।
   आल द विटनैस हैव गॉन अगेंस्ट यू ।
10. Today the judgement will be pronounced. आज फैसला सुनाया जाएगा ।
    टुडे द जजमेंट विल बी प्रोनाउंसड ।
11. He has been sentenced to six months imprisonment.
    हे हैज बीन सेन्टेन्सड टु सिक्स मंथ्स इम्प्रेज्मेंट ।
    उसे छ: महीने की कैद की सजा सुनाई गई है ।
12. All cases fixed up for today have been adjourned. आज के सारे मुकदमे स्थगित कर दिए गए है ।
    आल केसज फिक्स्ड अप फॉर टुडे हैव बिन अजरनड़ ।

(31) In the Bank

1. This is the zonal Branch of the State Bank of India.
   दिस इज द जोनल ब्रांच ऑफ द स्टेट बैंक ऑफ इंडिया ।
   यह स्टेट बैंक ऑफ इंडिया की शाखा है ।
2. Can we deposit Income Tax in this branch? क्या हम यहाँ इनकम टैक्स जमा कर सकते है
   कैन वी डिपोजिट इनकम टैक्स इन दिस ब्रान्च?
3. What are the rates of interest on F. D. R's in this Bank?
   व्हाट आर द रेट्स ऑफ इन्टरेस्ट ऑन ए.फ.डी. आर्स इन दिस बैंक?
   इस बैंक म ए.फ.डी.आर पर ब्याज की दरें क्या है ?

4. Can we open a Recurring Deposit Account in this Bank?
कैन वी ओपिन ए रेकरिंग डिपोजिट एकाउन्ट इन दिस बैंक?
क्या हम इस बैंक में आविर्ती जमा खाता खोल सकते है?

5. Do you have a list of rates of interest on F. D. R's?
डू यू हैव ए लिस्ट ऑफ रेट्स ऑफ इन्टरेस्ट ऑन एफ. डी. आर्स?
क्या आपके यहाँ एफ.डी आर.पर लागु ब्याज दरों की कोई लिस्ट है?

6. What is the minimum balance that we have to maintain in the Savings Bank Account?
व्हाट इज द मिनीमम बैलेंस दैट वी हैव टु मेन्टेन इन द सेविंग्स बैंक एकाउन्ट?
बचत खाते में कम-से -कम कितना बैलेंस रखना आवश्यक है?

7. Today is Saturday and therefore public transac& tions close at 12 noon.
टुडे इज सैटर्डे एण्ड देयरफोर पब्लिक ट्रान्जेक्शंस क्लोज एट ट्वेल्व नून ।
आज शनिवार हैं इसलिए जनता का लेन-देन बारह बजे समाप्त हो जाता है ।

8. Is a locker available in this Branch. क्या इस शाखा में एक लॉकर उपलब्ध है ?
इष ए लॉकर अवेलेवल इन दिस ब्रांच?

9 At what rates of interest do you advance loans to the public?
आप किस ब्याज दर पर पब्लिक को कर्ज देते है ।

10 Is there any branch of the city bank in this city?
क्या इस शहर में सिटी बैंक की शाखा है?

36. Post-Office,Telegraph & Telephone (पोस्ट ऑफिस ,टेलीग्राफ और टेलीफोन)

1. Is this a Zonal Post & office ? क्या यह क्षेत्रीय डाकघर है ?
इज दिस ए जोनल पोस्ट ऑफिस ?

2. Are telephone and telegram facilities available here?
आर टेलीफोन एंड टेलीग्राम फैसिलिटीज अवेलेबल हियर ?
क्या यहाँ टेलीफोन और टेलीग्राम की सुविधा उपलब्ध है?

3. Can telephone bills be paid here? क्या यह टेलीफोन के बिल जमा हो सकते है?
कैन टेलीफोन बिल्स बी पेड हियर ?

4. Are speed-post facilities available here? क्या यहाँ स्पीड पोस्ट की सुविधा उपलब्ध है?
आर स्पीड -पोस्ट फैसिलिटीज अवेलेबल हियर?

5. Can we open a Saving Bank Account here ? क्या हम बचत योजना का खाता खोल सकते है?
कैन वि ओपन ए सेविंग बैंक अकाउंट हियर ?

6. Are Indira Vikas Patras available here? क्या यहाँ इंद्रा विकास पत्र उपलब्ध है ?
आर इंडिया विकास पत्राज अवेलेबिल हियर ?

7. Do you have N.S.C's of Rs.5000/-each? क्या आपके यहाँ 5000 रु के एन एस सी पत्र उपलब्ध है ?
डु यू हैव एन.एस.सीज ऑफ़ रुपेज फाइव थाउजेंड ईच ?

8. Kindly book an express telegram for Bangalore. कृपया बंगलौर के लिए एक द्रुतगामी तार ले लीजये ।
काइंडली बुक ऐन एक्सप्रेस टेलीग्राम फॉर बंगलौर बी ।

9. Is the telephone line for pune clear? क्या पुणे के लिए टेलीफोन की लाइन ठीक है?
इज द टेलीफोन लाइन फॉर पुणे क्लियर?
10. Kindly register my telephone complaint. कृपया मेरे टेलीफोन की शिकायत दर्ज क्र लीजिये ।
काइंडली रजिस्टर माई टेलीफोन कंप्लेंट ।
11. It has been out of order for over a week now. यह एक हफ्ते से ज्यादा समय से खराब है ।
इट हैज बिन आउट ऑफ़ आर्डर फॉर ओवर ए वीक नाउ ।
12. What is the rate of interest on the saving Account in the post-office?
व्हाट इज द रैट ऑफ इंटरनेट ऑन द सेविंग्स अकाउंट इन द पोस्ट ऑफिस ?
डाकघर में अल्प बचत योजना में ब्याज दर क्या है ?
13. The postman is sorting out the letters. डाकिया पत्र छाँट रहा है ।
द पोस्टमेन इज सॉर्टिंग आउट द लेटर्स ।
14. The mail clearance is due at 4 p.m. अगली डाक शाम 4 बजे निकलेगी ।
द नेक्स्ट क्लीयरेंस इस ड्यु ऐट फॉर पि.ऍम ।
15. The mail is delivered twice a day. डाक प्रतिदिन दो बार बटती है ।
द मेल इज डिलीवेरेड ट्वाइस ए डे ।
16. Kindly weight my parcel and tell me the postage. कृपया मेरी पार्सल तोल दीजिये और टिकट बता दीजिये ।
काइंडली वेट माइ पार्सल एंड टेल मीं द पोस्टेज ।
17. Your registered letter is understamped . आपके रेजिस्ट्री पत्र पर कम टिकट लगे है ।
योर रेजिस्टर्ड लेटर इज अंडरस्टेम्पड ।

37. At the Railway station (रेलवे स्टेशन पर)

1. Is the train running on time ? क्या गाड़ी ठीक समय पर चल रही है?
इज द ट्रैन रनिंग ऑन टाइम ?
2. Are two berths available for Bangalore on the 12th june ?
आर टू बर्थ अवेलेबल फॉर बंगलौर ऑन द टवेल्थ जून ?
क्या बारह जून को बंगलौर के लिए दो बर्थ उपलब्ध है?
3. The platform is overcrowded? प्लेटफॉर्म पर भारी भीड़ है ।
द प्लेटफॉर्म इज ओवरक्राउडेड ।
4. At which platform will the Punjab mail arrive? पंजाब मेल किस प्लेटफॉर्म पर आएगी ?
ऐट विच प्लेटफॉर्म विल द पंजाब मेल एरॉइव ?
5. A fierce accident was averted. एक गंभीर घटना टल गई ।
ए फियर्स एक्सीडेंट वाज एवरटड ।
6. The train is passing over a bridge. गाड़ी एक पुल पर होकर गुजर रही है ।
द ट्रैन इज पासिंग ओवर ए ब्रिज ।
7. We have to board the train at Bhopal . हमे भोपाल पर गाड़ी में चढ़ना है ।
वी हैव टु बोर्ड द ट्रैन एट भोपाल ।

8. The train got derailed at a level crossing.
द ट्रैन गोट डिरेल्ड ऐट लेवल क्रासिंग ।
गाड़ी एक सतही क्रासिंग पर पटरी से उत्तर गई ।

9. The train is passing through a tunnel.
द ट्रैन इज पासिंग थ्रू ए टनैल ।
गाड़ी एक सुरंग में होकर जा रही है ।

10. This town is not connected by any train.
दिस टाउन इज नॉट कनेक्टेड बाई एनी ट्रैन ।
यह कस्बा किसी रेल लाइन से नहीं जुड़ा है ।

11. There is only a single track between Agra and Jaipur.
देयर इज ओनली ए सिंगल ट्रैक बिटवीन आगरा एंड जयपुर ।
आगरा और जयपुर के बिच केवल इकहरी.रेल लाइन है ।

12. You can deposit your luggage in the cloak-room.
यू कैन डिपाजिट योर लगेज इन द क्लॉक रूम ।
आप अपना सामान अमानती कक्ष में जमा कर सकते है ।

38. In the office (कार्यलय में)

1. I am getting late for office.
आई ऍम गैटिंग लेट फॉर ऑफिस ।
मुझे ऑफिस के लिए देर हो रही है ।

2. It is time for office .
इट इज टाइम फॉर ऑफिस ।
ऑफिस का समय हो गया है

3. I must reach office by 10 a.m.
आई मस्ट रिच ऑफिस बाई ट्रैन 10 ए.एम्. ।
मुझे दस बजे तक ऑफिस पहुंच जाना चाहिए ।

4. Our boss is always punctual.He is rarely late.
ओवर बॉस इज ऑलवेज पंचूअल ही इज रेअरली लेट ।
हमारे बॉस समय के पाबंद है वे बहुत कम विलम्ब से आते है ।

5. There is inspection in our office today.
देयर इज इंस्पेक्शन इन आवर ऑफिस टुडे ।
आज हमारे ऑफिस में मुआइना है ।

6. Is the boss in ?
इज द बॉस इन ?
क्या बॉस आ गए है ?

7. We are already short of one hand.
वी आर आलरेडी शॉर्ट ऑफ वन हैंड ।
हमारे यहाँ एक कर्मचारि की पहले ही कमी है ।

8. We have our lunch time from 1:30 to 2.
वि हैव ऑवर लांच टाइम फ्रॉम 1 :30 टू 2 .
हमारा लंच टाइम डेढ़ बजे से दो बजे तक होता है ।

9. Please type out two urgent letters immediately.
प्लीज टाइप आउट टू अर्जेन्ट लेटर्स इम्मेइडिटेली ।
कृपया दो जरूरी पत्र फौरन टाइप कर दो ।

10. First sign the attendance register.
फर्स्ट साइन द अटेंडेंस रजिस्टर ।
पहले हाजरी रजिस्टर में हस्ताक्सर कर दो ।

11. Get this cheque cashed.
गैट दिस चेक कैशड ।
इस चेक को भुना लाओ ।

12. call in the visitors one by one.
कॉल इन द विजिटर्स वन बाई वन ।
मिलने वालो को एक-एक कर बुलाओ ।

13. I am not coming to office tomorrow. मै कल ऑफिस नहीं आ रहा हूँ ।
आई ऍम नॉट कमिंग टु ऑफिस टुमॉरो ।
14. She has applied for medical leave उसने चिकित्स्कीय अवकास के लिए प्राथना -पत्र दिया है ।
शी हेज एप्लाइड फॉर मेडिकल लीव ।
15. We have great shortage of stationery. हमारे यह लेखन सामग्री की बहुत कमी है।
वी हैव ग्रेट शॉर्टेज ऑफ़ स्टेटनेरी ।
16. Our typewriter is not in working condition. हमारा टाइपराइटर चालू हालत में नहीं है ।
आवर टाइपराइटर इज नॉट इन वर्किंग कंडीशन ।
17. I have a heavy pressure of work. मेरे ऊपर काम का बहुत भार है ।
आई हैव ए हैवी प्रेशर ऑफ़ वर्क ।
18. Was there any phone –call for me? मेरे लिए कोई टेलीफोन तो नहीं आया था ?
वाज देयर एनी फोन काल फॉर मी ?
19. I am very busy today. आज मै बहुत व्यस्त हूँ ।
आई ऍम वैरी बिजी टुडे ।
20. Fix up my appointment with the chairman. चेयरमैन से मिलने के लिए टाइम निश्चित करा दो ।
फिक्स अप माइ अपॉइंटमेंट विथ द चेयरमैन ।
21. I will think over your matter. मै तुम्हारे मामले पर सोचुगा ।
आइ विल थिंक ओवर योर मैटर ।
22. I will help you as far as possible. मै जहाँ तक संभव होगा तुम्हारी मदद करुगा।
आइ विल हेल्प यू ऐज फॉर एज पॉसिबल।
23. I will talk to the chairman. मै चेयरमैन से बात करुगा।
आइ विल टॉक टु द चेयरमैन ।
24. Put up this notice on the notice-board. इस नोटिस को नोटिस बोर्ड पर लगा दो।
पुट अप दिस नोटिस ऑन द नोटिस बोर्ड ।
25. Has he resigned? क्या उसने त्यागपत्र दे दिया है ?
हैज ही रिजाइन्ड?

39. In the Hotel (होटल में)

1. Is there a two bedroom available in the hotel? क्या इस होटल में दो बिस्तरो वाला कमरा उपलब्ध है ?
इज देयर ए टू-बैड रूम अवेलेबल इन द होटल ?
2. What are the charges (tariffs)of this room? इस कमरे का कितना किराया है ?
वाट आर द चार्जेज (टेरिफ्स)ऑफ दिस रूम ?
3. We shall stay just for two days. हम यहाँ केवल दो दिन ठहरेंगे ।
वी शैल स्टे जस्ट फॉर टू डेज ।
4. Is there telephone facility available in the room? क्या कमरे में टेलीफोन की सुविधा है ?
इज देयर टेलीफोन फेसेलिटी अवेलेबल इन द रूम ?

5. If there is any visitor please send him up to my room?
इफ देयर इज ऐनी विजिटर प्लीज सेंड हिम अप टु माइ रूम ?
यदि कोई मिलने वाला आए तो कृपया उसे ऊपर मेरे कमरे पर भेज दे।

6. Please send two cups of tea and some snacks to my room.
प्लीज सेंड टू कप्स ऑफ़ टि एंड सम स्नैक्स टु माय रूम ?
कृपया दो प्याले चाय और कुछ हल्का नास्ता मेरे कमरे में भेज दीजिये।

7. Please also send a bucket of hot water. कृपया एक बाल्टी गर्म पानी भी भिजवा दे।
प्लीज आल्सो सेंड ए बकेट ऑफ़ हॉट वाटर ।

8. Could You get for me two first class tickets for Bombay?
कुड यू गैट फॉर मी टू फर्स्ट क्लास टिकट्स फॉर बॉम्बे ?
क्या आप मेरे लिए दो फर्स्ट क्लास टिकट बॉम्बे के लिए मंगवा सकते है ?

9. Kindly send your bill. कृपया अपना बिल बेज दीजिए।
काइंडली सेंड योर बिल ।

10. Thank you,we had good time at the hotel. धन्यवाद, हमने होटल में अच्छा समय बिताया
थैंक यू वी हैंड गुड टाइम एट द होटल ।

11. Your tariffs are very high . आपके किराये आदि बहुत उच्चे है।
योर टेरिफ्स आर वैरी हाई ।

40. At the picture House (सिनेमा घर)

1. Which film/movie is going on in this hall?
विच फिल्म /मूवी इज गोइंग ओन इन दिस हॉल ?
इस हॉल में कोनसी फिल्म लगी है?

2. What's the ticket for balcony? बालकनी की टिकट कितने की है?
वाटस द टिकट फॉर बालकनी ?

3. What is the cast/who are the actors? इसमें कौन कौन एक्टर है?
व्हाट इज द कॉस्ट ? हु आर द एक्टर्स ?

4. Is it a new or an old film? यह नई फिल्म है या पुरानी ?
इज इट ए न्यू ओर ऐन ओल्ड फिल्म ?

5. It is a superhit film. यह एक अति प्रसिद्ध फिल्म है ।
इट इज ए सुपरहिट फिल्म ।

6. Please let me have four tickets for balcony. कृपया मुझे चार टिकट बालकनी की दीजिये ।
प्लीज लैट मी हैव फ़ोर टिकट्स फॉर बालकनी ।

7. It is a good A.C. Picture House. यह एक अच्छा वातनूकलित सिनमेघर है ।
इट इज ए गुड़ ए.सी.पिक्चर हाउस ।

8. It is only 2 kilometers from our home. यह हमारे घर से दो किलोमीटर दूर है ।
ईट इज ओनली टु किलोमीटर फ्रॉम आर होम ।

9. Only highclass gentry come to this house. इस सिनेमाघर में उच्चवर्गीय लोग ही आते है।
ओनली हाई क्लास जेन्ट्री कम टु दिस हाउस ।

10. At what time does the film start? फिल्म कितने बजे शुरू होती है?
ऐट वाट टाइम इज द फिल्म स्टार्ट ?

41. About the hospital (अस्पताल से संबंधित)

1. This is Government Hospital . यह सरकारी अस्पताल है ।
दिस इज ए गोवरमेंट हॉस्पिटल ।
2. This is a charitable Hospital . यह खैराती अस्पताल है ।
दिस इज ए चैरिटेबल हॉस्पीटल ।
3. This is Only a primary Health Centre. यह केवल प्राथमिक स्वास्थ्य केंद है ।
दिस इज ओनली ए प्राइमरी हेल्थ सेंटर ।
4. This is the District Hospital. यह जिला अस्पताल है ।
दिस इज द डिस्ट्रिक्ट हॉस्पिटल ।
5. Here we have Private as well as paying wards also.
हियर वी हैव प्राइवेट ऐज वैल ऐज पेईंग वार्डस आलसा ।
यहा प्राइवेट तथा पेइंग वार्ड भी है ।
6. Which side is the Operation Theatre? ऑपरेशन थिएटर किस ओर है ?
विच साइड इज द ऑपरेशन थिएटर ?
7. On which days does the Heart Specialist come to the O.P.D?
ऑन विच डेज डज़ द हार्ट स्पेशलिस्ट कम टु द ओ.पी.डी ?
ह्दयरोग विशषेज्ञ बाह्य रोगी कक्ष में किन-किन दिनों आते है ?
8. We have a separate Gynaecological Department also in this hospital.
वी हैव ए सेपरेट गयनेकोलॉजिकल डिपार्टमेंट आलसो इन दिस हॉस्पिटल ।
इस अस्पताल में अलग से एक जच्चाखाना भी है ।
9. Here is also a well –equipped Pathology lab. यह एक सुसज्जित पैथेलॉजी (जाँच करने का कक्ष) भी है ।
हियर इज आल्सो ए वेल इक्विप्ड पेथैलॉजी लैब ।

42. Doctor and Patient (डॉक्टर और रोगी)

1. I have to meet the Doctor.Is he in the hospital? मुझे डॉक्टर साहब से मिलना है क्या वे अस्पताल में है ?
आई हैव टु मीट द डॉक्टर, इज ही इन द हॉस्पिटल ?
2. I have cold and fever since Monday. मुझे सोमवार से बुखार और जुकाम है ।
आई हैव कोल्ड एंड फीवर सीन्स मंडे ।
3. My child has high temperature. He is shivering . मेरे बच्चे को तेज बुखार है वह काँप रहा है ।
माय चाइल्ड हैज़ हाइ टेम्पेरेचर ही इज शिवरिंग ।
4. My father has suddenly fainted. मेरे पिता जी अचानक बेहोस हो गए है ।
मई फादर हैज सडनली फ़ेंटेड ।
5. My child has injured his head. मेरे बच्चे ने सिर में चोट लगा ली है ।
माय चाइल्ड हैज इंजर्ड हिज हैड ।

6. Can he swallow a pill ? क्या वह एक गोली निगल सकता है?
कैन ही स्वालो ए पिल?

7. How many times a day have I to give this medicine?
हाउ मैनी टाइम्स ए डे हैव आई टु गिव दिस मेडिसिन ?
दिन में कितनी बार मुझे यह दवा देनी है?

8. He is a paediatrician. वह बाल विशेषज्ञ है ।
ही इज ए पीडिएंट्रीशियन ।

9. Is here any Dermatologist? क्या यह कोई चर्मरोग विशेषज्ञ है ?
इज हियर एनी डर्मेटोलॉजिस्ट ?

10. He has to undergo an operation. उसका एक ओपरेसन होना है ।
ही हैज टु अंडरगो ऐन ओप्रेशन ।

11. Is he out of danger, doctor? डॉक्टर साहब , क्या वह खतरे से बाहर है ?
इज ही आउट ऑफ़ डेंजर डॉक्टर ?

12. He will gradually recover. वह धीरे- धीरे ठीक हो जाएगा ।
ही विल ग्रेजुअली रिकवर ।

43. To the travel agent (ट्रेवल एजेंट से)

1. Kindly cancel my two tickets booked for banga-lore through you.
काइंडली कैंसिल माइ टू टिकिटस बुक्ड फॉर बंगलौर थ्रू यू ।
कृपया आपके द्वारा बुक की बंगलौर की मेरी दो टिकेटे कैंसिल करवा दीजिए ।

2. No berth is available for Hyderabad upto july end.
नो बर्थ इज अवेलेबल फॉर हैदराबाद अप टु जुलाई ऐंड ।
जुलाई के अंत तक हैदराबाद के लिए कोई बर्थ उपलब्ध नहीं है ।

3. Is an A.C bus available from agra to delhi on the 5th feb 2007?
इज एन ए.सी बस अवेलेबल फ्रॉम आगरा टू डेल्ही ऑन द फिफ्थ फेब 2007?
क्या 5 फरवरी 2007 को एक ए सी बस आगरा से दिल्ली के लिए मिल सकती है?

4. What are the charges per kilometre for an A.C Taxi ?
वाट ऑर द चार्जेज पर किलोमीटर फॉर एन टैक्सी ?
टैक्सी का प्रति किलोमीटर किराया कितना है?

5. I want two first class tickets for calcutta by Rajdhani Express.
आई वांट टू फर्स्ट क्लास टिकट्स फॉर कैल्कटा बाई राजधानी एक्सप्रेस ।
मुझे राजधानी एक्सप्रेस से कलकत्ते के लिये दो फर्स्ट क्लास टिकट चहिये ।

6. What would be your charges for two tickets?
वाट वूड बी योर चार्जेज फॉर टू टिकट्स ?
दो टिकटो के लिए आपकी फीस क्या होगी?

07 DISCOURSE WITH FAMILY, FRIENDS....
(परिवार मित्रो और पड़ोस के बीच बातचीत)

(1) Conversation between daughter and father

Daughter : Good morning, Papa.
गुड मॉर्निंग,
पापा. नमस्कार, पिताजी.

Father : Good morning and my blessings. But why are you ready so early?
गुड मॉर्निंग एण्ड माइ ब्लैसिंग्स. बट "वाई आर यू रेडी सो अर्ली ?
नमस्कार और आशीर्वाद. लेकिन तुम इतना जल्दी तैयार कैसे हो ?

Daughter : You know, Papa I have to go by 8 O'clock train.
यू नो, पापा, आइ हैव टु गो बाइ एट ओ क्लॉक ट्रेन.
पापा, आप जानते हैं कि मुझे आठ बजे वाली गाड़ी से जाना है.

Father : Oh yes, I just forgot. You told me that yesterday.
ओह यस, आइ जस्ट फौरगॉट. यू टोल्ड मी दैट यसटर्डे. अरे हाँ,
मैं भूल गया. तुमने मुझसे कल कहा था.

Daughter : Papa, I have to pay my college fees as well as hostel dues
पापा आइ हैव टु पे माइ कॉलेज फीस एज वैल ऐज हॉस्टिल ड्यूज़.
पापा, मुझे अपनी कॉलेज की फीस जमा करनी है और हॉस्टिल का हिसाब भी करना है.

Father : O.K. How much money would suffice ?
ओ. के. हाउ मच मनी वुड सफाइस ?
ठीक है. कितना रुपया काफी होगा ?

Daughter : At least two thousand rupees.
एट लीस्ट टू थाउजेन्ड रुपीज .
कम–से–कम दो हजार रुपये.

Father : Right, take from your mother.
राइट, टेक फ्रॉम योर मदर.
ठीक, अपनी माँ से ले लो.

Daughter : Papa, don't worry about me. I am working hard. I hope to get a first.
पापा, डोन्ट वरी एबाउट मी. आइ ऐम वर्किंग हार्ड. आइ होप टु गैट अ फर्स्ट.
पापा, मेरी चिन्ता न करें. मैं कड़ी मेहनत कर रहा हूँ. मुझे फर्स्ट आने की उम्मीद है.

Father : I also hope so. My best wishes are with you !
आइ ऑलसो होप सो. माइ बैस्ट विशज आर विद यू !
मुझे भी ऐसी ही उम्मीद है. मेरा आशीर्वाद तुम्हारे साथ है.

Daughter : Bye, bye, Papa, Mummy !
बाय, बाय, पापा, मम्मी !
पापा, मम्मी, अलविदा.

Father : Bye, wish you a happy journey !
वाय, विश यू अ हैपी जर्नी !
विदा, तुम्हारी यात्राा शुभ हो !

(2) Between Brother and Sister

Anurag : Minnie dear, where are you ?
मिनी डियर, वेअर आर यू ?
मिनी प्यारी, तुम कहाँ हो ?

Ridhi : I am here, brother in the kitchen.
आइ ऐम हियर, ब्रदर, इन द किचिन.
भैया मैं यहाँ हूँ, रसोई घर में.

Anurag : But what are you doing there?
बट वाट आर यू डूइंग देअर ?
लेकिन तुम वहाँ कर क्या रही हो ?

Ridhi : I am preparing two cups of tea.
आइ एम प्रिपेयरिंग टू कप्स ऑफ टी.
मैं दो प्याले चाय बना रही हूँ.

Anurag : For whom ?
फॉर हूम ?
किसके लिये ?

Ridhi : One cup for Papa and one for mummy.
वन कप फॉर पापा एण्ड वन फॉर मम्मी.
एक प्याला पापा के लिये और एक मम्मी के लिये.

Anurag : And none for your brother.
एण्ड नन फॉर योर ब्रदर.
और अपने भाई के लिये एक भी नहीं .

Ridhi : I am sorry, brother, but mummy told me that you had a cup only half an hour ago.
आइ ऐम सॉरी, ब्रदर बट मम्मी टोल्ड मी दैट यू हैड अ कप ऑन्ली हाफ ऐन ऑवर एगो.
मुझे अफसोस है, भैया लेकिन माँ ने कहा था कि आपने आधा घंटा पहले ही एक प्याला लिया था.

Anurag : Oh! But that was so tasteless.
ओह ! बट दैट वाज सो टेस्टलैस.
ओह ! लेकिन वह बिलकुल बेस्वाद थी.

Ridhi : Who prepared it ?
हू प्रिपेयर्ड इट ?
वह किसने बनाई थी ?

Anurag : I prepared it myself.
आइ प्रिपेयर्ड इट माइसैल्पफ.
मैंने वह खुद बनाई थी.

Ridhi How funny ! Well I'll prepare one cup for you too.
हाउ फनी ! वैल, आइ विल प्रिपेयर वन कप फॉर यू टू.
क्या मजेदार बात है! खैर, मैं आपके लिये भी एक प्याला चाय बना रही हूँ.

Anurag : Thank you so much my dear sister.
थैंक यू सो मच, माइ डियर सिस्टर.
मेरी प्यारी बहन ,बहुत–बहुत ध्न्यवाद.

Ridhi : Here your tea brother.
हियर योर टी ब्रदर.
भैया, आपकी चाय यह रही.

Anurag : How sweet of you !
हाउ स्वीट ऑफ यू !
तुम कितनी अच्छी हो !

Ridhi : How does the tea taste ?
हाउ डज द टी टेस्ट ?
चाय का स्वाद कैसा है ?

Anurag : It is so tasty.
इट इज सो टेस्टी.
यह बहुत ही स्वादिष्ट है.

Ridhi : Do I not deserve a prize for it ?
डू आइ नॉट डिजर्व अ प्राइज फॉर इट ?
क्या मुझे इसके लिये इनाम नहीं मिलनी चाहिये ?

Anurag : Sure, sure, I will certainly give you a prize for it.
श्योर, श्योर, आइ विल सरटेनली गिव यू अ प्राइज फॉर इट.
बिलकुल, बिलकुल मैं तुम्हें इसके लिये अवश्य ही इनाम दूँगा.

Ridhi : But when ?
बट वैन ?
लेकिन कब ?

Anurag : At your marriage.
ऐट योर मैरिज.
तुम्हारी शादी पर.

Ridhi : Brother don't tease me.
ब्रदर, डोन्ट टीज मी.
भैया मेरा मजाक मत उड़ाओ.

(3) Between Mother and Son Mother

Mother : Get up Sunny, it is already seven O'clock.
गैट अप सनी, इट इज ऑलरेडी सेवन ओ क्लाक.
मेरे बेटे उठो, सात पहले ही बज चुके हैं.

Son : Mummy, please let me sleep. It is Sunday today.
मम्मी, प्लीज लैट मी स्लीप. इट इज सन्डे टुडे.
माँ, कृपया मुझे सोने दो. आज रविवार है.

Mother : All right. Get up yourself.
ऑल राइट. गैट अप योरसैल्फ.
ठीक है. अपने आप जाग जाना.

Son : Yes, mummy.
यस, मम्मी.
हाँ, माँ.

Son (After) : Good morning mummy, I have had a long sleep today some time.
गुड मॉर्निंग, मम्मी. आइ हैव हैड अ लॉन्ग स्लीप टुडे.
प्रणाम माँ, आज मैं बहुत देर तक सोया.

Mother : Doesn't matter, Now tell me what would you like to have for breakfast ?
डजन्ट मैटर, नाउ टेल मी वाट वुड यू लाइक टु हैव फॉर ब्रेकफास्ट.
कोई बात नहीं. अब मुझे बताओ कि नाश्ते में क्या लोगे / लेना पसन्द करोगे ?

Son : Anything, mummy, that you can conveniently prepare.
ऐनीथिंग, मम्मी, डैट यू कैन कन्वीनियेन्टली प्रिपेयर.
कोई भी चीज, माँ, जो आप सुविधा से बना सकें.

Mother : You can have bread and butter or stuffed Parantha or vegetable cutlets.
यू कैन हैव ब्रेड एण्ड बटर ऑर स्टफ्रड पराठा और वेजीटेबल कटलेट्स,
तुम डबलरोटी और मक्खन या भरवाँ पराँठा, या शाकाहारी पकौड़े ले सकते हो.

Son : I would take bread and butter. But can I also have some sweet dish.
आइ वुड टेक ब्रेड एण्ड बटर बट कैन आइ ऑलसो हैव सम स्वीट डिश ?
मैं डबल रोटी और मक्खन लूँगा लेकिन क्या कोई मीठी चीज भी ले सकता हूँ ?

Mother : Yes, why not ? I can prepare Halwa for you.
यस, वाई नॉट ? आइ कैन प्रिपेयर हलवा फॉर यू.
हाँ, क्यों नहीं ? मैं तुम्हारे लिये हलवा बना सकती हूँ.

Son : That would be excellent.
दैट वुड बी एक्सीलेन्ट.
यह बहुत अच्छा होगा.

Mother : Well, brush your teeth and get ready. In the mean time I shall prepare your breakfast.
वैल, ब्रश योर टीथ एण्ड गैट रेडी. इन द मीन टाइम आइ शैल प्रिपेयर योर ब्रेकफास्ट.
अच्छा, तुम दाँत माँजो और तैयार हो जाओ. इस बीच मैं तुम्हारा नाश्ता तैयार कर लूँगी.

Son : Mummy, I am ready for breakfast. I am very very hungry can't wait even for a minute.
मम्मी, आइ ऐम रेडी फॉर ब्रेकफास्ट. आइ ऐम वेरी वेरी हंगरी, कान्ट वेट ईवन फॉर अ मिनिट.
माँ मैं नाश्ते के लिये तैयार हूँ. मुझे बहुत जोर से भूख लगी है, एक मिनट भी इन्तजार नहीं कर सकता.

Mother : Come to the dining table. Breakfast is ready.
कम टु द डाइनिंग टेबल. ब्रेकफास्ट इज रेडी.
खाने की मेज पर आओ. नाश्ता तैयार है.

Son : Halwa is so delicious, mummy. Oh mummy, how I remember you in the hostel !
हलवा इज सो डैलिशियस, मम्मी. ओह मम्मी, हाउ आइ रिमैम्बर यू इन द हॉस्टिल !
हलवा कितना स्वादिष्ट हैं. माँ, मैं आपको हॉस्टिल में कितना याद करता हूँ.

Mother : Dear sonny, I remember you even more. But your studies and your career are first Don't forget this.
डियर सनी, आइ रिमैम्बर यू ईवन मोर. बट योर स्टडीज एण्ड योर कैरियर आर फर्स्ट. डोन्ट फॉरगेट दिस.
प्यारे बेटे मैं तुम्हें और भी अधिक याद करती हूँ, लेकिन तुम्हारी पढ़ाई और तुम्हारी तरक्की पहले है. यह मत भूलो.

(4) Between Husband and Wife

Wife : Do you remember a very important date falling next month?
डू यू रिमैम्बर अ वेरी इम्पॉरटेंट डेट फॉलिंग नैक्स्ट मंथ?
क्या आपको अगले महीने पड़ने वाली एक महत्वपूर्ण तारीख याद है?

Husband : An important date ! Falling next month ! No, I don't remember any such date.
ऐन इम्पॉरटेन्ट डेट ! फॉलिंग नैक्स्ट मन्थ! नो, आइ डोन्ट रिमैम्बर ऐनी सच डेट.
एक महत्वपूर्ण तारीख ! अगले महीने पड़ने वाली ! नहीं, मुझे ऐसी कोई तारीख याद नहीं.

Wife : Do you really not remember?
डू यू रीयली नॉट रिमैम्बर ?
क्या आपको वास्तव में याद नहीं है ?

Husband : No, honestly speaking.
नो, ऑनेस्टली स्पीकिंग.
नहीं, ईमानदारी से कहता हूँ.

Wife : All right. I will give you a hint.
ऑल राइट. आइ विल गिव यू अ हिन्ट.
ठीक है, मैं एक संकेत दूँगी.

Husband : O.K. ओ.के.
ठीक है.

Wife : The date is 15th December 1994.
द डेट इज फिफ्टींथ डैसेम्बर, 1994. वह तारीख है 15 दिसम्बर, 1994.

Husband : Oh yes, yes. now I remember. It is our marriage anniversary day.
ओह यस, यस. नाउ आइ रिमैम्बर इट इज अवर मैरिज ऐनीवर्सरी डे.
अरे हाँ, हाँ, अब मुझे याद आया. यह हमारी शादी की सालगिरह का दिन है.

Wife: Thank God, you could remember.
थैंक गॉड, यू कुड रिमैम्बर.
भगवान का शुक्र है, आपको याद तो आया.

Husband: My dear, how could I have forgotten ? it It had just slipped from my mind.
माइ डियर, हाउ कुड आइ हैव फॉरगॉटन इट ? इट हैड जस्ट स्लिप्ड फ्रॉम माइ माइन्ड प्रिये.
यह दिन में कैसे भूल सकता था ? यह अभी मेरे दिमाग से निकल गया था.

Wife : Well, what do you propose for that day?
वैल, वाट डू यू प्रपोज फॉर दैट डे ?
अच्छा तो, उस दिन क्या करने का विचार है ?

Husband : First we shall give gifts to each other.
फर्स्ट वी शैल गिव गिफ्ट्स टु इंच अदर.
सर्वप्रथम, हम एक–दूसरे को उपहार देंगे.

Husband : Well, I shall love to give you a gift of your choice. Please tell me what after a pause will you like to have.
वैल, आइ शैल लव टु गिव यू अ गिफ्ट ऑफ योर च्वाइस. प्लीज टेल मी व्हाट विल यू लाइक टु हैव ?
अच्छा, मैं तुम्हें तुम्हारी पसंद का उपहार देना चाहूँगा. कृपया बताओ तुम क्या लेना पसंद करोगी?

Wife : A gift is never chosen or even hinted at It is the privilege of one who gives.
ए गिफ्ट इज नैवर चोसेन और ईवन हिन्टेड ऐट इट इज द प्रिविलेज ऑफ वन हू गिव्स.
उपहार पसंद नहीं किया जाता है, नहीं उसका संकेत दिया जाता है. यह तो देने वाले का अधिकार है.

Husband : All right, I shall give you a surprise.
ऑल राइट, आई शैल गिव यू अ सप्राइज-
ठीक है, मैं तुम्हें अचानक कुछ दूँगा.

Wife: So shall I do.
सो शैल आइ डू.
मैं भी ऐसा ही करूंगी.

Husband: Well now, I must rush to office.
वैल नाउ, आइ मस्ट रश टु, ऑफिस.
ठीक है, अब मुझे आफिस के लिये दौड़ के जाना है.

(5) Enquiry About a Would be Bride (भावी दुल्हन के बारे में पूछताछ)

Mr. Dubey : (On reaching Mr. Sharma's house) : Good morning Mr. Sharma.
गुड मॉर्निंग, मि. शर्मा.
मि. शर्मा, नमस्कार.

Mr. Sharma : Oh, Mr. Dubey y ! Good morning. You are most welcome.
ओह, मिस्टर दुबे ! गुड मॉर्निंग. यू आर मोस्ट वैलकम.
ओह, मिस्टर दुबे! नमस्कार. आपका हार्दिक स्वागत है.

Mr. Dubey : You wanted me to come, and so I am here.
यू वांटेड मी टु कम, एण्ड सो आइ ऐम हियर.
आप चाहते थे कि मैं आऊँ, इसलिये मैं आ गया.

Mr. Sharma : Yes, Yes, very much. We are all so glad.
यस, यस, वेरी मच. वी आर ऑल सो ग्लैड.
हाँ, हाँ, बहुत चाहते थे. हम सब बहुत खुश हैं.

Mr. Dubey : Please call your daughter. I am eager to talk to her before anything else.
प्लीज कॉल योर डौटर. आइ ऐम ईगर टु टॉक टु हर बिफोर ऐनीथिंग ऐल्स.
कृपया अपनी पुत्रि को बुलाइये. किसी भी दूसरी बात से पहले मैं उससे बात करने का इच्छुक हूँ.

The girl : (Rashmi) (Entering the room) Good morning.
गुड मॉर्निंग.
नमस्कार.

Mr. Dubey : Good morning. Come in and have your seat. How are you ?
गुड मॉर्निंग. कम इन एण्ड हैव योर सीट, हाउ आर यू ?
नमस्कार, अन्दर आओ और बैठो. तुम कैसी हो ?

Rashmi : I am fine. Thank you.
आइ ऐम फाइन, थैंक यू.
मैं ठीक हूँ, ध्न्यवाद.

Mr. Dubey : Have you finished your educational career ?
हैव यू फिनिश्ड योर ऐजूकेशनल कैरियर ?
क्या तुम्हारी शिक्षा समाप्त हो चुकी ?

Rashmi : In a way, not yet. I passed M. A. in English last year. I got a first. Now I am engaged in research for the Degree of Ph.D. in English.
इन अ वे, नॉट यट. आइ पास्ड एम. ए. इन इंगलिश लास्ट ईयर. आइ गोट अ फर्स्ट, नाउ आइ एम ऐन्गेज्ड इन रिसर्च फॉर द डिग्री ऑफ पी.एच.डी. इन इंगलिश.
एक तरह से, अभी नहीं. मैंने पिछली साल अंग्रेजी में एम. ए. पास किया. मेरी प्रथम श्रेणी आई. इस समय में अंग्रेजी में पी.एच.डी. कर रही हूँ.

Mr. Dubey : That's very good. Where did you have your schooling ?
दैट्स वेरी गुड. वेअर डिड यू हैव योर स्कूलिंग ?
यह तो बहुत अच्छी बात है. तुम्हारी स्कूली शिक्षा कहाँ पर हुई थी ?

Rashmi : I had my school education at St. Mary's Convent School, Lucknow.
आइ हैड माइ स्कूल ऐजूकेशन ऐट सेन्ट मैरीज कॉन्वेन्ट स्कूल, लखनऊ.
मेरी स्कूली शिक्षा सेन्ट मेरीज स्कूल, लखनऊ में हुई थी.

Mr. Dubey : Would you like to go in for a job ?
वुड यू लाइक टु गो इन फॉर अ जॉब ?
क्या तुम किसी सर्विस में जाना चाहोगी ?

Rashmi : Personally speaking I would like to. But it depends upon circumstances.
डिपेन्ड्स अपॉन सरकमस्टान्सज.
व्यत्तिगत रूप से मैं तो चाहूँगी, परन्तु यह परिस्थितियों पर निर्भर है.

Mr. Dubey : You are right. Do you have any hobbies ?
यू आर राइट. डू यू हैव ऐनी हॉबीज ?
तुम ठीक कहती हो. क्या तुम्हारे कोई शौक भी हैं ?

Rashmi : None in particular, But I love gardening and photography.
नन इन पर्टिकुलर, बट आई लव गार्डनिंग एंड फ़टॉग्रहपी.
कोई ख़ास नहीं, परन्तु मुझे बागवानी और फोटोग्राफी बहुत पसंद हैं.

Mr. Dubey : That's very good. I am very happy to meet you. Now I'll talk to your father.
दैट्स वेरी गुड. आइ ऐम वेरी हैपी टु मीट यू. नाउ आइ विल टाक टु योर फादर.
बहुत अच्छे, तुमसे मिलकर बहुत ख़ुशी हुई. अब मैं तुम्हारे पिताजी से बात करूँगा.

(6) Between a Patient and the Doctor

Patient : Good Morning, doctor.
गुड मॉर्निंग, डॉक्टर.
डॉक्टर साहब नमस्कार.

Doctor : Good morning. What is the problem with you ?
गुड मॉर्निंग आपको क्या तकलीफ है ?

Patient : Doctor, I have been having severe pain on the right side of my stomach since last night. Please examine me.
डॉक्टर, आइ हैव बीन हैविंग सिवीअर पेन ऑन द राइट साइड ऑफ माइ स्टमॅक सिन्स लास्ट नाइट. प्लीज एक्जामिन मी.
डॉक्टर साहब, कल रात से मेरे पेट की सीधे बगल में बहुत तीव्र दर्द हो रहा है. कृपया मेरी जाँच कर लीजियें.

Doctor : Yes, please lie down. It is a clear case of appendicitis.
यस, प्लीज लाइ डाउन. इट इज अ क्लीयर केस ऑफ एपेन्डीसाइटिस.
हाँ, कृपया लेट जाइये. यह तो एपेन्डीसाइटिस आंतों के पास बढ़ी हुई साफ बीमारी है.

Patient : Then what is to be done ?
दैन वाट इज टु बी डन ?
तो क्या करना चाहिये ?

Doctor : You have to undergo an operation immediately.
यू हैव टु अन्डरगो ऐन ऑपरेशन इमीडियेटली.
आपको एक ऑपरेशन तुरन्त कराना पड़ेगा.

Patient : Can it not be postponed for a day or two ?
कैन इट नॉट बी पोस्टपोन्ड पफॉर अ डे और टू ?
क्या यह एक दो दिन टाला नहीं जा सकता ?

Doctor : No, certainly not, The appendicitis is on the point of bursting. If it bursts, it will poison your whole blood. In that case, it will be very risky.
नो सरटेनली नॉट द एपेन्डिसाइटिस इज ऑन द पोइन्ट ऑफ वस्टिंग इफ इट बस्स, इट विल पॉयजन योर होल ब्लड. इन दैट केस, इट विल बी वेरी रिस्की.
नहीं बिलकुल नही, आपकी एपेन्डिसाइटिस फट जाने के बिन्दु पर है. यदि फट गई तो सारे खून में जहर फैल जायेगा. उस सूरत में बड़ा खतरा पैदा हो जायेगा.

Patient : But doctor, I don't have enough money right now.
बट डॉक्टर, आइ डोन्ट हैव इनफ मनी राइट नाउ.
लेकिन डॉक्टर साहब, इस समय मेरे पास पर्याप्त रुपये नहीं हैं.

Doctor : Don't worry about money. You only get your medicines and operation items. You can pay my fees and Nursing Home charges later on.
डोन्ट वरी एबाउट मनी. यू ओनली गैट योर मैडिशिन्स एण्ड ऑपरेशन आइटम्स. यू कैन पे माइ फीस एण्ड नर्सिंग होम चार्जेज लेटर ऑन.
रुपयों की चिन्ता न करें. आप केवल अपनी दवाइयाँ और ऑपरेशन का सामान मँगा दीजिये. आप मेरी फीस और नर्सिंग होम का खर्चा बाद में दे दीजिये.

Patient : Thank you, doctor. It is so kind of you. Let me have the list of medicines and other items. I'll get them within half an hour.
थैन्क यू, डॉक्टर. इट इज सो काइन्ड ऑफ यू. लैट मी हैव द लिस्ट ऑफ मेडिसिन्स एण्ड अदर आइटेम्स. आइ विल गैट दैम विदिन हाफ ऐन ऑवर.
धन्यवाद डॉक्टर साहब. आपने बड़ी कृपा की. आप मुझे दवाइयों और अन्य चीजों की लिस्ट दे दीजिये. मैं उन्हें आधे घंटे में मँगा दूँगा.

Doctor : Here it is. In the mean time I shall get the operation theatre ready.
हियर इट इज. इन द मीन टाइम आइ शैल गैट द ऑपरेशन थियेटर रेडी.
लिस्ट यह रही. इस बीच मैं ऑपरेशन थियेटर तैयार करा देता हूँ.

Patient : Thank you so much, doctor.
थैन्क यू सो मच, डॉक्टर.
बहुत–बहुत धन्यवाद, डॉक्टर साहब.

(7) Between a Client and the Lawyer (वकील और मुवक्किल के बीच बातचीत)

Client (क्लाइन्ट : मुवक्किल)
What is the stage in my case, Vakil Sahib ?
वाट इज द स्टेज इन माइ केस, वकील साहब ?
वकील साहब, मेरे केस की क्या स्थिति है ?

Lawyer : (वकील) Notices have been served upon the opposite parties. They will submit their counter affidavit by the end of this month.
नोटिस हैव बीन सर्वड अपौन द अपोजिट पार्टीज. दे विल सबमिट देअर काउन्टर एफीडेविट बाइ द एंड ऑफ दिस मन्य.
विरोधी पक्ष को नोटिस दे दिया गया है. विरोधी पक्ष उसके उत्तर में अपना काउन्टर एफीडेविट इस महीने के अन्त तक जमा कर देंगे.

Client : What would be the neñt step after that?
वाट वुड बी द नैक्स्ट स्टैप आफ्टर दैट ?
उसके बाद अगला कदम क्या होगा ?

Lawyer : The court will then fix up a date for hearing the case.
द कोर्ट विल दैन फिक्स अप अ डेट फॉर हियरिंग द केस.
इसके बाद कोर्ट केस के सुनने के लिये तारीख निश्चित करेगा.

Client : How long is it likely to take for fixing the date ?
हाउ लोंग इज इट लाइकली टु टेक फॉर फिक्सिंग द डेट ?
केस सुनने के लिये तारीख निश्चित करने में कितना समय लगने का अनुमान है ?

Lawyer : There is a heavy back&load on the courts. Therfore the date for hearing is not likely to be fixed before six months.
देअर इज अ हैवी बैक–लोड औन द कोर्ट्स. देअरफोर द डेट फॉर हिअरिंग इज नॉट लाइकली टु बी फिक्स्ड बिफोर सिक्स मन्थ्स.
अदालतों पर पिछला बहुत भारी कार्यभार लम्बित है. इसलिये केस के सुनने की तारीख छः महीने से पहले निश्चित होने की संभावना नहीं हैं.

Client : Will the case be decided in one hearing only?
विल द केस बी डिसाइडेड इन वन हियरिंग ओनली ?

Lawyer : Normally the cases are decided in one or two hearings. but nothing can be said about any particular case.
नॉर्मली द केसज आर डिसाइडेड इन वन ऑर टू हीयरिंग्स, बट नथिंग कैन बी सैड एबाउट ऐनी पर्टीकुलर केस.
साधरणतः केस एक या दो तारीख में निर्णीत हो जाते हैं, लेकिन किसी भी केस के बारे में निश्चित रूप से कुछ नहीं कहा जा सकता.

Client : Please do whatever is possible to get the case decided as early as possible.
प्लीज डू वाटऐवर इज पॉसिबल टु गैट द केस डिसाइडड ऐज अर्ली एज पॉसीबल.
कृपया केस में जल्द–से–जल्द फैसला कराने के लिये जो कुछ भी संभव हो करिये.

Patient : Thank you so much, doctor.
थैन्क यू सो मच, डॉक्टर।
बहुत–बहुत धन्यवाद, डॉक्टर साहब।

(8) Enquiry About a Proposed Bridegroom
(प्रस्तावित दूल्हे के बारे में पूछताछ)

(Conversation between the Girl's father, Mr. Sharma and the proposed Bridegroom's father, Mr. Dube)

Mr. Sharma : Good morning, Mr. Dubey . (Holding out his visiting card) This is to introduce me.
गुड मॉर्निंग, मिस्टर दुबे। अपना परिचय–पत्र आगे बढ़ाते हुए।
दिस इज टु इंट्रोड्यूस मी।
नमस्कार मि. दुबे. यह मेरा परिचय–पत्र है।

Mr. Dubey : Good morning. I am glad to have your introduction. Please tell me if I can be of any service to you.
गुड मॉर्निंग। आइ ऐम ग्लैड टु हैव योर इन्ट्रोडक्शन प्लीज टैल मी इफ आई कैन बी ऑफ ऐनी सर्विस टु यू।
नमस्कार। आपका परिचय जानकर मुझे बहुत खुशी हुई। बताइये मैं आपकी क्या सेवा कर सकता हूँ।

Mr. Sharma : I learn that your worthy son, Mr. Anupam Dube is of marriageable age and that you are looking for a bride for him.
आइ लर्न दैट योर वर्दी सन, मि. अनुपम दुबे, इज ऑफ मैरिजेबिल एज एण्ड दैट यू आर लुकिंग फॉर अ ब्राइड फॉर हिम।
मुझे मालूम हुआ है कि आपका योग्य बेटा, मि. अनुपम दुबे, शादी योग्य है, और आप उसके लिये वधू की तलाश में हैं।

Mr. Dubey : Yes, yes, indeed. I want his early marriage.
यस, यस, इन्डीड। आइ वान्ट हिज अर्ली मैरिज।
हाँ, हाँ, वास्तव में। मैं उसकी शादी जल्दी करना चाहता हूँ।

Mr. Sharma : I have come with a proposal that my daughter may be considered for the purpose.
आइ हैव कम विद अ प्रपोजल दैट माइ डौटर मे बी कन्सीडर्ड फॉर द परपज।
मैं यह प्रस्ताव लेकर आया हूँ कि इस सम्बन्ध में मेरी के ऊपर भी विचार कर लिया जाय।

Mr. Dubey : I have no objection in this matter. But first you satisfy yourself about my son.
आइ हैव नो ऑब्जेक्शन इन दिस मैटर बट फर्स्ट यू सैटिस्फाई योरसैल्फ एबाउट माइ सन।
मुझे कोई ऐतराज नहीं है, लेकिन पहले आप मेरे पुत्र से संतुष्ट हो जाइये।

Mr- Sharma : What's the age of your son?
वाट'स द एज ऑफ योर सन?
आपके बेटे की उम्र क्या है ?

Mr. Dubey : He is completing his twenty sixth next October.
ही इज कम्प्लीटिंग हिज टवेन्टी–सिक्स्थ नैक्स्ट ऑक्टोबर।
वह अगले अक्टूबर में 26 साल पूरे कर रहा है।

Mr. Sharma : What are his educational qualifications ?
वाट आर हिज एजूकेशनल क्वालिफिकेशन्स ?
उनकी शैक्षिक योग्यता क्या है ?

Mr. Dubey : He is B.Tech. (Hons.) in Mechanical Engineering from I. I. T., New Delhi. He passed out only last year.
ही इज बी. टेक. ऑनर्स इन मिकैनिकल इन्जिनियरिंग फ्रॉम आई. आई. टी., न्यू देल्ही। ही पास्ड आउट ओन्ली लास्ट ईयर।
वह आई. आई. टी. न्यू दिल्ली से मिकैनिकिल इन्जिनियरिंग में बी. टैक ऑनर्स की डिग्री लिये है।वह पिछली साल ही पास हुआ है।

Mr. Sharma : That's good. Has he yet got some appointment.
दैट्स गुड। हैज ही यट गौट सम एपॉइन्टमेन्ट ?
यह तो बहुत अच्छा है। उन्हें अब तक कहीं नियुत्ति मिली हैं ?

Mr. Dubey : Yes, he is at present working as a shift Engineer in Tata Steel Factory, Jamshedpur.
यस, ही इज ऐट प्रजेन्ट वर्किंग ऐज अ शिफ्ट इन्जिनियर इन टाटा स्टील फैक्टरी, जमशेदपुर।
हाँ, वह इस समय टाटा स्टील फैक्टरी, जमशेदपुर में शिफ्ट इन्जीनियर के पद पर कार्य कर रहा है।

Mr. Sharma : What is his salary ?
वाट इज हिज सैलरी ?
उनका वेतन क्या है ?

Mr. Dubey : He is getting Rs. 12000 /– per month with perks.
ही इज गैटिंग रुपीज टवैल्व थाउजेन्ड पर मंन्थ विद पर्कस।
उसे बारह हजार रुपये प्रतिमाह और दूसरे भत्ते मिलते हैं।

Mr. Sharma : I am fully satisfied. Now you please come to our house sometime and see my daughter and satisfy yourself.
आइ ऐम फुली सैटि्सफाइड, नाउ यू प्लीज कम टु अवर हाउस समटाइम एण्ड सी माइ डौटर एण्ड सैटिस्फाइ योरसैल्फ।
मैं पूरी तरह से संतुष्ट हूँ। अब कृपया कभी आप हमारे निवास पर आइये और हमारी पुत्री को देखकर संतुष्ट हो लीजिये।

(9) Between a Tenant and His Landlord
(एक किरायेदार और उसके मकान मालिक के बीच)

Tenant : If you have time, I want to draw your attention to some problems in our portion of the house.

(टेनेन्ट) किरायेदार इफ यू हैव टाइम, आइ वान्ट टु ड्रॉ योर अटैन्शन टु सम प्रॉबलम्स इन अवर पोर्शन ऑफ द हाउस।
यदि आपको समय हो तो मैं आपका ध्यान मकान के हमारे वाले हिस्से की कुछ समस्याओं की ओर दिलाना चाहता हूँ।

Landlord : Yes, Yes, tell me without any hesitation.

(मकान मालिक) यस, यस, टेल मी विदाउट ऐनी हैजीटेशन।
हाँ, हाँ, बिना संकोच के मुझे बताओ।

Tenant : The roof of the dining hall leaked badly during last year's rainy season. It needs to be repaired very early because the rainy season is going to set in within a month .
द रूफ ऑफ द डाइनिंग हॉल लीक्ड बैडली ड्यूरिंग लास्ट इयर्स रेनी सीजन. इट नीड्स टु बी रिपेयर्ड वैरी अर्ली बिकॉज द रेनी सीजन इज गोइन्ग टु सैट इन विदिन अ मंथ ।
पिछली साल बरसात में डाइनिंग हॉल की छत बुरी तरह से चू रही थी. इसे जल्दी ही ठीक करा लेना चाहिये, क्योंकि एक माह के अन्दर बरसात शुरू होने वाली है।

Landlord : Yes, I remember. I will get it repaired very soon. Note carefully if there are any other spots needing to be repaired.
यस, आइ रिमेम्बर। आइ विल गैट इट रिपेयर्ड वैरी सून। नोट के केअरफूली इफ देअर आर ऐनी अदर स्पॉट्स नीडिंग टु बी रिपेयर्ड।
हाँ, मुझे याद आया। मैं जल्दी ही इसकी मरम्मत करा दूंगा. ध्यान से यह भी नोट कर लेना कि कहीं और जगहों पर मरम्मत की जरूरत तो नहीं है।

Tenant : Yes, I will do so. Will it be possible to get the whole portion whitewashed and painted?
यस, आइ विल डू सो. विल इट बी पॉसिबल टु गैट द होल पोर्शन वाइट वाश्ड एण्ड पेन्टेड? हाँ, मैं ऐसा ही करूँगा. क्या यह भी संभव है कि पूरे भाग में सफेदी और रंग करा दिया जाय?

Landlord : No, not this month, because rains are going to set in before long. White-washing and painting should be done after the rains.
नो, नॉट दिस मंथ, बिकॉज़ रेन्स आर गोइन्ग टु सैट इन बिफोर लॉन्ग। वाइट वॉशिंग एण्ड पेन्टिंग शुड बी डन आफ्टर द रेन्स।
नहीं, इस महीने में नहीं, क्योंकि जल्दी ही बारिश शुरू होने वाली है। सफेदी और रंगाई बरसात के बाद कराने चाहिये।

Tenant : Yes, I agree. Just one little thing more. Please get the tap of our bathroom changed because it is leaking.
यस, आइ एग्री जस्ट वन लिटिल थिन्ग मोर. प्लीज गैट द टैप ऑफ अवर बाथरूम चेंज्ड बिकॉज इट इज लीकिंग।
मैं आपसे सहमत हूँ. बस एक छोटा–सा काम और. कृपया हमारे स्नानगृह के नल की टोंटी बदलवा दीजिये, क्योंकि यह टपक रही है।

Landlord : Yes, I will get it changed. Could I remind you that according to our agreement, you have to increase the rent by 10% at the end of the second year?
यस, आइ विल गैट इट चेन्ज्ड। कुड आइ रिमाइंड यू दैट अकॉर्डिंग टु अवर एग्रीमेन्ट, यू हैव टु इन्क्रीज द रेंट बाइ टैन परसेन्ट ऐट द ऐन्ड ऑफ द सेकण्ड इयर?
हाँ, उसे मैं बदलवा दूंगा। क्या मैं आपको याद दिलाऊँ कि हमारी शर्त के अनुसार दो वर्ष के अन्त में आपको दस प्रतिशत किराया बढ़ाना है?

Tenant : Yes, I know. I am going to pay the increased rent next month.
यस आइ नो। आइ ऐम गोइंग टु पे द इन्क्रीज्ड रेन्ट नैक्स्ट मंथ ।
हाँ मैं जानता हूँ। मैं अगले माह बढ़ा हुआ किराया दे रहा हूँ।

Landlord : Thank you so much.
थैंक यू सो मच।
बहुत–बहुत धन्यवाद।

(10) Between a Proprietor and His Manager of the Firm Manager

(किसी फर्म के मालिक और उसके मैनेजर के बीच)

Manager: Good morning, sir. Did you call me, sir?
गुड मोर्निंग सर। डिड यू कॉल मी, सर?
नमस्कार श्रीमान् जी। क्या आपने मुझे बुलाया था?

Proprietor : Yes, I wanted to know whether you have made the Annual Balance Sheet. The Financial year is coming to a close.
यस आइ वान्टेड टु नो वेदर यू हैव मेड द एनुअल बेलेन्स शीट. द फाइनेंशियल इयर इज कमिंग टु अ क्लोज।
हाँ, मैं यह जानना चाहता था कि आपने वार्षिक चिट्ठा बना लिया है ? वित्तीय वर्ष समाप्त होने वाली है।

Manager: Yes, I am busy with that. It will be ready well before the close of the Financial year.
यस आइ एम बिजी विद दैट इट विल बी रेडी वैल बिफोर द क्लोज ऑफ द फाइनेंशियल इयर।
हाँ, मैं उसी में लगा हुआ हूँ. यह वित्तीय वर्ष के समाप्त होने से काफी पहले बन जायेगा ।

Proprietor : Is the financial position of the firm satisfactory?
इज द फाइनेंशियल पोजीशन ऑफ़ द फर्म सैटिसफैक्ट्री?
क्या फर्म की वित्तीय स्थिति संतोषजनक है?

Manager : Yes, the position is very satisfactory. The total Assets have increased by about 10%
यस, द पोजीशन इज वेरी सैटिसफैक्ट्री। द टोटल असैट्स हैव इन्क्रीज्ड बाइ एबाउट टैन परसेन्ट। हाँ, स्थिति काफी संतोषजनक है. फर्म की कुल पूँजी में लगभग दस प्रतिशत की बढ़ोत्तरी हुई है।

Propreietor: What is the position of the liabilities?
वाट इज द पोजीशन ऑफ द लाइबिलिटीष?
देनदारी की क्या स्थिति है?

Manager : Our short-term liabilities have almost completely been paid off. About 40% of the long-term liabilities remain to be paid.

अवर शॉर्ट–टर्म लाइबिलिटीज हैव ऑलमोस्ट कम्प्लीटली बीन पेड आफ. एबाउट फोर्टी परसेन्ट ऑफ द लॉन्ग–टर्म लाइबिलिटीज रिमेन टु बी पेड।
हमारी अल्पकालीन देनदारियाँ लगभग पूरी दी जा चुकी हैं. दीर्घकालीन देनदारियों का लगभग चालीस प्रतिशत देना बाकी है।

Propreietor: That's good. What about the income tax?
दैट्स गुड. व्हाट एबाउट द इनकम टैक्स?
यह अच्छी बात है। आयकर की क्या स्थिति है?

Manager : Advance Tax has been paid in time. Final Assessment is being calculated.
एडवांस–टैक्स हैज बीन पेड इन टाइम. फायनल असेसमेन्ट इज बीइंग कैलकुलेटेड।
अग्रिम कर का भुगतान किया जा चुका है. कर की अंतिम गणना की जा रही है।

Propreietor: I am fully satisfied. Tell me if you have any problem.
आइ ऐम फुली सैटिसफायड टेल मी इफ यू हैव ऐनी प्रॉब्लम।
मैं बिलकुल संतुष्ट हूँ. और कोई समस्या हो तो बताइये।

Manager : There is no problem. Thank you.
देअर इज नो प्रॉब्लम थैन्क यू।
कोई समस्या नहीं है। धन्यवाद।

(11) At the Railway Station (रेलवे स्टेशन पर)

Passenger : (To the Booking Clerk) Please let me know whether two berths are available for Hawra in the first week of June.
प्लीज लैट मी नो वेदर टू बर्थस आर एवेलेवल फॉर हावरा इन द फर्स्ट वीक ऑफ जून। कृपया मुझे बताइये कि हावरा के लिये जून के पहले सप्ताह में दो बर्थ मिल सकते हैं।

Booking Clerk : No berth is available for Hawra upto 10th June. If you wish, you can have two berths on the 11th or 12th of June.
नो बर्थ इज एवेलेबल फॉर हावरा अपटू टेंथ जून. इफ यू विश, यू कैन हैव टू बर्थस ऑन द इलैविन्थ ऑर ट्वैल्थ ऑफ जून।
जून की 10 तारीख तक हावरा के लिये कोई बर्थ उपलब्ध नहीं है. यदि आप चाहें तो ग्यारह या बारह जून को दो बर्थ ले सकते हैं।

Passenger : Yes kindly reserve two berths for me for the 12th June.
यस, काइन्डली रिजर्व टू बर्थस फॉर मी फॉर द ट्वैल्थ जून।
हाँ, कृपया 12 जून के लिये मेरे नाम दो बर्थ आरक्षित कर दीजिये।

Booking Clerk : Here is the reservation form Please fill it in.
हियर इज़ द रिजर्वेशन फॉर्म. प्लीज फिल इट इन।
यह आरक्षण फॉर्म लीजिये और इसे भर दीजिये।

Passenger : Kindly tell me the Train Number and time of its departure.
काइन्डली टेल मी द ट्रेन नम्बर एण्ड टाइम ऑफ इट्स डिपार्चर।
कृपया मुझे गाड़ी नम्बर और उसके छूटने का समय बता दीजिये।

Booking Clerk : The train is 11 up, leaving here at 07.50 hours.
द ट्रेन इज इलैविन अप, लीविंग हियर ऐट सेवन–फिफ्टी ऑवर्स।
ट्रेन का नम्बर 11 बजे है, यह सेवन– फिफ्टी ऑवर्स प्रातः सात बजकर पचास मिनट पर छूटती है.

Passenger : How much have I to pay?
हाउ मच हैव आइ टु पे?
मुझे कितना रुपया देना है?

Booking Clerk : Rs. 740/- for two berths.
रुपीष सेवन हन्ड्रेड एण्ड फोर्टी फॉर टू बर्थ्स।
दो बर्थों के लिये 740/–रुपये।

Passenger : (To the Enquiry Clerk) At which platform does 11 up arrive please?
ऐट विच प्लैटफार्म डज़ इलेविन अप ऐराइव, प्लीज़?
कृपया बताइये 11 बजे किस प्लैटफार्म पर पहुँचती है?

Enquiry Clerk : It arrives at Platform Number 4.
इट एराइव्स ऐट प्लेटफार्म नं. 4.
यह चार नम्बर के प्लैटफार्म पर पहुँचती है।

Enquiry Clerk : Is it late or running on time?
इज़ इट लेट ऑर रनिंग ऑन टाइम?
क्या यह विलम्ब से है या समय से चल रही है?

Enquiry Clerk : It is running late by about 1 hour and 20 minutes. But it can further lose or make up time.
इट इज़ रनिंग लेट बाइ एबाउट वन ऑवर एण्ड ट्वेन्टी मिनिट्स. बट इट कैन फर्दर लूज और मेक अप टाइम।
यह एक घंटा 20 मिनट लेट चल रही है, लेकिन यह और अधिक लेट हो सकती है, या विलम्ब को कम कर सकती है।

Passenger : Thank You.
थैन्क यू।
धन्यवाद।

(12) At the Bank (बैंक में)

Client : Good morning, sir.
गुड मॉर्निंग, सर।
नमस्कार, श्रीमान् जी।

Manager : Good morning. gentleman.
गुड मॉर्निंग, जैन्टलमैन।
नमस्कार, महाशय।

What can I do for you?
व्हाट कैन आइ डू फॉर यू?
मैं आपकी क्या सेवा कर सकता हूँ?

Client: I want to open a Savings Bank Account.
आइ वान्ट टु ओपन अ सेविंग्स बैंक एकाउन्ट।
मैं एक बचत खाता खोलना चाहता हूँ।

Manager: Please take your seat. I shall just call the dealing hand here.
प्लीज़ टेक योर सीट। आइ शैल जस्ट कॉल द डीलिंग हेन्ड हियर । Ñi;k cSB tkb;sA मैं अभी सम्बन्धित बाबू को यहाँ बुला रहा हूँ।

Client: What formalities have to be completed ? And what is the minimum amount that has to be deposited to open the Account?
व्हाट फौरमैलिटीज हैव टु बी कम्प्लीटेड? एण्ड व्हाट इज़ द मिनीमम एमाउन्ट दैट हैज टु बी डिपॉजिटेड टू ओपन द अकाउंट ?
क्या–क्या औपचारिकतायें पूरी करनी हैं? और एकाउन्ट खोलने के लिये न्यूनतम कितनी राशि जमा करनी होगी?

Manager: You have to fill in the prescribed form in duplicate. You have also to get your form signed by an introducer who has an Account in our bank. The minimum amount that has to be deposited is Rs. 500/-
यू हैव टु फिल इन द प्रेसक्राइब्ड फॉर्म इन डुप्लीकेट।
यू हैव ऑलसो टु गैट योर फॉर्म साइन्ड बाइ एन इन्ट्रोड्यूसर हू हैज ऐन एकाउन्ट इन अवर बैंक। द मिनीमम एमाउन्ट दैट हैष टु डिपॉजिटेड इज रुपीज फाइव हन्ड्रेड।
आपको निर्धारित पत्रा दो प्रतियों में भरना है. आपको अपने पत्रों पर परिचय के लिये एक ऐसे व्यक्ति से हस्ताक्षर कराने हैं जिनका इस बैंक में खाता हो। खाता खोलने के लिये न्यूनतम 500/– रु. जमा करने होंगे।

Client : Thank you. I will just complete all formalities and deposite Rs.500/-
थैक यू। आई विल जस्ट कम्प्लीट ऑल फोरमैलिटीज एण्ड डिपॉजिट रुपीज फाइव हन्ड्रेड। धन्यवाद। मैं अभी सारी औपचारिकतायें पूरी कर देता हूँ और पाँच सौ रुपये जमा कर देता हूँ।

Manager : That's right.
दैट्स राइट।
यह ठीक है।

Client : Now when shall I get my Account Number and the Pass Book?
नाउ वेन शैल आइ गैट माइ एकाउन्ट नंबर एण्ड द पासबुक?
अब मुझे मेरा एकाउन्ट नंबर और पासबुक कब मिलेंगे?

Manager : We shall give you the Account Number just now and the Pass-Book tomorrow.
वी शैल गिव यू द एकाउन्ट नंबर जस्ट नाउ एण्ड द पास–बुक टुमारो।
हम आपका एकाउन्ट नंबर तो अभी दे देंगे, और पासबुक कल।

Client : Thank you so much.
थैन्क यू सो मच।
बहुत–बहुत धन्यवाद।

(13) Booking a Trunk Call by Telephone (टेलीफोन द्वारा ट्रंक कॉल बुक करना)

Rohit: (Dialling his phone) Is this 180, Trunk Booking?
इज़ दिस 180, ट्रंक बुकिंग?
क्या यह 180 ट्रंक बुकिंग का नंबर है?

Operator : Yes, please. What do you want ?
यस, प्लीज. व्हाट डू यू वान्ट?
जी हाँ, आप क्या चाहते हैं?

Rohit : I want to book a Trunk Call for Hyderabad,
आइ वान्ट टु बुक अ ट्रंक कॉल फॉर हैदराबाद।
मैं हैदराबाद के लिये एक ट्रंक कॉल बुक कराना चाहता हूँ।

Operator : Yes, your number, please.
यस योर नंबर, प्लीज ?
हाँ, आपका नंबर क्या है?

Rohit : My number is 351557.
माइ नंबर इज 351557।
मेरा नम्बर है 351557।

Operator : And Hyderabad Number?
एण्ड हैदराबाद नंबर?
हैदराबाद का नंबर क्या है?

Rohit : It is 2583372.
इट इज 2583372 ।
वहाँ का नंबर है 2583372 ।

Operator : Do you want to book an ordinary or urgent call?
डू यू वान्ट टु बुक ऐन ऑरडिनरी और अर्जेंट कॉल?
आप साधारण कॉल बुक कराना चाहते हैं या अर्जेंट कॉल।

Rohit : An urgent call.
ऐन अर्जेंट कॉल। अर्जेंट कॉल।

Rohit : (After a pause) How much time is it likely to take?
हाउ मच टाइम इज इट लाइकली टु टेक?
इसमें कितना समय लगने का अनुमान है?

Operator : About half an hour.
एबाउट हाफ ऐन आवर।
लगभग आधा घंटा।

Rohit : (Dialling his phone) Is this Trunk enquiry?
इज दिस ट्रंक इन्क्वायरी?
क्या यह ट्रंक पूछताछ का नंबर है?

Operator : Yes
यसँ।
हाँ।

Rohit : I booked an urgent call for Hyderabad more than half an hour ago. Kindly see to it. My telephone number is 351557.
आइ बुक्ड ऐन अर्जेंट कॉल फॉर हैदराबाद मोर दैन हाफ ऐन आवर एगो। काइन्डली सी टु इट। माइ टेलीफोन नंबर इज 351557 ।
मैंने आधे घंटे से भी पहले हैदराबाद के लिये अर्जेंट कॉल बुक कराया था। कृपया इसे देख लें। मेरा टेलीफोन नंबर है 351557।

Operator : It has matured. Please talk to the party.
इट हैज मैच्योर्ड. प्लीज टॉक टु द पार्टी।
यह लग गया है। कृपया बात करें।

(14) At a Hotel (एक होटल में)

Traveller : Good morning, Mr. Manager.
गुड मॉर्निंग, मि. मैनेजर।
नमस्कार, मैनेजर साहब।

Manager : Good morning, sir.
गुड मॉर्निंग, सर।
नमस्कार, श्रीमान् जी।
Is a two bed room available in your hotel?
इष अ टू–बेड रूम अवेलेबल इन योर होटल?
क्या दो– पलंगों वाला कमरा आपके होटल में उपलब्ध है?

Manager : Yes, we have both A. C. and Non A. C. rooms. What type of room do you want, sir?
यस वी हैव बोथ ए. सी. एण्ड नॉन ए. सी. रूम्स। वाट टाइप ऑफ रूम डू यू वान्ट, सर।हाँ, हमारे यहाँ ए. सी. और बिना ए. सी. दोनों प्रकार के कमरे उपलब्ध हैं. आप श्रीमान् जी कैसा कमरा लेना चाहेंगे?

Traveller : I would like to have an A. C. room. What would be the rent of an A. C. room ?
आइ वुड लाइक टु हैव ऐन ए. सी. रूम. वाट वुड बी द रेंन्ट ऑफ ऐन ए. सी. रूम?
मैं एक ए.सी कमरा लेना चाहूँगा. उसका क्या किराया होगा?

Manager : It is 1500/- rupees per day.
इट इज फिफ्टीन हन्ड्रेड रुपीज पर डे।
इसका किराया पन्द्रह सौ रुपये प्रति दिन है।

Traveller : O. K. Allot one room for us. We would stay for three or four days.
ओ. के. एलॉट वन रूम फॉर अस. वी वुड स्टे फॉर थ्री और फोर डेज।
ठीक है, हमें एक कमरा दे दीजिये. हम तीन या चार दिन ठहरेंगे।

Manager : Please fill in the form, giving your address, time and date of arrival, details of members staying here, and your purpose of visiting this city.

प्लीज फिल इन द फॉर्म, गिविंग योर एड्रैस, टाइम एण्ड डेट ऑफ एराइवल डिटेल्स ऑफ मैम्बर्स स्टेइंग हियर, एण्ड योर परपज ऑफ योर विजिटिंग दिस सिटी।

Ñi;k bl फॉर्म को भर दीजिये, अपना पता, पहुँचने का दिनांक और समय, यहाँ ठहरने वाले सदस्यों का विवरण, और इस शहर में आने का उद्देश्य बताते हुए।

Traveller : Yes, I have filled the form. Do I have to deposit some amount in advance?
यस, आइ हैव फिल्ड द फॉर्म। डू आइ हैव टु डिपॉजिट सम एमाउन्ट इन एडवान्स?
हाँ, मैने फॉर्म भर दिया है। क्या मुझे कुछ अग्रिम धनराशि जमा करनी है?

Manager : Yes, rent for three days.
यस, रैन्ट फॉर थ्री डेज।
हाँ, तीन दिन का किराया।

Traveller : O.K. Here it is.
ओ. के. हियर इट इज।
ठीक है। यह लीजिये।

Manager : Thank you. You have in your room Telephone and T. V. facilities. There is also a call-bell connecting the counter for any service.
थैंक यू. यू हैव इन योर रूम टेलीफोन एण्ड टी. वी. फैसिलिटीज. देअर इज ऑलसो अ कॉल बैल कनैक्टिंग द काउन्टर फॉर ऐनी सर्विस।
धन्यवाद। आपके कमरे में टेलीफोन और टी. वी. की सुविधा उपलब्ध है। वहाँ एक घंटी भी है जो किसी भी सेवा के लिये काउन्टर से जुड़ी हुई है।

Traveller : Good. At the moment, please send two cups of tea with some snacks. गुड. ऐट द मोमेन्ट, प्लीज सेन्ड टू कप्स ऑफ टी विद सम स्नैक्स।
बहुत अच्छा। इस समय आप दो प्याले चाय और कुछ हल्का–सा नाश्ता भिजवा दें।

Manager : Waiter, please note.
वेटर, प्लीज नोट।
वेटर, इसे नोट कर लें।

Traveller : By the way, at what time do you provide lunch and dinner?
बाइ द वे, ऐट व्हाट टाइम डू यू प्रोवाइड लंच एण्ड डिनर?
एक बात और, आप दोपहर और रात का खाना किस समय देते हैं?

Manage : Lunch between one and three and dinner after eight.
लंच बिटवीन वन एण्ड थ्री एण्ड डिनर आफ्टर एट।
लंच एक बजे से तीन बजे तक और डिनर आठ बजे के बाद।

Traveller : Do we have to order for lunch and dinner in advance?
डू वी हैव टु ऑर्डर फॉर लंच एण्ड डिनर इन एडवान्स?
क्या हमें लंच और डिनर का ऑर्डर पहले से देना पड़ेगा?

Manage : No, no, unless you want to have anything special.
नो, नो, अनलैस यू वान्ट टु हैव ऐनीथिंग स्पेशल।
नहीं, नहीं, जब तक कि आप कोई विशेष चीज लेना न चाहें।

Traveller : Thanks for your courtesy.
थैन्क्स फॉर योर कर्टिसी।
आपके नम्र व्यवहार के लिये धन्यवाद।

(15) Bookixng a Taxi (टैक्सी बुक करना)

Passenger : Hey, taxi!
हे, टैक्सी।
ऐ, टैक्सी।

Taxi- driver : Yes, sir.
यस, सर।
हाँ, महोदय।

Passenger : Would you go to Kalkaji ?
वुड यू गो टु कालकाजी?
क्या तुम कालकाजी चलोगे?

Taxi-driver : Why not ? With pleasure, sir.
वाय नॉट? विद प्लेज़र, सर.
क्यों नहीं? खुशी के साथ, श्रीमान।

Passenger : Do you charge by meter or by contract?
डू यू चार्ज बाइ मीटर ऑर बाइ कॉन्ट्रैक्ट?
तुम मीटर के हिसाब से किराया लेते हो या तय करके?

Taxi-driver : I charge by meter.
आइ चार्ज बाइ मीटर।
मैं मीटर से किराया लेता हूँ।

Passenger : Is there any surcharge over the meter reading?
इज देअर ऐनी सरचार्ज ओवर द मीटर रीडिंग?
मीटर रीडिंग के ऊपर भी कोई अधिक भार लगता है क्या?

Taxi-driver : Yes, sir, there is a surcharge of 10: by Government orders.
यस, सर, देअर इज अ सरचार्ज ऑफ टैन परसेन्ट बाइ गवर्नमेन्ट आर्डर्स। जी, श्रीमान, सरकारी आदेश के तहत दस प्रतिशत अधिक भार लगता है।

Passenger : Would you charge for this suitcase and bedding also?
वुड यू चार्ज फॉर दिस सूटकेस एण्ड बैडिंग ऑलसो?
क्या तुम इस सूटकेस और बिस्तरे के लिये भी कुछ लोगे ?

Taxi-driver : No, sir, nothing for these.
नो, सर, नथिंग फॉर दीज।
नहीं, श्रीमान, इनके लिये कुछ नहीं।

Passenger : And what are your halting charges?
एण्ड व्हाट आर योर हाल्टिंग चार्जज?
और तुम्हारे रुकने का क्या किराया है?

Taxi-driver : Very moderate; only twenty rupees per hour.
वैरी मॉडरेट ओन्ली ट्वेन्टी रुपीज पर ऑवर।
बहुत साधारण केवल बीस रुपये प्रति घंटा।

Passenger : And for night halt?
एण्ड फॉर नाइट हॉल्ट?
और रात को रुकने के लिये?

Taxi-driver : Only Rs.200/- per night.
ओन्ली रुपीज टू हन्ड्रेड पर नाइट।
O.K. Let us start.
ओ. के. लेट अस स्टार्ट।
ठीक है। अब चलें।

Taxi-driver : Yes, yes, get in please.
यस, यस, गैट इन प्लीज।
हाँ, हाँ, आप बैठिये।

Passenger : Have you downed the meter?
हैव यू डाउन्ड द मीटर?
क्या तुमने मीटर को नीचे गिरा दिया?

Taxi-driver : Yes, sir, I have done it.
यस सर, आइ हैव डन इट।
हाँ, मैंने गिरा दिया है।

(16) At the Airport (हवाई अड्डे पर)

Alok : (Speaking to his uncle from U. K. on the phone. (Hello, Uncle, I am Alok speaking from U. K.)
हैलो, अंकल, आइ ऐम आलोक स्पीकिंग फ्रॉम यू. के। हैलो, अंकल, मैं आलोक इंगलैण्ड से बोल रहा हूँ।

Uncle : Hellow Alok, how are you?
हैलो आलोक, हाउ आर यू?
हैलो आलोक, तुम कैसे हो?

Alok : I am all right, uncle. I am reaching India on the 15th June. Kindly meet me at the airport.
आइ ऐम ऑल राइट, अंकल। आइ ऐम रीचिंग इन्डिया ऑन द फिफ्टींथ जून। काइन्डली मीट मी ऐट द एअरपोर्ट।
मैं बिल्कुल ठीक हूँ, अंकल। मैं 15 जून को भारत पहुँच रहा हूँ। कृपया हवाई अड्डे पर मुझे मिल जायें।

Uncle : O.K. Where and by what flight, and at what time are you landing? ओ. के. वेयर एण्ड बाइ व्हाट फ्लाइट , एण्ड ऐट व्हाट टाइम आर यू लेन्डिंग? ठीक है। बताओ कहाँ, किस हवाई जहाज से और किस समय पहुँच रहे हो?

Alok : Uncle, I am flying by Air-India by Flight No. 382 reaching Sahara Airport at 08.30 hours.
अंकल, आइ एम फ्लाइंग बाइ एअर–इन्डिया बाइ फ्लाइट नं. 382 रीचिंग सहारा एअरपोर्ट ऐट 08.30 आवर्स।
अंकल, मैं एअर–इन्डिया की उड़ान नं. 382 से आ रहा हूँ, जो सहारा हवाई अड्डे पर प्रातः 8 बजे कर 30 मिनट पर पहुँचती है।

Uncle : Well, I'll meet you there.
वैल, आइ विल मीट यू देअर।
ठीक है, मैं तुम्हें वहाँ मिलूँगा।

Uncle : (At the Airport Enquiry Office)
Is Air-India Flight no. 382 from U. K. flying on time?
इज एअर–इन्डिया फ्लाइट नं. 382 फ्रॉम यू. के. फलाइंग ऑन टाइम?
क्या इंगलैण्ड से आने वाली एअर–इन्डिया की उड़ान नं. 382 ठीक समय पर आ रही है?

Enquiry Clerk : Almost. It is late just by 10 minutes.
ओलमोस्ट इट इज लेट जस्ट बाइ टैन मिनिट्स।
हाँ, लगभग. यह केवल 10 मिनट लेट है।

Announcer : Air-India Flight no. 382 from U. K. is landing.
एअर–इन्डिया फ्लाइट नं. 382 फ्रॉम यू. के. इज लेन्डिग।
इंगलैण्ड से आने वाली एअर–इन्डिया की उड़ान नं. 382 उतर रही है।

Alok : (Coming out after checking)
Good Morning uncle. I have bothered you so much.
गुड मॉर्निंग अंकल. आइ हैव बौदर्ड यू सो मच।
नमस्कार अंकल, मैंने आपको बहुत तकलीफ दी।

Uncle : Good Morning and my blessings. I hope you have had good and fruitful time in England.
गुड मॉर्निंग एण्ड माइ ब्लैसिंग्स। आइ होप यू हैव हैड गुड एण्ड फ्रूटफुल टाइम इन इंगलैण्ड । नमस्कार और आशीर्वाद। आशा है तुम्हारा इंगलैण्ड प्रवास अच्छा और लाभदायक रहा होगा।

Alok : Yes uncle, by your blessings. We shall talk at length at home.
यस अंकल, बाइ योर ब्लैसिंग्स, वी शैल टॉक ऐट लेन्थ ऐट होम।
जी हाँ, अंकल, आपके आशीर्वाद से घर चलकर में पूरा विवरण दूँगा।

(17) At the Bus Stop (बस स्टॉप पर)

Anil : Hello my friend, Mukesh! Where are you going?
हैलो माइ फ्रेंड , मुकेश! वेअर आर यू गोइंग?
मेरे मित्र मुकेश, तुम कहाँ जा रहे हो?

Mukesh : Oh Anil ! I am going to office as usual.
ओह अनिल! आइ ऐम गोइंग टु ऑफिस ऐज यूजुअल।
अरे अनिल! मैं रोज की भाँति ऑफिस जा रहा हूँ।

Anil : By which bus do you go?
बाई विच बस डू यू गो?
तुम किस बस से जाते हो?

Mukesh : I go by bus number 711.
आइ गो बाइ बस बाइ नंबर 711.
मैं 711 नंबर की बस से जाता हूँ।

Anil : I am a new comer to Delhi. I have very little knowledge of the bus routes here. Can you tell me by which bus can I go to Lajpat Nagar?
आइ ऐम अ न्यू कमर टु देल्ही आइ हैव वेरी लिटिल नॉलेज ऑफ द बस रूट्स हियर. कैन यू टेल मी बाइ विच बस कैन आइ गो टु लाजपत नगर?
मैं दिल्ली में नया आया हुआ हूँ। मैं यहाँ के बस मार्गों के बारे में बहुत कम जानता हूँ। क्या तुम बता सकते हो कि किस बस से मैं लाजपत नगर जा सकता हूँ?

Mukesh : You can go by number 503 or 630.
यू कैन गो बाइ नंबर फाइव हन्ड्रेड थ्री ऑर सिक्स हन्ड्रेड थर्टी।
तुम नंबर 503 या 630 से जा सकते हो।

Anil : Thank you. Which side are the stops of these buses?
थैंक यू। विच साइड आर द स्टॉप्स ऑफ दीज बसज?

Mukesh : There beyond that crossing on the right hand.
देअर बियोन्ड दैट क्रॉसिंग ऑन द राइट हैंड।
उस चौराहे से आगे सीधे हाथ की ओर।

Anil : Is there a time-table available showing the bus routes of Delhi?
इज देअर अ टाइम–टेबल एवेलेबल शोइंग द बस रूट्स ऑफ देल्ही?
क्या ऐसा कोई टाइम–टेबल मिलता है जिसमें दिल्ली के बस मार्ग दिखाये गये हो?

Mukesh : Yes there is, but it is old. Bus routes are often changing.
यस देअर इज, बट इट इज ओल्ड बस रूट्स आर ऑफन चेन्जिंग।
हाँ है तो सही, लेकिन वह पुराना होता है, और बस मार्ग बदलते रहते हैं।

Anil : Then how to know the routes?
दैन हाउ टु नो द रूट्स?
तो इन मार्गों को कैसे जाना जाय?

Mukesh : They come by practice. You can also note down the bus numbers on the routes you often travel.
दे कम बाइ प्रैक्टिस। यू कैन आलसो नोट डाउन द बस नंबर्स आन द रूट्स यू ऑफन V[a]Sवल।
वे अभ्यास से याद हो जाते हैं। तुम जिन मार्गों से अक्सर जाते हो उनके बस नंबर नोट कर लिया करो।

Anil : That's a good suggestion. I shall always keep a diary and a ball-pen in my pocket.
दैट्स अ गुड सजैशन आइ शैल आलवेज कीप अ डायरी एण्ड अ बॉल–पैन इन माइ पॉकेट।
यह अच्छा सुझाव है। अब मैं एक डायरी और एक बाल पैन हमेशा अपनी जेब में रखा करूँगा।

Mukesh : Oh, my bus has come. Bye, bye.
ओह, माइ बस हैज कम। बाइ, बाइ।
अरे मेरी बस आ गई. बाइ बाइ।

Anil : Bye.
बाइ।
नमस्कार।

(18) At a Book-shop (किताब की दुकान पर)

Rajan : (To a book-seller at the book-shop)
Good morning. Do you have Delhi University course books and some general books?

Rajan : गुड मॉर्निंग । डू यू हैव देल्ही यूनिवर्सिटी कोर्स बुक्स एण्ड सम जनरल बुक्स? क्या आपके पास दिल्ली यूनिवर्सिटी के पाठ्यक्रम की पुस्तकें तथा कुछ जनरल हैं?

Book-seller : Yes, we have all kinds of books.
यस, वी हैव ऑल काइन्ड्स ऑफ बुक्स।
हाँ, हमारे यहाँ सब प्रकार की पुस्तकें मिलती हैं।

Rajan : Here is the list of books that I want.
हिअर इज द लिस्ट ऑफ बुक्स दैट आइ वान्ट यह उन पुस्तकों की लिस्ट है जो मैं चाहता हूँ।

Book-seller : You have there stacks of books. They are arranged subject-wise. Please go to the stacks, select your books and pick them out. Our book-lifter will help you.
यू हैव देअर स्टैक्स ऑफ बुक्स। दे आर अरेन्ज्ड सब्जेक्ट–वाइज. प्लीज गो टु द स्टैक्स, सलैक्ट योर बुक्स एण्ड पिक दैम आउट। अवर बुक– लिफ्टर विल हैल्प यू।
सामने किताबों की आलमारियाँ हैं. किताबें विषयानुसार लगी हुई हैं। कृपया आलमारियों के पास जाइये, अपनी पुस्तकें छाँटिये और उन्हें बाहर निकाल लीजिये। हमारा पुस्तकें उठाने वाला आपकी मदद करेगा।

Rajan : That's good.
दैट्स गुड।
यह ठीक है।

Rajan : (To the book-lifter) Please take these books to the counter.
प्लीज़ टेक दीज बुक्स टु द काउन्टर।
कृपया इन पुस्तकों को काउन्टर पर ले चलिये।

Rajan : (To the book-seller) Here are the books I have selected. Please let me know how much the bill comes to?
हिअर आर द बुक्स आइ हैव सलैक्टड। प्लीज लैट मी नो हाउ मच द बिल कम्स टु?
ये किताबें मैंने छाँट ली हैं। कृपया बताइये कि बिल कितना बनता है?

Book-seller : The bill comes to Rs. 2150/-
द बिल कम्स टु रुपीज टू थाउजेन्ड वन हन्ड्रेड एण्ड फिफ्टी ।
बिल 2150/– रुपये का बनता है।

Rajan : Would you not allow me some discount?
वुड यू नॉट एलाउ मी सम डिसकाउन्ट?
क्या आप मुझे कुछ छूट नहीं देंगे?

Book-seller : Normally we do not allow any discount. But since you are our regular customer, we shall allow you 5% discount.

नॉरमली वी डू नॉट एलाउ ऐनी डिसकाउन्ट बट सिन्स यू आर अवर रैगूलर कस्टमर, वी शैल एलाउ यू फाइव परसेंट डिसकाउन्ट।

साधारणतः हम कोई छूट नहीं देते हैं। किन्तु चूँकि आप हमारे नियमित ग्राहक हैं, हम आपको 5 प्रतिशत छूट देंगे।

Rajan : Thank you. Here is the money. Kindly get the books packed.

थैंक यू। हिअर इज द मनी काइन्डली गैट द बुक्स पैक्ड।

धन्यवाद। पैसा यह रहा. कृपया किताबों को बँधवा दीजिये।

Book-seller : (To the book-lifter) Pack these books and take them to the car standing at the gate.

पैक दीज बुक्स एण्ड टेक देम टु द कार स्टैन्डिंग ऐट द गेट।

इन किताबों को पैक कर दो और गेट पर खड़ी हुई कार तक पहुँचा दो।

(19) Dialogue between Two Friends on Unemployment
(बेरोजगारी पर दो दोस्तों के बीच संवाद)

Rakesh : Hello my friend Sudhir! From where are you coming with such a long face?

हैलो माइ फ्रेन्ड सुधीर! फ्रॉम वेअर आर यू कमिंग विद सच अ लॉन्ग फेस?

हैलो मित्र सुधीर, ऐसा उदास चेहरा लेकर कहाँ से आ रहे हो?

Sudhir : I am coming after facing an interview for the post of Probationary Officer in the Canara Bank.

आइ ऐम कमिंग आफ्टर फेसिंग ऐन इन्टरव्यू फॉर द पोस्ट ऑफ प्रोबेशनरी ऑफीसर इन द कैनरा बैंक।

मैं कैनरा बैंक में प्रोबेशनरी ऑफिसर के पद के लिये साक्षात्कार देकर आ रहा हूँ।

Rakesh : What happened?

व्हाट हैपन्ड?

क्या हुआ?

Sudhir : As usual, I have been rejected. I obtained 73% marks in the written test. The candidate who has been selected in preference to me obtained only 31% marks in the written test.

Sudhir : ऐष यूजुअल, आइ हैव बीन रिजेक्टड आइ ऑबटेन्ड 73% मार्कस इन द रिटन टैस्ट द कैन्डीडेट हू हैज बीन सलैक्टड इन प्रेफरेंस टु मी ऑबटेन्ड ओन्ली 31% मार्कस इन द रिटन टैस्ट। जैसा हमेशा होता है, मुझे नहीं चुना गया। मैंने लिखित परीक्षा में 73% अंक प्राप्त किये. जिस अभ्यर्थी को मुझसे प्राथमिकता देते हुए चुना गया है उसके लिखित परीक्षा में केवल 31% अंक आये थे।

Rakesh : How did happen so?

हाउ डिड इट हैपिन सो?

ऐसा क्यों हुआ?

Sudhir : Because that candidate belonged to the reserved quota.

बिकॉज दैट केन्डीडेट बिलॉंग्ड टु द रिजर्व्ड कोटा।

क्योंकि वह अभ्यर्थी ऑरक्षित कोटा का था।

Rakesh : That is really frustrating.

दैट इज रीअली फ्रस्ट्रेटिंग।

यह वास्तव में बहुत निराशाजनक है।

Sudhir : Otherwise too the problem of unemployment is very alarming.
अदरवाइज टू द प्रॉबलम ऑफ अनऐम्प्लायमेन्ट इज वैरी एलामिंग।
इसके अलावा भी बेरोजगारी की समस्या अति गंभीर है।

Rakesh : The real cause of unemployment is our purposeless and aimless system of education.
द रीयल कॉज ऑफ अनऐम्प्लायमेन्ट इज अवर परपजलैस एण्ड एमलैस सिस्टम ऑफ ऐजुकेशन।
बेरोजगारी का असली कारण हमारी उद्देश्यहीन और लक्ष्यहीन शिक्षा प्रणाली है।

Sudhir : I think otherwise. In my opinoin the real cause is our over population.
आइ थिंक अदरवाइज। इन माइ ओपिनियन द रीअल कॉज इज अवर ओवर पापुलेशन। मेरा विचार दूसरा है। मेरी राय में असली कारण हमारी भारी आबादी है।

Rakesh : That is also largely correct.
दैट इज ऑलसो लार्जली करैक्ट।
यह बात भी काफी हद तक सही है।
After all there is a limit to employment opportunities,
आफ्टर ऑल देअर इज अ लिमिट टु ऐम्प्लायमेन्ट अपोरचुनिटीज।
आखिर रोजगार अवसरों की भी कोई सीमा होती है।

Rakesh : Then what is the way out?
दैन वाट इज द वे आउट?
फिर इससे उबरने का रास्ता क्या है?

Sudhir : There is only one way-self-employment.
देअर इज ओन्ली वन वे–सैल्फ ऐम्प्लायमेन्ट।
केवल एक ही रास्ता है स्वरोजगार।

Rakesh : For that we will have to change our system of education.
फॉर दैट वी विल हैव टु चेन्ज अवर सिस्टम आफ ऐजुकेशन।
उसके लिये हमें अपनी शिक्षा प्रणाली में परिवर्तन करना होगा।

Sudhir : You are right. We must lay more emphasis on vocational and technical education than on purely academic education that we have today.
यू आर राइट वी मस्ट ले मोर ऐम्पफेसिस ऑन वोकेशनल एण्ड टैक्नीकल ऐजूकेशन दैन ऑन प्योरली ऐकेडेमिक ऐजूकेशन दैट वी हैव टुडे।
तुम ठीक कहते हो। हमें रोजगारपरक व तकनीकी शिक्षा पर अधिक बल देना चाहिये बजाय केवल ऐकेडेमिक शिक्षा पर जो आज प्रचलित है।

Rakesh : The Government have also started thinking on these lines.
द गवर्नमेन्ट हैव आलसो स्टार्टेड थिंकिंग ऑन दीज लाइन्स।
सरकार ने भी इसी दशा में सोचना शुरू कर दिया है।

Sudhir : Let us wait and watch.
लैट अस वेट एण्ड वाच।
हमें प्रतीक्षा करना चाहिये और देखना चाहिये।

(20) Dialogue on the Increase of Crimes in Society
(समाज में अपराधो की वृद्धि पर वार्तालाप)

Ashok : Dinesh, have you read the top heading in the Newspaper today?
दिनेश, हैव यू रैड द टॉप हैडिंग इन द न्यूजपेपर टुडे?
दिनेश, तुमने आज के अखबार में पहले हैडिंग को पढ़ा है?

Dinesh : No, I haven't read. What is there in it?
नो, आइ हैवन्ट रैड वाट इज देअर इन इट?
नहीं मैंने नहीं पढ़ा है, उसमें क्या है?

Ashok : Broad daylight robbery in Chandni Chawk.
ब्रॉड डेलाइट रॉबरी इन चाँदनी चौक।
दिनदहाड़े चाँदनी चौक में लूट।

Dinesh : There is nothing new in it. Such crimes and incidents happen almost everyday. The public has also become immune to them. They read them as if they are reading tales.
देअर इज नथिंग न्यू इन इट। सच क्राइम्स एण्ड इन्सीडेन्ट्स हैपन आलमोस्ट ऐवरीडे। द पब्लिक हैज आलसो बिकम इम्म्यून टु दैम। दे रीड दैम ऐज इफ दे आर रीडिंग टेल्स। इसमें कोई नयी बात नहीं है। ऐसे अपराध और घटनायें लगभग रोजाना होती हैं. जनता भी इनके प्रति इतनी संवेदनहीन हो गई है कि इनको वह ऐसे पढ़ती है जैसे कोई कहानी पढ़ रहे हों।

Ashok : Indeed incidents of robbery, decoity, murders, bomb-explosions and arsons have become so common, specially in metropolitan cities.
इनडीड इन्सीडेन्ट्स ऑफ रौबरी, डिकोइटी,मर्डस,बौम्ब–एक्सप्लोजन्स एण्ड आरजन्स हैव बिकम सो कॉमन, स्पेशली इन मैट्रोपॉलीटन सिटीज।
वास्तव में लूट, डकैती, कत्ल, बम्ब–विस्फोट और आगजनी की घटनायें इतनी साधारण हो गइ हैं। विशेषरूप से बड़े–बड़े शहरों में।

Dinesh : Perhaps Delhi is the worst-hit of them.
परहैप्स देल्ही इज द –हिट ऑफ दैम।
संभवतः दिल्ली इनमें सबसे अधिक पीड़ित है।

Ashok : It is not so, but we feel so because we live here and know the details.
इट इज नॉट सो, बट वी फील सो बिकाज वी लिव हिअर एण्ड नो द डिटेल्स।
ऐसा नहीं है, लेकिन हम ऐसा अनुभव करते हैं, क्योंकि हम यहाँ रहते हैं और पूरा विवरण जानते हैं।

Dinesh : Have you ever thought why such a situation has come to pass?
हैव यू ऐवर थौट, वाई सच ए सिचुएशन हैज कम टु पास?
क्या तुमने कभी सोचा है कि ऐसी परिस्थिति क्यों बन गई है?

Ashok : One factor is very clear% it is the criminalisation of politics.
वन फैक्टर इज वैरी क्लीयर इट इज द क्रिमिनलाइजेशन ऑफ पॉलिटिक्स। एक बात बिलकुल साफ है यह राजनीति का अपराधीकरण है।,

Dinesh : Indeed, there are many many gangsters, habitual criminals, murderers, decoits and terrorists in our legislatures, political parties and even in Ministries.

इन्डीड, देअर आर मैनी मैनी गैन्गस्टर्स, हैविचुअल क्रिमिनल्स, मर्डरर्स डिकोइट्स एण्ड टैररिस्ट्स इन अवर लेजिस्लेचर्स, पॉलिटीकल पार्टीज एण्ड ईवन इन मिनिस्ट्रीज। वास्तव में हमारे यहाँ अनेकानेक सरगने, आदतन अपराधी, हत्यारे, डाकू और आतंकवादी हमारी राजनीतिक पार्टियों में, विधान सभाओं और मन्त्रिपरिषदों तक में हैं।

Ashok : Many of them defend and give shelter to anti-social elements.

मैनी ऑफ दैम डिफेन्ड एण्ड गिव शैल्टर टु ऐन्टी–सोशल ऐलीमेन्ट्स। उनमें से बहुत से असामाजिक तत्वों को बचाते हैं और उन्हें शरण देते हैं।

Dinesh : The police also feel weak and demoralized on account of them.

पुलिस आलसो फील वीक एण्ड डिमोरेलाइज्ड ऑन एकाउन्ट ऑफ दैम। पुलिस भी उनकी वजह से अपने आपको कमजोर और असहाय महसूस करती है।

Ashok : Let us hope things will not last long like this.

लैट अस होप थिंग्स विल नॉट लास्ट लॉन्ग लाइक दिस।

हमें आशा करनी चाहिये कि ऐसी स्थिति लम्बे समय तक नहीं चलेगी।

(21) On Price-Rise (मूल्य वृद्धि पर)

Sushil : Do you know, Pradeep, that the Government has announced today 10% increase in D. A?

डू यू नो, प्रदीप, दैट द गवर्नमेन्ट हैज एनाउन्स्ड टुडे टैन परसेंट इन्क्रीज इन डी.ए.? प्रदीप, क्या तुम्हें मालूम है कि आज गवर्नमेन्ट ने महँगाई भत्ते में दस प्रतिशत की बढ़ोत्तरी घोषित की है?

Pardeep : Yes, I know, but no increase in D. A can keep pace with the soaring price level.

यस, आइ नो, बट नो इन्क्रीज इन डी.ए. कैन कीप पेस विद द सोरिंग प्राइस लेवल।

हाँ, मैं जानता हूँ, परन्तु महँगाई भत्ते में कितनी ही बढ़ोत्तरी की जाय, वह कीमतों की बढ़ती सतह की बराबरी नहीं कर सकती।

Sushil : This is very correct. The soaring price level has broken the backbone of the middle and lower middle class people.

दिस इज वैरी करैक्ट। द सोरिंग प्राइस लेवल हैज ब्रोकन द बैकबोन ऑफ द मिडिल एण्ड लोअर मिडिल क्लास पीपल।

यह बिलकुल सही है। बढ़ती हुई महँगाई ने मध्यमवर्गीय और निम्न मध्यवर्गीय लोगों की कमर तोड़ दी है।

Pardeep : It is the Government policy which is responsible for this state of affairs.

इट इज द गवर्नमेन्ट पॉलिसी विच इज रैसपॉन्सिबल फॉर दिस स्टेट ऑफ अफेयर्स। यह तो सरकार की नीति है जो इस दुर्दशा के लिये जिम्मेदार है।

Sushil : Look at the Government's folly that it is exporting several kinds of consumer goods, while there is scarcity of them in our own country.

लुक ऐट द गवर्नमेन्ट'स फौली दैट इट इज एक्सपोर्टिंग सैवरल काइन्ड्स ऑफ कन्जूमर गुड्स, वाईल देअर इज स्केर्सिटी ऑफ दैम इन अवर ओन कन्ट्री।

सरकार की मूर्खता देखिये कि वह उपभोग की कई उन वस्तुओं का निर्यात कर रही है, जबकि अपने ही देश में उनकी कमी है।

Pardeep : Who could have imagined that prices of such common things as onions and potatoes would rise so sky high?
हू कुड हैव इमेजिन्ड दैट प्राइसज ऑफ सच कॉमन थिंग्स ऐेज अनियन्स एण्ड पोटेटोज वुड राइज सो स्काइ हाइ?
यह कौन कल्पना कर सकता था कि प्याज और आलू जैसी साधारण चीजों की कीमतें आसमान को छूने लगेंगी?

Sushil : Now gradually prices are coming down. Thank heaven!
नाउ ग्रेजुअली प्राइसज आर कमिंग डाउन। थैन्क हैवन!
अब धीरे–धीरे कीमतें गिरने लगी हैं. भगवान का शुक्र है!

Pardeep : Let us hope this trend will continue.
लैट अस होप दिस ट्रेंड विल कन्टीन्यु।
आशा करें कि यह प्रवाह चलता रहेगा।

(22) On Attending a Marriage (किसी शादी में शामिल होने पर)

Shyam : Good evening, uncle. I congratulate you on this happy occasion of sister Geeta's wedding.
गुड ईवनिंग, अंकल, आइ कोन्ग्रेचुलेट यू ऑन दिस हैपी अकेजन ऑफ सिस्टर गीता'ज वैडिंग. नमस्कार चाचाजी, मैं आपको गीता बहन की शादी के इस शुभ अवसर पर बधाई देता हूँ।

Uncle : Good evening, my sonny. Thanks for coming. Please come in.
गुड ईवनिंग, माइ सनी। थैन्क्स फॉर कमिंग। प्लीज कम इन। नमस्कार मेरे बेटे। तुम्हारे आने के लिये ध न्यवाद। अन्दर आओ।

Shyam : Mummy could not come because she was unwell, She has sent this packet for sister with her blessings.
मम्मी कुड नॉट कम बिकॉज शी वाज अनवैल। शी हैज सैन्ट दिस पैकेट फॉर सिस्टर विद ब्लैसिंग्स।
माँ नहीं आ सकी, क्योंकि वह अस्वस्थ थीं। उन्होंने बहन के लिये यह पैकेट भेजा है।

Uncle : Thanks. But there was no need of this.
थैन्क्स। बट देअर वाज नो नीड ऑफ दिस।
धन्यवाद। लेकिन यह जरूरी नहीं था।

Shyam : When is the Barat due?
वेन इज द बारात ड्यू?
बारात कब आ रही है?

Uncle : It should reach here by nine O'clock.
इट शुड रीच हिअर बाइ नाइन ओ क्लाक।
बारात यहाँ नौ बजे तक आ जानी चाहिये।

Shyam : Tell me, uncle, what I can do?
टेल मी, अंकल, व्हाट आइ कैन डु? चाचाजी, बताइये मैं क्या करूँ?
You take charge of coffee and snacks. They should be served at the gate.
यू टेक चार्ज ऑफ कॉफी एण्ड स्नैक्स। दे शुड बी सर्वड ऐट द गेट।
तुम कॉफी और नाश्ते का इन्तजाम अपने हाथ में लो। वे गेट पर दी जानी चाहिये।

Shyam : Right, uncle. I'll do so. Now it's my responsibility.
राइट, अंकल। आइ विल डू सो नाउ इट्स माई रेसपॉन्सिबलिटी।
ठीक है, अंकल, मैं ऐसा ही करूंगा. अब यह मेरी जिम्मेदारी है।

Uncle : Go and see that the coffee plant is working well. Also see that there is sufficient stock of sugar, milk and cream.
गो एण्ड सी दैट द कॉफी प्लांट इज वर्किंग वैल। ऑलसो सी दैट देअर इज सफीशियेन्ट स्टॉक ऑफ शुगर, मिल्क एण्ड क्रीम।
जाओ और देखो कि कॉफी की मशीन ठीक से काम कर रही है. और यह भी देखो कि दूध, चीनी और क्रीम का पर्याप्त स्टॉक है।

Shyam : Uncle, have no worry about it.
अंकल, हैव नो वरी एबाउट इट।
अंकल, इस बात की आप कोई चिन्ता न करें।

Shyam : (After a pause) But uncle, before serving coffee, the Baratis should be gar-landed.
बट अंकल, बिफोर सर्विंग कॉफी, द बारातीज शुड बी गारलेन्डेड।
लेकिन अंकल, कॉफी देने से पहले बारातियों को मालायें पहनानी चाहिये।

Uncle : Oh Shyam, I had completely forgotten that. You have well reminded me that.
ओह श्याम, आइ हैड कम्प्लीटली फॉरगोटन दैट। यू हैव वैल रिमाइन्डेड मी ऑफ दैट। ओह श्याम, मैं तो बिलकुल भूल गया था। तुमने अच्छी याद दिलाई।

(23) On An Accident (एक दुर्घटना पर)

Mother : Oh Anand, you have come! Why have you reached so late? I was so worried about you.
ओह आनन्द, यू हैव कम! वाइ हैव यू रीच्ड सो लेट? आइ वाज सो वरीड एबाउट यू।
अरे आनन्द, तुम आ गये! इतनी देर से क्यों आ पहुँचे?
मुझे तुम्हारी बड़ी चिन्ता हो रही थी।

Anand : Dear mother, I have had a providential escape today. My bus had a head long collision with a truck.
डियर मदर, आइ हैव हैड अ प्रॉवीडेन्शियल ऐसकेप टुडे। माइ बस हैड अ हैड लॉन्ग कोलीजन विद अ ट्रक।
प्यारी माँ, आज तो भगवान ने हीं रक्षा की है। मेरी बस की एक ट्रक से आमने–सामने की भयंकर टक्कर हो गई।

Mother : God's in heaven! How, where, what happened, my son?
गौड्'स इन हैवन! हाउ, वेयर, व्हाट हैपन्ड, माइ सन?
ईश्वर ने रक्षा की!कैसे, कहाँ, क्या हुआ?

Anand : Our bus was coming at full speed from Jhansi to Gwalior. Our bus was on the left side of the road. A truck, heavily loaded, was coming from the opposite direction. Suddenly, without any reason or signal, it turned towards our bus and had a fierce collision with the bus.
अवर बस वाज कमिंग ऐट फुल स्पीड फ्रॉम झाँसी टु ग्वालियर. अवर बस वाज ऑन द लेफ्ट साइड ऑफ द रोड। अ ट्रक, हैविली लोडेड, वाज कमिंग फ्रॉम द अपोजिट डाइरेक्शन। सडनली, विदाउट ऐनी रीजन और सिगनल, इट टर्न्ड टुवार्ड्स अवर बस एण्ड हैड अ फीयर्स कोलीजन विद द बस।

हमारी बस पूरी स्पीड पर झाँसी से ग्वालियर आ रही थी। हमारी बस सड़क पर बाईं ओर अपनी साइड पर थी। सामने से एक ट्रक, सामान से पूरी तरह लदा हुआ, आ रहा था। अचानक, बिना किसी कारण के, बिना संकेत दिये हुए हमारी बस की ओर मुड़ गया और भयंकर टक्कर मार दी।

Mother : Oh God! What then?
ओह गॉड! व्हाट दैन?
हे भगवान! फिर क्या हुआ?

Both the drivers and three passengers sitting on the berth just behind the driver were killed on the spot. About twenty persons were injured.
बोथ द ड्राइवर्स एण्ड थ्री पैसेन्जर्स सिटिंग ऑन द बर्थ जस्ट बिहाइन्ड द ड्राइवर वर किल्ड ऑन द स्पॉट। एबाउट ट्वैन्टी परसन्स वर इनजर्ड।
दोनों ड्राइवर और तीन यात्री जो ड्राइवर के ठीक पीछे वाली सीट पर बैठे थे, घटनास्थल पर ही मर गये। लगभग बीस लोग घायल हो गये।

Mother : How shocking! What a tragedy!
हाउ शॉकिंग! हाट अ ट्रेजेडी!
कितना दिल दहलाने वाली बात है! कितना बड़ा हादसा!

Anand : I was safe because luckily I had my seat on the last berth of the bus.
आइ वाज सेफ बिकॉज लकिली आइ हैड माइ सीट ऑन द लास्ट बर्थ ऑफ द बस।
मैं सुरक्षित रहा, क्योंकि भाग्य से मेरी सीट बस की आखिरी बर्थ पर थी।

Mother : What happened to the injured passengers?
व्हाट हैपण्ड टु द इनजर्ड पैसेन्जर्स?
घायल यात्रियों का क्या हुआ?

Anand : They were all rushed back to Jhansi by another bus.
दे वर ऑल रश्ड बैक टु झाँसी बाइ एनदर बस।
वे सब जल्दी से एक दूसरी बस से झाँसी वापस भेज दिये गये।

Mother : It was sheer bad luck.
इट वाज शीयर बैड लक।
यह केवल दुर्भाग्य था।

Mother : Perhaps the truck driver was drunk.
परहैप्स द ट्रक ड्राइवर वाज ड्रन्क।
शायद ट्रक का ड्राइवर शराब पिये हुए था।

Mother : Unfortunately many drivers do so.
अनफॉरचुनेटली मैनी ड्राइवर्स डू सो।
दुर्भाग्य से बहुत से ड्राइवर ऐसा करते हैं।

Anand : Perhaps the Government would give some nominal compensation to the injured and to the near relations of the dead, and there the matter would end.
परहैप्स द गवर्नमेण्ट वुड गिव सम नॉमीनल कम्पेन्सेशन टु द इनजर्ड एण्ड टु द नियर रिलेशन्स ऑफ द डैड, एण्ड देअर द मैटर वुड ऐण्ड।

शायद सरकार कुछ नाममात्र की क्षतिपूर्ति राशि घायलों तथा मृतकों के निकट सम्बन्धियों को दे देगी, और मामला वहीं खत्म हो जायेगा।

(24) Between two Friends

Rajan : Where are you going so early my friend ?
वेयर आर यू गोइंग सो अर्ली, माई फ्रेंड ?
दोस्त, इतने सवेरे ही कहाँ जा रहे हो ?

Shyam : I have started going for morning walk from today. Would you mind coming along with me?
आइ हैव स्टार्टेड गोइंग फॉर मॉर्निंग वाक फ्रॉम टुडे। वुड यू माइन्ड कमिंग एलोंग विद मी ?
मैंने आज से सुबह घूमना शुरू कर दिया है। क्या तुम मेरे साथ चलना पसंद करोगे ?

Rajan : Yes, I would love to go with you. Already I was thinking of meeting you and talking to you.
यस, आइ वुड लव टु गोविद यू. ऑलरेडी आइ वाज थिंकिन्ग ऑफ मीटिंग यू एण्ड टॉकिंग टु यू।
हॉ, मैं तुम्हारे साथ चलना चाहूँगा में पहले ही तुमसे मिलने और बात करने की सोच रहा था।

Shyam : Are your studies going on well?
आर योर स्टडीज गोइन्न ऑन वेल ?
क्या तुम्हारी पढ़ाई ठीक–ठाक चल रही है ?

Rajan : Not to my full satisfaction, because my father is unwell these days.
नॉट टु माइ फुल सैटिसफैक्शन, बिकॉज माइ फादर इज अनवेल दीज डेज।
संतोषजनक नहीं है, क्योंकि मेरे पिताजी आजकल अस्वस्थ हैं।

Shyam : What is the problem with your father?
वाट इज द प्रॉब्लम विद योर फादर ?
तुम्हारे पिताजी को क्या तकलीफ है ?

Rajan : He is a heart patient. He has already undergone bypass surgery.
ही इज अ हार्ट–पेशेन्ट. ही हैज ऑलरेडी अण्डरगौन बाइपास सर्जरी।
वे हृदय रोगी हैं। उनकी पहले ही बाइपास सर्जरी हो चुकी है।

Shyam : Well, what about the result of your I. A. S. competitive exam ?
वैल, वाट एबाउट द रिजल्ट ऑफ योर आई. ए. एस. कोम्पटीटिव एक्जाम ?
अच्छा, तुम्हारी आई. ए. एस. की प्रतियोगी परीक्षा का नतीजा क्या रहा ?

Rajan : You know I have already qualified in the Prelims. The result of the final exam- is not yet out.
यू नो आइ हैव आलरेडी क्वालीफायड इन द प्रिलिम्स. द रिजल्ट ऑफ द फायनल एक्जाम इज नॉट यट आउट।
तुम जानते हो कि प्रारम्भिक परीक्षा में तो मैं पहले ही उत्तीर्ण हो चुका हूँ। फायनल परीक्षा का नतीजा अभी नहीं निकला है।

Shyam : I am also taking the I. A. S. Prelims this year. I wanted to talk to you in this connection.
आइ ऐम ऑलसो टेकिंग द आई. ए. एस. प्रिलिम्स दिस ईयर। आइ वान्टेड टु टाक टु यू इन दिस कनैक्शन।
मैं भी इस साल आई. ए. एस. प्रिलिम्स दे रहा हूँ। इस सम्बन्ध में मैं तुमसे बात करना चाहता था।

Rajan : I'll gladly do whatever I can in this connection. Tell me how can I be of any help to you ?
आइ विल ग्लैडली डू वाटएवर आइ कैन इन दिस कनैक्शन। टेल मी हाउ कैन आइ बी ऑफ ऐनी हैल्प टु यू ?
मैं ख़ुशी से इस सम्बन्ध में जो कुछ कर सकता हूँ, करूँगा। बताओ मैं तुम्हारी क्या सहायता कर सकता हूँ ?

Shyam : First, tell me please which books or magazines are the best for the G.K. Paper.
फर्स्ट, टेल मी प्लीज विच बुक्स और मैगजीन्स आर द बैस्ट फॉर द जी.के. पेपर?
सबसे पहले कृपया यह बताइये कि जी.के. के पेपर के लिये सबसे अच्छी पुस्तकें या मैगजीन कौनसी हैं?

Rajan : In my opinion the best monthly magazine is Upkar's Pratiyogita Darpan. Its Annual Number is superb.
इन माइ ओपिनियन द बैस्ट मन्थली मैगजीन इज उपकार्स प्रतियोगिता दर्पण। इट्स एनुअल नम्बर इज सुपर्व।
मेरी राय में सबसे अच्छी मासिक पत्रिका उपकार की प्रतियोगिता दर्पण है। इसका वार्षिक अंक तो उत्कृष्ट है।

Shyam : Well friend, I shall not detain you any longer. I shall meet you at your home for more detailed discussion.
वैल फ्रेंड, आइ शैल नॉट डिटेन यू ऐनी लॉन्गर। आइ शैल मीट यू ऐट योर होम फॉर मोर डिटेल डिसकशन।
अच्छा मित्र, मैं तुम्हें और अधिक नहीं रोकूँगा. अधिक जानकारी के लिये मैं तुम्हारे घर मिलूँगा।

(25) Between two College — Going Girls

Preeti (On the telephone) :

Hello Rashmi, I am Preeti speaking. I was so eager to talk to you.
हैलो रश्मि, आइ ऐम प्रीति स्पीकिंग. आइ वाज सो ईगर टु टॉक टू यू।
हैलो रश्मि, मैं प्रीति बोल रही हूँ. मुझे तुमसे बात करने की बहुत उत्सुकता थी।

Rashmi : Hello Preeti, I am so glad to hear your voice so early in the morning. What makes my dear friend so eager to talk to me?
हैलो प्रीति, आइ ऐम सो ग्लैड टु हियर योर वॉइस सो अर्ली इन द मॉर्निंग। वाट मेक्स माई डियर फ्रेंड सो ईगर टु टॉक टु मी ?
हैलो प्रीति, सुबह ही सुबह तुम्हारी आवाज सुनकर बहुत खुशी हुई।मेरी प्यारी मित्र को मुझसे बात करने की इतनी उत्सुकता कैसे हुई ?

Preeti : There must be something selfish behind this eagerness. I want you to accompany me to market. I have to make some purchases.
देअर मस्ट बी समथिंग सैल्फिश बिहाइन्ड दिस ईगरनैस। आइ वान्ट यू टु एकम्पनी मी टु मारकेट। आइ हैव टु मेक सम परचेजज. इस उत्सुकता के पीछे कुछ न कुछ स्वार्थ होगा। मैं तुम्हें अपने साथ बाजार ले जाना चाहती हूँ। मुझे कुछ खरीदारी करनी है.

Rashmi : This is excellent. I was myself thinking of going to market. I can come to your house at about 10 O'clock.
दिस इज ऐक्सीलेंट।आइ वाज माइसैल्फ थिंकिन्ग ऑफ गोइंग टु मारकेट। आई कैन कम टु योर हाउस ऐट एबाउट टैन ओ क्लाक। यह तो बहुत अच्छा है। मैं स्वयं भी बाजार जाने की सोच रही थी। मैं तुम्हारे घर दस बजे के आसपास आ सकती हूँ।

Preeti : Please do come. I shall keep ready.
प्लीज डू कम। आइ शैल कीप रेडी।
कृपया अवश्य आना। मैं तैयार रहूँगी।

Rashmi : (Reaching Preeti's home) Here, I am Preeti. It is just 10 O'clock.
हियर, आइ ऐम प्रीति इट इज जस्ट टैन ओ क्लाक।
प्रीति मैं आ गई ठीक दस बजे हैं।

Preeti : Welcome, hearty welcome. Have a cup of tea, and then we shall go.
वैलकम, हार्टी वैलकम हैव अ कप ऑफ टी, एण्ड दैन वी शैल गो।
स्वागत है, हार्दिक स्वागत है। एक प्याला चाय पियो, फिर चलेंगे।

Rashmi : (Taking tea and talking) What have you to purchase today?
वाट हैव यू टु परचेज टुडे ?
तुम्हें आज क्या खरीदना है ?

Preeti : I have to purchase two Salvar suits, ready-made, two pillow covers, two full size bed covers and some items of cosmetics.
आइ हैव टु परचेज टू सलवार सूट्स, रैडीमेड टू पिलो कवर्स, टू फुल–साइज बैड कवर्स एण्ड आइटेम्स ऑफ कॉसमैटिक्स।
मुझे तैयार दो सलवार सूट, दो तकियों क कवर्स, दो बड़ी साइज के चद्दरे और कुछ शृंगार के सामान खरीदने हैं।

Rashmi : I have also to purchase some such items. I can also purchase cloth for one or two Salvar suits. if I come to like their shades and designs.
आइ हेव ऑलसो टु परचेज सम सच आइटम्स। आइ केन ऑलसो परचेज क्लॉथ फॉर वन और टू सलवार सूटस, इफ आइ कम टु लाइक देअर शेड्स एण्ड डिजाइन्स।
मुझे भी कुछ ऐसी ही छोटी–मोटी चीजें खरीदनी हैं। एक या दो सलवार सूटों का कपड़ा भी मैं खरीद सकती हूँ, यदि उनका रंग और डिजायन पसंद आ जायें।

Preeti : What shades do you normally like?
वाट शेड्स डू यू नॉर्मली लाइक ?
अधिकांश तौर पर तुम्हें कौनसे रंग पसंद है ?

Rashmi : I normally like light shades in summer. In winters dark shades are preferable.
आइ नॉर्मली लाइक लाइट शेड्स इन समर। इन विन्टर्स डार्क शेड्स आर प्रेफरबल।
अधिकांश तौर पर गर्मियों में में हल्के रंग पसंद करती हूँ। जाड़ों में गहरे रंग अध्कि ठीक रहते हैं।

Preeti : In so far as designs are concerned, I like striped pieces, Bold and loud designs I don't like-
इन सो फार ऐज डिजाइन्स आर कन्सर्न्स, आइ लाइक स्ट्राइप्ड पीसज बोल्ड एण्ड लाउड डिजाइन्स आइ डोन्ट लाइक।
जहाँ तक डिजाइनों का सवाल है, मुझे धरी वाले कपड़े पसंद हैं बड़े और गहरे डिजाइन मुझे पसंद नहीं।

Rashmi : O.K. No discussions here. We shall see in the market. Let us go.
ओ. के. नो डिसकशन्स हियर। वी शैल सी इन द मार्केट। लैट अस गो।
ठीक है। यहाँ बहस करना बेकार है। बाजार में देखेंगे। अब हमें चलना चाहिये।

(26) Between a Student and His Teacher

Student : Good morning, sir.
गुड मॉर्निंग, सर ।
श्रीमान् जी, नमस्कार।

Teacher : Good morning – गुड मॉर्निंग।
नमस्कार।

Student : Sir, I want to meet you at your residence. I would be extremely thankful to you sir. if you could fix up some time for me.
सर, आइ वान्ट टु मीट यू ऐट योर रेजीडेन्स। आइ वुड बी एक्स्ट्रीमली थैंकफुल टु यू. सर। इफ यू कुड फिक्स अप सम टाइम फॉर मी। सर, मैं आपसे आपके घर पर मिलना चाहता हूँ। मैं अत्यन्त आभारी हूँगा यदि आप मेरे मिलने का समय निश्चित कर सकें।

Teacher : O.K. When do you want to come ?
ओ. के. वेन डू यू वान्ट टु कम ?
ठीक है। तुम कब आना चाहते हो ?

Student : Any day , any time that may suit your convenience, sir.
ऐनी डे, ऐनी टाइम दैट मे सूट योर कनवीनियेन्स, सर।
किसी भी दिन किसी भी समय, जब आपको सुविधा हो, सर।

Teacher : All right, come on Sunday at 10 O'clock.
ऑल राइट, कम ऑन सन्डे ऐट टैन ओ क्लाक।
ठीक है, इतवार को सुबह दस बजे आ जाओ।

Student : Thank you, sir.
थैंक यू, सर।
सर, धन्यवाद।

Student : (On Sunday) good morning, sir.
गुड मॉर्निंग, सर।
सर, नमस्कार।

Teacher : Good morning, Now tell me what can I do for you ?
गुड मॉर्निंग, नाउ टेल मी वाट कैन आइ डू फॉर यू ?
नमस्कार, अब बताओ मैं तुम्हारे लिये क्या कर सकता हूँ ?

Student : First of all, sir, suggest to me a good Dictionary and a good book on Grammar that may cover my whole course.
फर्स्ट ऑफ ऑल, सर, सजेस्ट टु मी अ गुड डिक्शनरी एण्ड अ गुड बुक ऑन ग्रामर दैट मे कवर माइ होल कोर्स।
सबसे पहले, सर, मुझे एक अच्छी डिक्शनरी और एक अच्छी ग्रामर की पुस्तक बताइये जो पूरे पाठ्यक्रम के लिये पर्याप्त हों।

Teacher : The best Dictionary for your purpose is 'Advanced Learner's Dictionary' and the best book on Grammar is one written by Wren & Martin.
द बैस्ट फॉर योर परपज इज एडवान्स्ड लर्नर्स डिक्शनरी एण्ड द बैस्ट बुक ऑन ग्रामर इज वन रिटिन बाइ रैन एण्ड मार्टिन।

तुम्हारे लिये सबसे अच्छी डिक्शनरी है एडवॉन्स्ड लर्नर्स डिक्शनरी और सबसे अच्छी ग्रामर की किताब रैन एण्ड मार्टिन द्वारा लिखित है।

Student : Sir, I am weak in English. I want to take private tuition for a few months. Do you take private tuitions, sir ?

सर, आइ ऐम वीक इन इंगलिश। आइ वान्ट टु टेक प्राइवेट ट्यूशन फॉर अ फ्यू मंथ्स। डू यू टेक प्राइवेट ट्यूशन, सर ?

सर, मैं अँग्रेजी में कमजोर हूँ। मैं कुछ महीनों के लिये प्राइवेट ट्यूशन पढ़ना चाहता हूँ। सर, आप ट्यूशन पढ़ाते हैं क्या?

Teacher : No, I don't take private tuitions. In fact, no teacher of our school takes tuitions. Of course, you can come to me sometimes for removing your difficulties.

नो, आइ डोन्ट टेक प्राइवेट ट्यूशन। इन फैक्ट, नो टीचर ऑफ अवर स्कूल टेक्स ट्यूशन। ऑफ कोर्स, यू कैन कम टु मी समटाइम्स फॉर रिमूविंग योर डिफीकल्टीज.

नहीं मैं टड्यूशन नहीं पढ़ाता। सच्चाई तो यह है कि हमारे स्कूल का कोई भी टीचर ट्यूशन नहीं पढ़ाता। लेकिन हाँ, तुम कभी–कभी अपनी कठिनाइयाँ पूछने मेरे पास आ सकते हो।

Student : Thank you, sir. It is so kind of you. This will serve my purpose.

थैंक यू, सर। इट इज सो काइन्ड ऑफ यू। दिस विल सर्व माइ परपज।

सर, बहुत–बहुत ध्न्यवाद। आपने बड़ी कृपा की। इससे मेरा काम हो जायेगा।

(8) On the Arrival of a Guest (किसी अतिथि के आगमन पर)

Host : Oh! My uncle, you are here ! You have come so unexpectedly ! You are most welcome.

ओह माइ अंकल, यू हैव कम सो अनएक्सपेक्टेडली! यू आर मोस्ट वैलकम । अहा चाचाजी, आप यहाँ ! आप तो अचानक ही बिना उम्मीद के आ गये ! आपका हार्दिक स्वागत है।

Guest : Yes, I could not inform you. I received an urgent call from the Head Office here.

यस, आइ कुड नॉट इनफॉर्म यू। आइ रिसीव्ड एन अर्जेंट कॉल फ्रॉम द हेड ऑफिस हियर।

हाँ, मैं तुम्हें खबर नहीं कर सका। मुझे यहाँ के मुख्य कार्यालय से अति आवश्यक बुलावा आया था।

Host : Please come in. Sit down comfortably. It would have been fine if aunty had also come with you.

प्लीज कम इन. सिट डाउन कम्फरटेबली. इट वुड हैव बीन फाइन इफ आन्टी हैड ऑलसो कम विद यू।

कृपया अन्दर आइये। आराम से बैठ जाइये। यदि आपके साथ चाचीजी भी आईं होतीं, तो कितना अच्छा होता।

Guest : I could not bring her because it is my official visit. Next time I will bring her with me on my personal visit.

आइ कुड नॉट ब्रिंग हर बिकॉज इट इज माइ ऑफीसियल विजिट। नैक्स्ट टाइम आइ विल ब्रिंग हर विद मी ऑन माइ पर्सनल विजिट।

मैं उन्हें नहीं ला सका, क्योंकि यह मेरी सरकारी यात्रा है। अगली बार मैं उन्हें अपने साथ व्यक्तिगत यात्रा पर लाऊँगा।

Host : I hope you had a comfortable journey. It is a whole night's journey.

आइ होप यू हैड अ कम्फरटेबल जर्नी। इट इज अ होल नाइट्स जर्नी।

आशा है आपकी यात्रा आरामदायक रही होगी। यह पूरी रात की यात्रा है।

Guest : Yes, it was comfortable. The office had got a berth reserved for me in the first class.
यस, इट वाज कम्फरटेबल। द ऑफिस हैड गॉट अ बर्थ रिजर्वड फॉर मी इन द फर्स्ट क्लास। हाँ, यात्रा आरामदायक थी। ऑफिस ने मेरे लिये प्रथम श्रेणी में एक बर्थ आरक्षित करा दी थी।

Host : That's good. Please brush your teeth and have a cup of tea.
दैट्स गुड। प्लीज ब्रश योर टीथ एण्ड हैव अ कप आफ टी।
यह अच्छा हुआ। कृपया दाँत साफ कर लीजिये और एक प्याला चाय पीजिये।

Guest : O.K. I am just coming. Which side is the bathroom?
ओ.के. आइ ऐम जस्ट कमिंग। विच साइड इज द बाथरूम ?
ठीक है। मैं अभी आता हूँ। बाथरूम किस तरफ है ?

Host : It is there in the courtyard. Toothpaste is also there. Here is the towel.
इट इज देअर इन द कोर्टयार्ड। टूथपेस्ट इज ऑलसो देअर। हियर इज द टॉवल।
बाथरूम आँगन में है। टूथपेस्ट भी वहीं पर है। तौलिया यह रही।

Guest : I have done with it.
आइ हैव डन विद इट।
मैं पेस्ट वगैरह कर चुका।

Host : Here is a cup of tea for you. In the mean time breakfast is being prepared.
हियर इज अ कप ऑफ टी फॉर यू. इन द मीन टाइम ब्रेकफास्ट इज बीइंग प्रिपेयर्ड।
आपकी चाय यह रही. इसी बीच नाश्ता तैयार हो रहा है।

Guest : Thank you, After tea I have to get ready for office. I must reach there at 10 O'clock.
थैंक यू , आफ्टर टी आई हैव टु गैट रैडी फॉर ऑफिस। आइ मस्ट रीच देअर ऐट टैन ओ क्लॉक।
ध्न्यवाद, चाय के बाद मुझे ऑफिस जाने के लिये तैयार होना है। मुझे वहाँ 10 बजे पहुँचना है।

Host : Lunch would be ready by 1 O'clock. I hope you would come back from office by that time.
लंच वुड बी रैडी बाइ वन ओ क्लॉक। आइ होप यू वुड कम बैक फ्रॉम ऑफिस बाइ दैट टाइम।
एक बजे तक लंच तैयार हो जायेगा। उम्मीद है कि तब तक आप ऑफिस से वापिस आ जायेंगे।

Guest : I hope so. Now let me go.
आइ होप सो। नाउ लैट मी गो।
मुझे ऐसी उम्मीद है। अब मुझे जाने दो।

(27) With the Guest at Lunch (दोपहर के भोजन पर अतिथि के साथ)

Host : You have come well in time. Lunch is ready.
यू हैव कम वैल इन टाइम । लंच इज रेडी।
आप ठीक समय पर आ गये हैं । लंच तैयार है।

Guest : O.K. Let me wash my hands.
ओ. के. लेट मी वाश माइ हैन्ड्स।
ठीक है, मैं हाथ धोलू ।

Host : Now let us have our lunch.
नाउ लैट अस हैव अवर लंच ।
चलिये अब भोजन करलें ।

Guest : There was no need to have prepared so many dishes. I didn't want to bother you so much.
देअर वाज नो नीड टु हैव प्रिपेयर्ड सो मैनी डिशज। आइ डिडन्ट वान्ट टु बौदर यू सो मच।
इतनी सारी चीजें बनाने की क्या आवश्यकता थी। मैं तुम्हें इतना परेशान करना नहीं चाहता था।

Host : No uncle, It is our pleasure. You come only once or twice a year.
नो अंकल, इट इज अवर प्लेजर।यू कम ऑनली वन्स और ट्वाइस अ ईयर।
नहीं चाचाजी. यह तो हमारे लिये खुशी की बात है। आप साल में एक दो बार ही तो आते हैं।

Guest : Your preparations are really delicious. I have overeaten.
योर प्रिपरेशन्स आर रीअली डीलीशियस। आइ हैव ओवरइटन।
सारी चीजें बहुत स्वादिष्ट बनी हैं। मैं ज्यादा खा गया. ।

Host : Not at all.
नॉट एट ऑल ।
ऐसी कोई बात नहीं ।

Host (After a pause) to uncle:

Uncle, you have not tasted this fruit cream. This is our special dish,You will like it.
अंकल, यू हैव नॉट टेस्टेड दिस फ्रूट क्रीम । दिस इज अवर स्पेशल डिश, यू विल लाइक इट ।
चाचाजी, आपने यह फ्रूट क्रीम तो चखी नहीं। यह हमारा विशेष व्यंजन है, आपको यह पसंद आयेगी ।

Guest : This is really wonderful.
दिस इज रीअली वन्डरफुल।
यह तो वास्तव में बहुत ही बढ़िया है।

Host : Won't you have a cup of coffee after lunch ?
वोन्ट यू हैव अ कप ऑफ कॉफी आफ्टर लंच ?
क्या लंच के बाद एक प्याला कॉफी नहीं लेंगे ?

Guest : I won't mind.
आइ वोन्ट माइन्ड।
मुझे कोई ऐतराज नहीं है।

Host : Well, then here it is.
वैल, दैन, हियर इट इज।
तो ठीक है, कॉफी यह रही।

Guest : I'll have a short nap. I have to go to office again at 3 p.m.
टाइ विल हैव अ शोर्ट नैप। आइ हैव टु गो टु ऑफिस अगेन ऐट थ्री पी. एम.।
मैं थोड़ी देर सोऊँगा. मुझे 3 बजे दुबारा ऑफिस जाना है।

(28) Bidding Adieu to a guest (अतिथि को विदाई देते हुए)

Host : Can it not be possible for you to stay for a day or two more ?
कैन इट नॉट बी पॉसीबल फॉर यू टु स्टे फॉर अ डे और टू मोर ?
क्या एक या दो दिन और ठहरना आपके लिये संभव नहीं हो सकेगा ?

Guest : I would have loved to stay a little longer but it is not possible because I have to submit my report tomorrow.

आइ वुड हैव लव्ड टु स्टे अ लिटिल लॉन्गर, बट इट इज नॉट पॉसिबल बिकॉज आइ हैव टु सबमिट माइ रिपोर्ट टुमारो।

मुझे कुछ दिन और रहना अच्छा लगता, किन्तु यह संभव नहीं है, क्योंकि मुझे कल अपनी रिपोर्ट प्रेषित करनी है।

Host : Well then, by which train would you like to go? I'll try to have a berth reserved for you.

वैल दैन, बाइ विच ट्रेन वुड यू लाइक टु गो ? आइ विल ट्राइ टु हैव अ बर्थ रिजर्व्ह फॉर यू।

अच्छा तो, आप किस गाड़ी से जाना चाहेंगे ? मैं आपके लिये एक बर्थ आरक्षित कराने की कोशिश करूँगा।

Guest : Guest Don't worry, I have already a berth reserved for my return journey.

डोन्ट वरी। आइ हैव ऑलरेडी अ बर्थ रिजर्व्ह फॉर माइ रिटर्न जर्नी।

इसकी चिन्ता मत करो। मेरे पास पहले से वापसी यात्रा के लिये एक बर्थ आरक्षित है।

Host : At what time does your train leave?

ऐट वाट टाइम डज योर ट्रेन लीव ?

आपकी गाड़ी कितने बजे चलती है ?

Guest : It starts at 20 hours from Bombay Central.

इट स्टार्टर्स ऐट टवैन्टी ऑवर्स फ्रॅाम बॉम्बे सेन्ट्रल।

यह बम्बई सेन्ट्रल से शाम आठ बजे चलती है।

Host : It is already 7:20 p.m. It takes about twenty minutes to reach the station from here. I must call a taxi at once.

इट इज ऑलरेडी सेवन टवैन्टी पी.ऐम. इट टेक्स एबाउट टवेन्टी मिनिट्स टु रीच द स्टेशन फ्रॅाम हियर। आइ मस्ट कॉल अ टैक्सी ऐट वन्स।

इस समय सात बजकर बीस मिनट हो चुके हैं। यहाँ से स्टेशन तक पहुँचने में बीस मिनट लगते हैं। मुझे फौरन टैक्सी लानी चाहिये।

Guest : Yes, you are right. I must leave without any delay.

यस, यू आर राइट। आइ मस्ट लीव विदाउट ऐनी डिले।

हाँ, तुम ठीक कहते हो। मुझे बिना देर किये हुए चल देना चाहिये।

Host : Uncle, I have put your suitcase in the taxi. Now please come, the taxi is waiting for you.

अंकल, आइ हैव पुट योर सूटकेस इन द टैक्सी। नाउ प्लीज कम, द टैक्सी इज वेटिंग फॉर यू ।

चाचाजी, मैंने आपका सूटकेस टैक्सी में रख दिया है. आइये, टैक्सी आपका इन्तजार कर रही है।

Guest : O.K. My blessings to you ! Next time I will come with your auntie.

ओ. के. माइ ब्लैसिंग्स टु यू ! नैक्स्ट टाइम आइ विल कम विद योर आंटी।

अच्छा, मैं तुम्हें आशीर्वाद देता हूँ! अगली बार तुम्हारी आंटी के साथ आऊँगा।

Host : Please do come. We shall be so glad. Good night. Wish you a comfortable journey?

प्लीज डू कम। वी शैली बी सो ग्लैड।गुडनाइट। विश यू अ कम्फरटेबल जर्नी।

कृपया अवैंय आइये। हम बहुत खुश होंगे। आपकी यात्रा आरामदायक हो।

Guest : Thanks a lot !

बहुत–बहुत धन्यवाद !

(29) On Getting Ready to Go to Office

Rohan : Mother, I am getting late for office.
मदर, आइ ऐम लेट फॉर ऑफिस।
माँ मुझे ऑफिस जाने को देर हो रही है।

Mother : Why? It is only 9 O'clock yet. There is full one hour.
वाई ? इट इज ऑन्ली नाइन ओ क्लॉक यट देअर इज फुल वन ऑवर।
क्यों ? अभी नौ बजे हैं। अभी तो पूरा एक घंटा है।

Rohan : But dear mother, I have not yet shaved or taken bath either.
बट डिअर मदर, आइ हैव नॉट यट शेव्ड ऑर टेकन बाथ आइदर।
लेकिन प्यारी माँ, मैंने न तो अभी शेव किया है, न नहाया हूँ ।

Mother : Why did you get up so late?
वाइ डिड यू गैट अप सो लेट?
तुम इतनी देर से सोकर क्यों उठे ?

Rohan : Mother, I did not have good sleep this night. I was feeling very drowsy in the morning.
मदर, आइ डिड नॉट हैव गुड स्लीप दिस नाइट, आइ वाज फीलिंग वेरी ड्राउजी इन द मॉर्निंग।
माँ, मुझे आज रात अच्छी नींद नहीं आई। सुबह मुझे बहुत सुस्ती आ रही थी।

Mother : Well, doesn't matter. Be quick and get ready.
बैल, डजन्ट मैटर बी क्विक एण्ड गेट रेडी।
अच्छा, कोई बात नहीं. अब जल्दी करो और तैयार हो जाओ।

Rohan : You are right mother! I am going straight to the bathroom.
यू आर राइट मदर ! आइ ऐम गोइंग स्ट्रेट टु द बाथरूमे।
आप ठीक कहती हैं माँ ! मैं सीधा बाथरूम जा रहा हूँ।

Mother : Yes, go. I have already put your toothbrush, paste and towel there.
यस, गो। आइ हैव ऑलरेडी पुट योर टूथ ब्रश, पेस्ट एण्ड टॉवल देअर।
हाँ, जाओ। मैंने पहले ही तुम्हारी टूथ ब्रश, मंजन और तौलिया वहाँ रख दिये हैं।

Rohan : You are so good, mother! You take so much care of me.
यू आर सो गुड, मदर ! यू टेक सो मच केयर ऑफ मी।
आप कितनी अच्छी हैं माँ! आप मेरा कितना ध्यान रखती हैं।

Mother : Well, come soon.
वैल कम सून।
अच्छा जल्दी आओ।

Rohan : Where are my pants, shirt and socks ?
वेअर आर माइ पैन्ट्स, शर्ट एण्ड सॉक्स ?
मेरी पैन्ट कमीज और मोजे कहाँ हैं ?

Mother : In the dressing room.
इन द ड्रैसिंग रूम।
कपड़े पहनने के कमरे में।

Rohan : Is breakfast ready ?
इज ब्रेकफास्ट रेडी ?
क्या नाश्ता तैयार है ?

Mother : It is already there on the dining table.
इट इज ऑलरेडी देअर ऑन द डाइनिंग टेबलं।
नाश्ता पहले ही खाने की मेज पर लगा हुआ हैं।

Rohan : Mother, I have taken my breakfast and I am now ready to go. But where is my lunch-box?
मदर, आइ हैव टेकन माइ ब्रेकफास्ट एण्ड आइ ऐम नाउ रेडी टु गौ। बट वेअर इज माइ लंच बाक्स ?
माँ, मैं नाश्ता कर चुका हूँ और अब जाने को तैयार हूँ,लेकिन मेरा लंच का डिब्बा कहाँ है?

Mother : I am packing it. Come and take it from me and go without losing any time.
आइ ऐम पैकिन्ग इट। कम एण्ड टेक इट फ्रॉम मी एण्ड गो विदाउट लूजिंग ऐनी टाइम।
मैं डिब्बा लगाकर बन्द कर रही हूँ। आओ और मुझ से ले जाओ। अब बिना समय खोय ऑफिस जाओ।

Rohan : Thank you, mother. Bye !
थैन्क यू, मदर। बाय!
ध्न्यवाद, माँ। विदा !

08 IDIOMS, IDIOMATIC PHRASES AND PROVERBS
(मुहावरे, मुहावरेदार वाक्यांश तथा लोकोक्तियाँ)

किसी भी भाषा में Idioms (मुहावरे) Idiomatic Phrases (मुहावरेदार वाक्यांश) तथा Proverbs (लोकोक्तियाँ) का बड़ा महत्व है। इनके प्रयोग से भाषा अधिक प्रभावशाली, अधिक रोचक तथा सरस बन जाती है। अंग्रेजी भाषा में इनका महत्व कुछ और भी अधिक है। इसका कारण यह है कि इनका, विशेष रूप से Phrase का प्रयोग सर्वसाधारण की भाषा में बड़ी प्रचुरता से होने लगा है। इनके प्रयोग से लेखक या वक्ता के भाषा ज्ञान व अधिकार का प्रभावकारी संकेत मिलता है। इसलिये विद्यार्थियों को चाहिये कि वे अधिक से अधिक Idioms, Phrases तथा Proverbs का अर्थ समझ लें और उनका सही प्रयोग करना सीख लें और दिन प्रतिदिन की भाषा में इनका प्रयोग किया करें। हम नीचे अधिक प्रचलित Idioms, Phrases तथा Proverbs का अर्थ उनके प्रयोगों सहित समझा रहे हैं।

(8.1) Idioms (मुहावरे)

We give below a list of Popular Idioms

1. To add insult to injury & To harm as well as humiliate (जले पर नमक छिड़कना) He has added insult to injury by writing this letter. (ऐसा पत्रा लिखकर उसने जले पर नमक छिड़का है।)
2. At daggers drawn—On inimical terms (पारस्परिक शत्रुता) At one time Russia and America were at daggers drawn. (एक समय रूस और अमरीका एक–दूसरे के घोर शत्रु थे।)
3. Against the rainy day—Precaution against emergency (कठिन परिस्थितियों के लिये प्रबन्ध) You must save something every month against the rainy day. (तुम्हें आपातकाल के लिये कुछ बचत अवश्य करनी चाहिये।)
4. At a loss To be confused (घबराजाना) He was at a loss to understand what to do against so much of opposition. (वह घबराहट में समझ नहीं सका कि इतने विरोध की स्थिति में वह क्या करे।)
5. At logger heads Terms of hostility (शत्रुता की अवस्था) He is at logger heads with his own brother. (वह अपने ही भाई से शत्रुता रखता है।)
6. At an arm length To keep danger or evil at a distance (खतरे या बुराई को दूर रखना) Keep such rascals at an arm's length. (ऐसे दुष्टों को अपने से दूर ही रखो।)
7. At one's fingers'ends— To have full and ready knowledge (पूरा ज्ञान होना) A lawyer should have all the sections of the Act at his fingers' ends. (एक अच्छे वकील को कानून की सभी धाराओं को अँगुलियों पर रखना चाहिये।)
8. An apple of discord—Cause of quarrel (झगड़े की जड़) The Himalayan range is an apple of discord between India and China. (हिमालय पर्वत भारत और चीन के बीच झगड़े की जड़ है।)
9. An apple of one's eye—Very dear (आँख का तारा) Her only son is the apple of her eye. (उसका इकलौता बेटा उसकी आँख का तारा है।)
10. To add fuel to the fire& To aggravate some situation or matter (और अधिक भड़काने की कार्यवाही) His abusive language added fuel to the fire. (उसकी गाली वाली भाषा ने आग में घी डालने का काम किया।)
11. A bed of roses—An easy and comfortable situation (सरल और आराम की स्थिति) The post of the Prime Minister is not a bed of roses. (प्रधानमंत्री का पद गुलाब की शय्या नहीं हैं ।)
12. Adam's ale — Pure water (शुद्ध जल) In the dry districts people have to content themselves with Adam's ale. शराब बन्दी वाले जिलों में लोगों को शुद्ध जल से ही संतोष करना पड़ता है।

13. An axe to grind—Some personal motive (अपनी स्वार्थ सिद्धि) He flatters you so much perhaps he has some axe to grind. वह तुम्हारी बड़ी खुशामद करता है, शायद वह अपना कोई स्वार्थ सिद्धि करना चाहता है।
14. To beat about the bush To stray from the main point (विषय से भटक जाना) A good student never beats about the bush in answering his questions. (एक अच्छा विद्यार्थी अपने उत्तर लिखने में विषय से भटकता नहीं है।)
15. To bear the brunt of To endure the calamity or difficult situation (कठिनाई का हिम्मत से सामना करना) Maharana Pratap bore the brunt the Mughal invasions bravely. (महाराणा प्रताप ने मुगलों के सभी हमलों का बहादुरी से मुकाबला किया।)
16. To bring to light To disclose (पता लगाना, छिपी बात को प्रकाश में लाना) The Enquiry Commission has brought many startling facts to light. (जाँच कमेटी ने बहुत सी सनसनीखेज बातों का रहस्योद्घाटन किया है।)
17. At sixes and sevens In disorder (तितर–बितर) My young son has thrown my b ooks at sixes and sevens. (मेरे छोटे बेटे ने मेरी पुस्तकों को इधर–उधर बिखेर दिया है।)
18. At the eleventh hour At the last moment (अंतिम क्षणों में) He reached the examination hall at the eleventh hour. (वह अंतिम क्षणों में परीक्षा भवन पहुँचा।)
19. At one's beck and call —At one's command (किसी के आदेश पर) I want my servants to be at my beck and call. (मैं चाहता हूँ कि मेरे नौकर मेरा आदेश मानने के लिये तत्पर रहें।)
20. At one's wits' end To be confused (होश खो बैठना, घबरा जाना) At the sudden appearance of the police the suspect was at his wits' end. (पुलिस के अचानक आ जाने पर संदिग्ध अपराधी घबरा गया।)
21. To bear the palm To be victorious (विजयी होना) Our team bore the palm in the final match. (अंतिम मैच में हमारी टीम ने विजय हासिल कर ली।)
22. Bosom friend—Intimate friend (घनिष्ट मित्र) Mohan is my bosom friend. (मोहन मेरा घनिष्ट मित्र है।)
23. Bag and baggage—With full luggage (सारे सामान सहित) He has left Agra bag and baggage. (उसने आगरा सारे सामान सहित छोड़ दिया है।)
24. To bury the hatchet—To end old enmity (पुरानी शत्रुता को भुला देना) Let us now bury the hatchet for ever and live like friends. (अब हमें अपनी शत्रुता हमेशा के लिये छोड़ कर मित्रों की तरह रहना चाहिये।)
25. By leaps and bounds—Very rapidly (बहुत तेजी से) India is progressing by leaps and bounds. (भारत बहुत तेजी से आगे बढ़ रहा है।)
26. To be in bad books of Out of favour (नज़र में बुरा होना) He is in bad books of his teachers. (वह अपने अध्यापकों की निगाह में अच्छा नहीं है।)
27. To be in good books of —To be in kind favour (किसी की नज़रों में अच्छा होना) He is in good books of his teachers. (वह अपने अध्यापकों का कृपापात्र है।)
28. To be in bad odour of To be out of favour (किसी की बुरी राय में) dishonest servant is always in bad odour of his master. (एक बेईमान नौकर अपने मालिक की निगाह में गिरा रहता है।)
29. To be in good odour of—To be in good favour (किसी की अच्छी राय में) An honest servant is always in good odour of his master. (एक ईमानदार नौकर अपने मालिक की निगाह में चढ़ा रहता है।)
30. Bolt from the blue— A sudden calamity (अचानक आया हुआ संकट) The news of his father's death came as a bolt from the blue. (उसके पिता की मृत्यु का समाचार उसके लिये अप्रत्याशित संकट की तरह आया।)
31. Bad blood Enmity (शत्रुता) These two brothers have bad blood between them. (इन दोनों भाइयों में पारस्परिक शत्रुता है।)

32. Blue blood To belong to an aristocratic family. (उच्च घराने का होना) Lord Byron, the famous poet was very proud of his blue blood. (प्रसिद्ध कवि लार्ड बायरन को अपने उच्च घराने का बड़ा गर्व था।)
33. To be born with a silver spoon in one's mouth—To be born in a rich family (समृद्ध परिवार में जन्म लेना) Jawaharlal Nehru was born with a silver spoon in his mouth. (जवाहरलाल नेहरू का जन्म एक अति समृद्ध परिवार में हुआ था।)
34. To burn the candle at both ends—To waste one's money or energy recklessly (अपनी शक्ति या धन व्यर्थ बरबाद करना) If you go on burning the candle at both ends, you will soon come to repentance. (यदि तुम अपनी क्षमता को इसी प्रकार बरबाद करते रहे तो तुम्हें शीघ्र ही पछताना पड़ेगा।)
35. Birds of the same feather— Persons of the same nature and taste (एक सी प्रकृति या पसंद के लोग) All the employees of this office are birds of the same feather. (इस दफ्तर के सभी कर्मचारी एक ही प्रकृति के हैं।)
36. Between Scylla and Charybdis Between two great dangers (दो कठिन परिस्थितियों के बीच) I am between Scylla and Charybdis if I tell the truth my friend goes to the jail if I do not I betray my employer. (मैं बड़ी कठिन स्थिति में पड़ गया हूँ, यदि मैं सच बोलूँ तो मेरे मित्रा को सजा हो जायेगी और यदि सच न बोलूँ तो मेरे मालिक को धोखा देना होगा।)
37. Between the devil and the deep sea To fall between two great difficulties (दो मुसीबतों के बीच फँस जाना) I have fallen between the devil and the deep sea if I go to Kanpur, I lose the examination. if I don't my employer feels annoyed. (मैं एक विषम परिस्थिति में पड़ गया हूँ, यदि मैं कानपुर जाऊँ तो मेरी परीक्षा छूटती है, और यदि न जाऊँ तो मेरे मालिक नाराज होते हैं।)
38. To blow one's own trumpet —To praise one's ownself (अपनी ही शेखी बघारना) I hate those persons who blow their own trumpet (मैं ऐसे लोगों से घृणा करता हूँ जो अपनी ही शेखी बघारते रहते हैं।)
39. Bone of contention —The cause of quarrel (झगड़े का कारण) Kashmir is the bone of contention between India and Pakistan. (कश्मीर भारत और पाकिस्तान के बीच झगड़े की जड़ है।)
40. By fits and starts—Something done irregularly (किसी काम को रुक–रुक कर करना) You can never finish the work in time if you proceed by fits and starts. (यदि तुम रुक–रुक कर काम करोगे तो कभी काम पूरा नहीं कर पाओगे।)
41. Black sheep An undesirable person (अनचाहा या धोखेबाज व्यक्ति) Many police officers proved black sheep in the Movement of 1942. (1942 के आन्दोलन में बहुत से पुलिस अधिकारी घोखेबाज सिद्ध हुए।)
42. By hook or by crook—By any means fair or foul (अच्छे या बुरे किसी भी प्रकार से) Some people are very clever in achieving their goal by hook or by crook. (कुछ लोग किसी न किसी प्रकार अपना उद्देश्य पूरा कर लेते हैं।)
43. To be hand and glove with Intimate friends (घनिष्ट मित्र होना) Ramesh and Mohan are hand and glove with each other. (रमेश और मोहन दोनों घनिष्ट मित्र हैं.)
44. Child's play— A very easy task (बच्चों का खेल) It is not a child's play to get first division. (प्रथम श्रेणी में आना बच्चों का खेल नहीं है)
45. To count chickens before they are hatched—To anticipate profit beforehand (पहले से लाभ का विश्वास कर लेना) Do not make your plans so ambitious because it is no use counting chickens before they are hatched. (अपनी योजनायें इतनी महत्वाकांक्षी मत बनाओ, क्योंकि पहले से लाभ की आशा में रहना हितकर नहीं है।)
46. To cut the Gordian knot—To solve a very difficult problem) The national leaders cut the Gordian knot by abolishing the native states (राज्यों को खत्म कर एक बहुत बड़ी समस्या हल कर ली।)

47. Cock and bull story — A fantastic story (मनगढ़ंत कहानी) The tale of his adventures is nothing but a cock and bull story. (उसके साहसिक कार्यों की कहानी एक मनगढ़ंत कहानी है।)
48. Cat and dog life — Quarrelsome life (झगड़ालू जीवन) Mohan and his wife live a cat and dog life. (मोहन और उसकी पत्नी झगड़ालू जीवन व्यतीत करते हैं।)
49. To call a spade a spade To talk bluntly (मुँहफट बात करना) Dr. Johnson never hesitated in calling a spade a spade. (डाक्टर जोहन्सन साफ बात कहने में जरा भी नहीं झिझकते थे।)
50. Cry for the moon — An unattainable ambition (असंभव अभिलाषा) His hope of getting the Nobel Prize is a cry for the moon. (नोबेल प्राइज जीतने की उसकी अभिलाषा एक असंभव अभिलाषा है.)
51. Cry over spilt milk — To repent in vain after loss (हानि हो चुकने के बाद उस पर पश्चाताप करना) Be comforted my friend] it is no use crying over spilt milk. (मेरे मित्र धैर्य रखो, बिगड़े हुए काम के ऊपर रोना व्यर्थ है।)
52. A close shave — A narrow escape (बाल–बाल बचना) I had a close shave in a car accident. (कार दुर्घटना में मैं बाल–बाल बचा।)
53. Crocodile tears — False show of grief (दिखावटी आँसू) He shed crocodile tears on the death of his step-mother. (अपनी सौतेली माँ की मृत्यु पर उसने घड़ियाली आँसू बहाये।)
54. Cold reception — No hearty welcome (दिखावटी स्वागत) The English cricket team was given a cold reception in India. (अँग्रेजों की क्रिकेट टीम का दिखावटी स्वागत किया गया।)
55. To be caught red—handed To be caught while committing a crime (रँगे हाथ पकड़े जाना) The thief was caught red handed. (चोर रंगे हाथ पकड़ा गया।)
56. Capital punishment Death penalty (मौत की सजा) Capital punishment has been revived in many countries. (बहुत से देशों में मृत्युदंड फिर से लागू हो गया है।)
57. Corporal punishment—Bodily punishment (शारीरिक दंड) Corporal punishment should not be given to young children. (छोटे बच्चों को शारीरिक दंड नहीं देना चाहिये।)
58. To carry coals to New Castle —Unnecessary and useless work (उल्टे बाँस बरेली) To export silk to China is like carrying coals to New Castle. (चीन को रेशम भेजना उल्टे बाँस बरेली भेजने की तरह है।)
59. To call names—To abuse (गाली देना) Calling names is a bad habit. (गाली देना बुरी आदत है।)
60. To cut one's coat according to one's cloth—To live within one's own means (अपनी आमदनी के अन्दर ही खर्च करना) It is always wise to cut one's coat according to one's cloth. (अपनी आमदनी के अन्दर खर्च करने में ही बुद्धिमानी है।)
61. Chip of the old block— The son resembling the father (जैसा बाप तैसा बेटा) Ram is a drunkard like his father. He is a chip of the old block—(राम अपने पिता की तरह शराबी है। जैसा बाप तैसा बैटा।)
62. To cut a sorry figure— To make a poor impression (अच्छा प्रभाव न डालना) When Gandhiji appeared in his first case, he cut a sorry figure in the court. (गांधी जी जब पहली बार न्यायालय में उपस्थित हुए तो उन्होंने बहुत ही घटिया प्रभाव डाला।)
63. To curry favour— To win favour by flattery (खुशामद करके कृपापात्र बनना) He has risen so high by currying favour of the Chairman of the factory. (वह फैक्टरी के चेयरमैन की खुशामद करके इतना ऊँचा उठ गया है।)
64. To cast a slur— To bring disgrace (अपयश का कारण बनना) Your actions will cast a slur on the good name of your family. (तुम्हारे इस तरह के कामों से तुम्हारे परिवार का अपयश होगा।)

65. A bull in a china shop— Heedless destroyer (विध्वंसकारी व्यक्ति) Nadir Shah proved to be a bull in a china shop. (नादिरशाह एक विध्वंसकारी व्यक्ति साबित हुआ।)

66. To put the cart before the horse—To do something in a wrong way (गलत ढंग से किसी कार्य को करना) Instead of calling the mechanic to the workshop, he took the whole machine to him. It was like putting the cart before the horse. (कारीगर को फैक्टरी में बुलाने के बजाय, वह मशीन को ही उसके पास ले गया यह गाड़ी को घोड़े के पास ले जाने जैसा था।)

67. To die in harness—To die while on duty (काम करते–करते मर जाना) Slaves die in harness. (काम करते–करते ही मर जाते हैं।)

68. A drop in the ocean—Very insignificant amount (अत्यन्त ही थोड़ी मात्रा) All your knowledge of science is only a drop in the ocean. (विज्ञान का तुम्हारा सारा ज्ञान सागर में एक बूँद के बराबर है।)

69. A dark horse— A person suddenly coming into prominence (अचानक ही प्रसिद्धि पाने वाला व्यक्ति) Mohan came out as a dark horse after the election. (चुनाव में जीतने के बाद मोहन अचानक ही प्रसिद्धि पाने वाला व्यक्ति साबित हुआ।)

70. Drawn battle or Drawn match A battle or match in which no party wins (बराबर की बाजी होना) The drawn cricket match was replayed in Calcutta yesterday. (बराबरी पर छूटा हुआ मैच कल कलकत्ते में फिर से खेला गया।)

71. Double dealing—Deceitful action (धोखेबाजी के कार्य) His double dealings are now exposed to the public. (उसके धोखधड़ी के काम अब समाज में उजागर हो चुके हैं।)

72. To give the devil his due—Even the wicked man should be given the credit due to him (आदमी की भी उचित प्रशंसा करना) In spite of all his wickedness, he has helped you the devil should be given his due. (उसमें तमाम बुराइयों के होते हुए भी उसने तुम्हारी मदद की बदमाश को इतना श्रेय तो मिलना ही चाहिये।)

73. Dog in the manger—A selfish person (स्वार्थी व्यक्ति) He would rather keep his books locked than give them to you because he is more or less a dog in the manger. (वह अपनी किताबों को ताले में भले ही बन्द रखे, परन्तु तुम्हें नहीं देगा. वह एक अति स्वार्थी व्यक्ति है।)

74. Sword of Damocles— An imminent danger (सिर पर लटकी तलवार) The aggressive policy of China is a sword of Damocles hanging over India. (चीन की आक्रामक नीति भारत के सिर पर लटकी तलवार है।)

75. To dance attendance upon—To flatter (चापलूसी करना) Officers in the present day want their subordinates to dance attendance upon them. (आज के अधिकारी चाहते हैं कि उनके मातहत उनकी चापलूसी में लगे रहें।)

76. On the horns of a dilemma To face a difficult situation between two problems. (मुसीबत में फँसना, दो कठिन अवस्थाओं के बीच में) The new import policy has put many industries on the horns of a dilemma, they can neither run these industries nor close them down. (आयात की नई नीति ने बहुत सी नई औद्योगिक इकाइयों को मुसीबत में फँसा दिया है। वे न तो इन इकाइयों को आगे चला सकते हैं, न बन्द ही कर सकते हैं।)

77. To play ducks and drakes To waste money (अपना धन बर्बाद करना) He is a reckless fellow playing ducks and drakes with his ancestral property. (वह बड़ा ही लापरवाह व्यक्ति है, उसने अपने पुरखों की जायदाद यों ही बर्बाद कर दीं।)

78. A double-edged sword— Capable of causing harm to the other as to one's ownself (ऐसा कार्य जो दूसरे को और स्वंय को भी नुकसान पहुँचा सके) He has cheated many people with the help of his som but this may prove a double-edged sword one day. (उसने अपने बेटे की मदद से बहुत से लोगों को ठगा लेकिन उसका यह कार्य एक दुधारी तलवार साबित हो सकता है।)

79. A dog's life Very miserable life (कष्टदायक जीवन) People dwelling in the slums of great cities live a dog's life. (बड़े शहरों की गन्दी बस्तियों में रहने वाले कुत्तों का जीवन जीते हैं।)
80. A blessing in disguise—Something intrinsically good but having a bad appearamce (उपर से बुरी दिखने वाली पर वास्तव में अच्छी बात) His last year's failure was a blessing in disguise, because this year he has secured a first division. (उसका पिछली साल फेल होना एक वरदान सिद्ध हुआ, क्योंकि इस साल वह प्रथम श्रेणी में पास हुआ है।)
81. To end in smoke To end in nothing (कोई फल न निकलना) The Summit Conference has ended in smoke. (उच्चस्तरीय कान्फ्रेंस निरर्थक सिद्ध हुई।)
82. Eye wash Ineffective remedy (आँसू पोंछना) The revised pay scale of the teachers is a mere eye- wash. (अध्यापकों के नए वेतनमान केवल आँसू पोंछने के बराबर हैं।)
83. Every inch —Completely (पूरी तरह) Mohan is every inch a gentleman. (मोहन पूरी तरह एक भला आदमी है।)
84. Over head and ears —Beyond one's capacity (सामर्थय से बाहर) He is over head and ears in debt. (वह अपनी सामर्थय से अधिक कर्जे में फंसा है।)
85. Easy money Bribe , No officer who accepts easy money can sleep in peace. (कोई भी अधिकारी जो रिश्वत लेता है शान्ति से नहीं सो सकता है.)
86. Hush-money—Bribe given for concealing secrets (किसी रहस्य को छिपाने के लिये दी गई रिश्वत) He has given hush-money to the Editor of the daily newspaper for withholding the publication of this scandal. (उसने समाचार–पत्र के संपादक को रिश्वत दी है कि वह इस बदनामी की घटना को प्रकाशित न करे।)
87. To eat one's word To break one's promise (वादा खिलाफी करना) Whatever may happen I shall not eat my word. (चाहे कुछ भी हो, मैं वादा खिलाफी नहीं करूँगा।)
88. To see eye to eye— To agree (सहमत होना) I do not see eye to eye with him on this issue. (मैं इस मामले में उससे सहमत नहीं हूँ।)
89. To take an exception to —To object to something (किसी बात का बुरा मानना) I take serious exception to this type of remark. (मैं इस तरह की बात का बहुत बुरा मानता हू।)
90. Enough and to spare Plentiful (प्रचुर मात्रा में) Even the poorest man in America has enough and to spare. (अमरीका का गरीब से गरीब व्यक्ति भी प्रचुर मात्रा में संसाधन रखता है।)
91. To make both ends meet— To live within one's income with difficulty (मुश्किल से गुजर–बसर करना) A school teacher hardly makes both ends meet. (एक स्कूल का अध्यापक मुश्किल से गुजर–बसर करता है।)
92. Elixir of life— Nectar of life (जीवन का अमृत) Contentment is the elixir of life. (संतोष जीवन का अमृत है।)
93. Foul play – Treachery (धोखाधड़ी) I suspect foul play in the dealings of this clever man. (इस चालाक आदमी से धोखाधड़ी का संशय है।)
94. Fool's paradise—Foolish ambition (मूर्खतापूर्ण अभिलाषायें) I pity the man, he is living in a fool's paradise. (मुझे उससे सहानुभूति है, वह मूर्खतापूर्ण अभिलाषायें रखता है।)
95. Fair weather friend—Selfish friends of prosperous days (अच्छे समय के स्वार्थी मित्र) As he was a fair-weather friend, he deserted me in my hard days. (वह मेरे अच्छे दिनों का मित्र (स्वार्थी) था। उसने मेरी मुसीबतों में मेरा साथ छोड़ दिया।)
96. From hand to mouth—Bare existence (अत्यन्त गरीबी में रहना) The labouring class people in India live from hand to mouth. (भारत में मजदूर वर्ग के लोग मुश्किल से गुजारा करते हैं।)

97. Fair play Just dealing (ईमानदारी का बर्ताव) I expect nothing but fair play from you. (मैं तुमसे केवल ईमानदारी के बर्ताव की उम्मीद करता हूँ।)

98. Fall flat—To produce no effect (कोई प्रभाव न छोड़ना) The repeated warnings of the Government have fallen flat on the militants. (सरकार की बार–बार की चेतावनियों का आतंकवादियों पर कोई प्रभाव नहीं पड़ा।)

99. Follow suit— To follow the example (बड़ों के उदाहरण पर चलना) Gandhiji laid his life in the service of the poor, let us also follow suita. (गाँधीजी ने गरीबों की सेवा में अपना जीवन न्यौछावर कर दिया। हमें भी उनका अनुसरण करना चाहिये।)

100. To fish in troubled waters—To take advantage of the difficulties of others (दूसरों की परेंशानी का लाभ उठाना) In times of epidemics doctors take advantage of people helpnessness. (महामारियों के दिनों में डाक्टर जनता की मजबूरियों का फायदा उठाते हैं।)

101. In times of epidemics doctors take advantage of people helpnessness—To aggravate (उत्तेजित करना) By writing this letter you will only be fanning the flame. (ऐसा पत्र लिख कर तुम आग को और भी प्रज्वलित करोगे।)

102. To show white feather—To betray cowardice (कायरता दिखाना) Maharana Pratap never showed the white feather. (महाराणा प्रताप ने कभी कायरता नहीं दिखाई।)

103. To fight to the finish —To fight to the end (आखिरी सीमा तक लड़ना) The Rajputs were pledged to fight to the finish. (राजपूतों ने अन्तिम सीमा तक लड़ने की प्रतिज्ञा की थी।)

104. To fly into a passion—To be enraged (क्रोधित होना) Weak men easily fly into a passion. (कमजोर लोगों को जल्दी गुस्सा आता है।)

105. To make a fortune—To grow rich (किस्मत बनाना) He made a fortune in America. (उसने अमरीका में बड़ा धन कमाया।)

106. To wear a long face—To look gloomy (उदास दिखाई देना) Do not wear a long face on this happy occasion. (ऐसे खुशी के मौके पर ऐसे उदास मत दिखो।)

107. Fair and square— Honest (ईमानदार) One must be fair and square in one's dealings. (हर किसी को अपने कार्यकलापों में ईमानदारी बरतनी चाहिए।)

108. To kill the fatted calf for—To arrange a lavish reception for somebody. (किसी का धूमधाम से स्वागत करना) Queen Elizabeth killed the fatted calf for the Common wealth Prime Ministers' meet. (महारानी ऐलीजाबेथ ने राष्ट्रकुल के प्रधान मन्त्रियों के स्वागत के लिये जोरों से तैयारियाँ कर रखी हैं।)

109. To play the fool —To act foolishly (धोखा खाना) He played the fool in the hands of his clever friends. (वह अपने चालाक मित्रों के हाथ धोखा खा गया।)

110. From pillar to post — From one extreme to another (एक स्थान से दूसरे तक दौड धूप करना) Every young man has to run from pillar to post in search of a job. (हर नवयुवक को कोई धंधा ढूँढ़ने में इधर से उधर भटकना पड़ता है।)

111. From the bottom of one's heart—Very sincerely (अन्तःकरण से) The beggar thanked me from the bottom of his heart. (भिखारी ने मुझे अन्तःकरण से धन्यवाद दिया।)

112. To throw down the gauntlet — To give challenge (चुनौती देना) Mohan has thrown down the gauntlet to Ramesh. (मोहन ने रमेश को चुनौती दे रखी है।)

113. Gift of the gab — The skill of oratory (भाषण देने की कला) Dr. Radhakrishnan possessed a divine gift of the gab.(Dr. राधाकृष्णन को दैवीप्रदत्त भाषण कला प्राप्त थी।)

114. To give a piece of one's mind —To scold a person (किसी को फटकारना) The teacher gave a piece of his mind to the mischievous boy. (अध्यापक ने शरारती लड़के को फटकार लगाई।)

115. To face the music To face opposition (कठिनाई या विरोध का सामना करना) Every new teacher har to face the music on the first day in the class.(हर नये अध्यापक को कक्षा में पहले दिन विरोध का सामना करना पड़ता है।)

116. To give up the ghost — To die (मर जाना) The poor beggar gave up the ghost last night. (गरीब भिखारी ने कल रात दम तोड़ दिया।)

117. To get rid of—To escape from (छुटकारा पाना) I am trying my best to get rid of my quarrelsome neighbour at the earliest. (मैं अपने झगड़ालू पड़ोसी से जल्द से जल्द छुटकारा पाना चाहता हूं।)

118. To get the better of—To overcome (काबू पा लेना) At last he got the better of his adversary. (अंत में उसने अपने विरोधी के ऊपर काबू पा लिया।)

119. To go to the dogs To be ruined (बरबाद हो जाना) This factory is gradually going to the dogs under the new management. (नए प्रबन्धतन्त्रा के अन्तर्गत यह फैक्टरी बरबाद हो रही है।)

120. To gird up the loins—To be well prepared for some trying task (किसी कठिन कार्य को करने के लिये कमर कस कर तैयार होना) Let us all gird up the loins to eradicate the evil of untouchability from India. (हमें छुआछूत के अभिशाप को मिटाने के लिये कमर कस लेनी चाहिये।)

121. To grease the palm To tip or bribe a person (किसी को रिश्वत देना) You will find easy access to the Governor if you grease the palm of his peon. (यदि आप चपरासी को कुछ देकर खुश कर लें तो आप गवर्नर से आसानी से मिल सकते हैं.)

122. A snake in the grass— Some hidden enemy (अज्ञात शत्रु) I could never expect that he would prove a snake in the grass. (मैं कभी यह उम्मीद नहीं करता था कि वह एक छिपा हुआ शत्रु होगा।)

123. For good Forever—(हमेशा के लिये) He has left Calcutta for good. (उसने कलकत्ता हमेशा के लिये छोड़ दिया है।)

124. To hold one's ground—To stand firm (दृढ़ता से डटे रहना) The Rajputs held their ground to the end. (राजपूत दृढ़ता से अन्त तक अपने मोर्चे पर डटे रह।)

125. A golden opportunity—Very favourable opportunity or chance (स्वर्ण अवसर) You should not miss this golden opportunity. (तुम्हें यह स्वर्ण अवसर खोना नहीं चाहिये।)

126. To give vent to— To express one's thoughts or feelings (अपने विचारों या भावनाओं को प्रकट करना) Every individual is freely allowed to give vent to his feelings. (प्रत्येक व्यक्ति अपने विचारों को प्रकट करने के लिये स्वतन्त्रा है।)

127. An hair-breadth escape—Very narrow escape (बाल–बाल बचना) I had an hair-breadth escape last evening in a car accident. (मैं कल एक कार दुर्घटना में बाल–बाल बचा।)

128. Harp on the same string—To keep on talking on the same topic (एक ही विषय पर बात करते रहना) Why do you unnecessarily harp on the same string? (तुम एक ही राग को व्यर्थ बार–बार क्यों अलापते रहते हो।)

129. Hang over one's head—Under danger (भय की आशंका में) Ever since the death of her husband, troubles have been hanging over her head. (उसके पति की मृत्यु होने के बाद बहुत सारी मुसीबतें उसके सिर पर मडराती रही हैं।)

130. To hang in balance To remain undecided (अनिश्चय की स्थिति) I am hanging in balance whether I should accept this offer or not. (मैं अनिश्चय की स्थिति में हूँ कि मैं इस प्रस्ताव को स्वीकार करूँ या नहीं।)

131. To hang by a thread—Critical condition (नाजुक हालत) The life of a cancer patient hangs by a thread. (कैन्सर के मरीज की जिन्दगी एक धागे से लटकी रहती है।)

132. Heart and soul—In all sincerity (सच्चे दिल से) He is devoted to his studies heart and soul. (वह पूरे मनोयोग से अपने अध्ययन में लगा हुआ है।)

133. Hard and fast — Definite (निश्चित) There is no hard and fast rule for getting happiness in life. (जीवन में खुशी प्राप्त करने के कोई निश्चित नियम नहीं हैं।)

134. To hit below the belt— To take advantage by unfair means (अनुचित उपायों से लाभ उठाना) A Rajput warrior never hits below the belt.(एक राजपूत योद्धा कभी धोखे से वार नहीं करता।)

135. To hit the nail on the head—To act in the right way (ठीक निशाने पर चोट मारना)A good lawyer always hits the nail on the head in his arguments. (एक अच्छा वकील अपनी दलीलों में ठीक निशाने पर चोट मारता है।)

136. Hard nut to crack — A difficult problem to solve (कठिन समस्या का समाधान) The problem of unemployment is a hard nut to crack. (बेरोजगारी की समस्या का हल करना कठिन है.)

137. Hold water—To prove sound (ठीक सिद्ध होना) Your argument does not hold water in this case. (तुम्हारा तर्क इस केस में लागू नहीं होता है।)

138. Hold good—Valid, applicable (लागू, उचित ठहरना) This rule no longer holds good. (यह नियम अब लागू नहीं है।)

139. A Himalayan blunder — A serious mistake (गंभीर गलती) We committed a Himalay trusting the assurances of America. (हमने अमरीका के वादों पर विश्वास करके बड़ी गंभीर गलती की।)

140. To make head or tail of —To understand (समझना) The audience could make no head or tail of his learned lecture on mysticism. (जनता उसके आध्यात्म के भाषण का कोई अर्थ नहीं समझ सकी।)

141. Heart to heart — Very frankly (पूरे दिल से, खुले रूप में) Let us have a heart to heart talk on this complicated issue. (हमें इस उलझे हुए मामले पर दिल खोलकर बात करनी चाहिए।)

142. To take to one's heels—To run away (भाग जाना) As soon as the thief saw the police, he took to his heels. (चोर ने जैसे ही पुलिस को देखा, वह भाग खड़ा हुआ।)

143. To pick holes in — To find fault with (दूसरों में दोष निकालना) It is a bad habit always to try to pick holes in others. (दूसरों में दोष निकालना बुरी आदत है।)

144. To bring home—To explain (समझाना) Gandhiji brought home the fact that the heart of India lay in her villages. (गाँधीजी ने हमें बताया कि भारत का हृदय गावों में ही बसता है।)

145. Hot water — Troubles (परेशानियाँ) You will fall in hot water if you displease him. (यदि तुमने उसे नाराज कर दिया तो परेशानी में फँस जाओगे।)

146. Hue and cry—Noies and confusion (शोरगुल और परेशानी) ,When fire broke out in the village, there was much hue and cry. (जब गाँव में आग लग गई तो वहाँ बहुत शोर शराबा होने लगा।)

147. To break the ice—To break silence by speaking first (निस्तब्धता तोड़ना) The President broke the ice in the condolence meeting with a short speech. (शोक सभा में अध्यक्ष ने एक छोटे से भाषण से निस्तब्धता तोड़ी।)

148. I ll blood— Enmity (शत्रुता) There is no ill blood between Ram and Mohan. (राम और मोहन के बीच में कोई शत्रुता नहीं है।)

149. A man of iron — A strong man (दृढ व्यक्ति) Sardar Ballabh Bhai Patel was a man of iron. (सरदार बल्लभ भाई पटेल एक लौह–पुरुष थे।)

150. In cold blood — Very cruelly (निर्दयता के साथ) The dacoits killed the old man in cold blood. (डाकुओं ने उस वृद्ध को बड़ी निर्दयता के साथ मार डाला।)

151. In black and white —In writing (लिखित में) The agreement must be made in black and white. (राजीनामा लिखित में होना चाहिये।)

152. In the teeth of—Against strong opposition (कड़े विरोध में) The Finance Bill was passed in the teeth of strong opposition. (आर्थिक बिल कड़े विरोध के मध्य स्वीकृत किया गया।)

153. In full swing—In full glory (पूरे जोरों पर) The Kumbh Fair is in full swing these days. (कुंभ मेला इन दिनों पूरे जोर पर है।)

154. In the twinkling of an eye —In a moment, in no time (क्षण भर में) The flash of lightning disappears in the twinkling of an eye. (आकाशीय विद्युत की चमक क्षण मात्र में गायब हो जाती है।)

155. In a nut shell In brief (संक्षेप में) Please report the whole case in a nut shell. (कृपया पूरी बात संक्षेप में बताइये।)

156. In one's teens—Before attaining the age of twenty (बीस साल से कम उम्र) My eldest son is still in his teens. (मेरे सबसे बड़े लड़के की उम्र 20 साल से कम है।)

157. In a fix—In a difficult mental state (मानसिक उलझन में) I am in a fix . I do not know what to do in this situation. (मैं बड़े असमंजस में हूँ। मैं समझ नहीं पा रहा हूँ कि इस स्थिति में क्या करू।)

158. In the nick of time—Just in time (समय से ठीक पहले) I reached the station in the nick of time. (मैं अंतिम क्षणों में स्टेशन पहुँचा।)

159. In embryo—Immature, in the making (अविकसित अवस्था) My scheme of serung up a suk factory is still in embryo. (रेशम की फैक्टरी लगाने की मेरी योजना अभी प्रारम्भिक अवस्था में हैं।)

160. Intents and purposes For all practical purposes (पूर्ण व्यावहारिक दृष्टि से) He is the Managing Director for all intents and purposes. (हर व्यावहारिक दृष्टि से वह मैनेजिंग डाइरेक्टर है.)

161. Ins and outs — All details and secrets (सभी बातों का पूरा ज्ञान) I know all the ins and outs of this business. (मैं इस व्यापार की सभी बारीकियाँ जानता हूँ।)

162. In vogue — Popular (प्रचलन में) Animal sacrifice is no longer in vogue in India. (पशु बलि प्रथा अब भारत में प्रचलित नहीं है।)

163. In the same boat— In the same condition (एक सी अवस्था में) Both these friends are sailing in the same boat. (ये दोनों मित्र एक सी अवस्था में है।)

164. In no time – In a very short time (थोड़ी ही देर में) I can solve his question in no time.(मैं इस प्रश्न को थोड़ी ही देर में हल कर सकता हूँ।)

165. Jack of all trades — A person knowing a little of many things (बहुत–सी बातों का थोड़ा बहुत ज्ञान रखने वाला) Ramesh is a Jack of all trades. (रमेश थोड़ा बहुत सब कामों के बारे में जानता है।)

166. Juda's kiss—False show of love (झूठा प्रेम) Who knows that his love is merely Juda's kiss ? (कौन जानता है उसका प्रेम केवल छल हो।)

167. To hold one's jaw—To stop talking (बोलने से बन्द होना) Kindly hold your jaw, it is enough. (अब कृपया चुप हो जाओ।अब बहुत हो गया।)

168. In the jaws of — In the grip of (दाँतों के बीच, किसी के कब्जे में) The patient is in the jaws of death. (अब बीमार मृत्यु के मुँह में है।)

169. To kill two birds with one stone—To serve two purposes at one time (एक तीर से दो शिकार, एक काम से दो बातें साधना।) If you hold the meeting at Nainital in summer, you will be killing two birds with one stone. (यदि तुम गर्मियों में मीटिंग नैनीताल में करो, तो एक तीर से दो शिकार कर सकोगे।)

170. To kiss the dust—To be humiliated (अपमानित होना) In the wrestling bouts the boastful wrestler had to kiss the dust. (कुश्ती में घमंडी पहलवान को धूल चाटनी पड़ी।)

171. Kith and kin —Close relations (घनिष्ट सम्बन्धी) Who will not help his kith and kin. (अपने घनिष्ट जनों को कौन मदद नहीं करेगा?)

172. To knock against — To collide with (टक्कर खाना) The truck knocked against the running train. (ट्रक चलती हुई रेलगाड़ी से टकरा गया।)

173. To keep up appearances — To keep one's prestige (अपनी इज्जत बचाये रखना) He is somehow keeping up appearances in his old age.(वह किसी तरह से बुढ़ापे में अपनी इज्जत बचाये हुए है।)

174. To keep an eye —To watch (निगाह रखना) The police keeps an eye on the vagabonds. (पुलिस आवारा लोगों पर निगाह रखती है।)

175. To keep at bay —To keep the enemy at a distance (दुश्मन को दूर रखना) It is not easy to keep the rebels at bay. (दुश्मन को दूर रखना आसान नहीं है।)

176. To keep the wolf from the door—To avoid starvation (भुखमरी से बचे रहना) He has to work day and night to keep the wolf from the door. (उसे भुखमरी से बचने के लिये दिन रात मेहनत करनी पड़ती है।)

177. To keep an open table—To entertain all comers (सबका स्वागत करना) He is very generous and always keeps an open table. (वह बंड़ा दयालु है, और सबका स्वागत करने के लिये तैयार रहता है।)

178. The knock down price—Auction price (नीलाम में बोली गई कीमत) You will have to pay one fourth of the knock down price just now. (तुम्हें नीलामी बोली का एक चौथाई बोली खत्म होते ही चुकाना पड़ेगा।)

179. To laugh in one's sleeves—To laugh secretly (चुपचाप हँसना) The lawyers laughed in their sleeves at the ignorance of the judge. (जज की अज्ञानता पर वकील लोग चुपचाप हँस रहे थे।)

180. To win laurels —To win honours (यश प्राप्त करना) Our athletes won laurels in the Olympic games. (ओलिम्पिक खेलों में हमारे खिलाड़ियों ने खूब यश प्राप्त किया।)

181. To lose the day To be defeated (हार जाना) Our team lost the day. (हमारी टीम हार गई।)

182. To lick the dust—To accept defeat (हार मान लेना) Be sure you will have to lick the dust in the end. (विश्वास करो, तुम्हें अंत में धूल चाटनी पड़ेगी।)

183. Leap in the dark Uncertainty about the outcome (अनिश्चित परिणाम) Marriage is a leap in the dark. (विवाह अँधेरे में छलाँग लगाने के समान है।)

184. To lay hands on—To seize (अधिकार जमा लेना) How can the government lay hands on my private property? (मेरी व्यक्तिगत सम्पति पर सरकार कैसे हाथ डाल सकती है?)

185. Lapped in luxury – Brought up in luxury (विलासिता में पलना) The princes are lapped in luxury. (राजघराने के राजकुमार विलासिता में डूबे रहते हैं।)

186. To lead by the nose—To wield undue influence (अनुचित अधिकार जमाना) She leads her husband by the nose. (वह अपने पति पर अनुचित दबाव रखती है।)

187. To lie in wait—To keep waiting for the victim (घात लगाये बैठे रहना) The robbers were lying in wait for the belated travellers. (लुटेरे देर से लौटने वाले मुसाफिरों के लिये घात लगाए बैठे थे।)

188. To turn over a new leaf —To start a new way of life (नया जीवन शुरू करना) He has turned a new leaf at sixty. (उसने साठ साल की उम्र पर नया जीवन शुरू किया है।)

189. To throw light on— To explain (प्रकाश डालना) The President threw light on the terms of agreement. (अध्यक्ष ने राजीनामा की शर्तों पर प्रकाश डाला।)

190. To wash dirty linen in public —To expose private affairs in public (व्यक्तिगत बातों को बाहर उछालना) There is no wisdom in washing dirty linen in public. (अपनी व्यक्तिगत बातों को बाहर फैलाना बुद्धिमानी की बात नहीं है।)

191. A man of letters A learned man (विद्वान व्यक्ति) Dr. Radhakrishnan was a man of letters. (डॉ. राधाकृष्णन एक विद्वान व्यक्ति थे।)

192. A red letter day—A historic day (महत्वपूर्ण दिन) The 15th of August 1947 is a red letter day in the history of India. (भारत के इतिहास में 15 अगस्त, 1947 एक अति महत्वपूर्ण दिन है।)

193. A white lie—Clear falsehood (सफेद झूठ) He is telling a white lie. (वह सफेद झूठ बोल रहा है।)

194. To look down upon To hate a person (किसी व्यक्ति से घृणा करना) The rich should not look down upon the poor. (अमीरों को गरीबों से घृणा नहीं करनी चाहिये।)

195. On one's last legs—At the last stage of life (जीवन की अन्तिम अवस्था में) The patient is on his last legs. (रोगी जीवन के अन्तिम क्षणों में है।)

196. To lead to the altar To marry (शादी करने जाना) I took the vow of life&long sincerity to my wife when I led her to the altar. (मैंने अपनी पत्नी से शादी के समय जीवन भर निष्ठावान रहने की कसम खाई थी।)

197. Loaves and fishes—Material gains (भौतिक लाभ) Do not fall fron your ideals for loaves and fishes. (छोटे से लाभ के लिये अपने आदर्शों से नीचे मत गिरो।)

198. To pull one's leg—To befool a person (किसी व्यक्ति की टाँग खिंचाई करना।) Prevent them from pulling the leg of the old man. (उन्हें उस वृ(की टाँग खिंचाई करने से रोको।)

199. Lion's share The biggest share (सबसे बड़ा हिस्सा) The leader of the gang got the lion's share of the booty. (लुटेरों के सरदार को सबसे बड़ा हिस्सा मिला।)

200. To leave one in the lurch—To leave one in difficulties (किसी का कठिनाइयों में साथ छोड़ देना) My faithful friend, Mohan, will never leave me in the lurch. (मेरा पक्का मित्र मोहन मुझे कभी मुसीबतों में नहीं छोड़ेगा।)

201. Long and short — Brief substance (सारांश) Let me know the long and short of his speech. (मुझे उसके भाषण का सारांश बता दो।)

202. To leave no stone unturned — To make all possible efforts (कोई भी प्रयत्न बाकी न छोड़ना) I shall you. (मैं तुम्हारी मदद करने में कोई कमी न छोडूंगा।)

203. To let by gones be by gones—To forget old things (पुरानी बातों को भूल जाना) Let us start anew and let by—gones be by gones. (हमें पुरानी बातों को भुला कर नये सिरे से कार्य करना चाहिये।)

204. Man of parts—Talented man (बहुत से गुणों से सम्पन्न व्यक्ति) I can certify that he is a man of parts. (मैं प्रमाणित कर सकता हूँ कि वह एक गुण सम्पन्न व्यक्ति है।)

205. Mare's nest—Illusory discovery (धोखे की बात, झूठी अफवाह) The report of the discovery of gold mines proved to be a mare's nest. (सोने की खान मिलने की बात केवल झूठी अफवाह निकली।)

206. Move heaven and earth— To make every possible effort (हर प्रकार के प्रयत्न करना) He moved heaven and earth to find a job but it was all in vain. (उसने कोई काम पाने के लिये जमीन–आसमान मिला दिये, लेकिन वह असफल रहा।)

207. To make a clean breast of —To confess (खुले दिल से स्वीकार कर लेना) The dacoits made a clean breast of their crimes before Vinoba Bhave. (विनोवा भावे के सामने डाकुओं ने खुले दिल से अपने अपराध स्वीकार कर लिये।)

208. To make a mountain of a mole hill— To exaggerate small things (राई का पहाड़ बनाना) You are unnecessarily making a mountain of a mole hill and quarrelling. (तुम व्यर्थ ही राई का पहाड़ बना कर लड़ रहे हो।)

209. To make after To pursue or chase (पीछा करना) The police made after the thief and caught him. (पुलिस ने चोर का पीछा किया और उसे पकड़ लिया।)

210. By fair or foul means —By any means possible, right or wrong (सही या गलत किसी भी प्रकार से) He is very factful and will succeed by fair or foul means. (वह बड़ा चालाक है और किसी न किसी तरह जीत जायेगा।)

211. To make up one's mind— To determine (निश्चय करना) He has made up his mind to appear at the examination this year. (उसने इस साल परीक्षा देने का निश्चय कर लिया है।)

212. To make much ado about nothing—To make much of little things (बात का बतंगड़ बनाना) You will only complicate the matter if you make much ado about nothing. (तुम यदि बात का बतंगड़ बनाओगे तो मामले को और भी उलझा दोगे।)

213. To throw mud at—To scandalise (बदनामी करना) Why do you throw mud at your colleagues? (तुम अपने साथियों पर कीचड़ क्यों उछालते हो?)

214. Upto the mark—Upto standard (उचित स्तर तक) Your answers are not upto the mark. (तुम्हारे उत्तर उचित स्तर के नहीं हैं।)

215. To make one's mark—To achieve distinction (अपना प्रभाव छोड़ना) India made its mark at the SAARC Summit meet. (भारत ने सार्क देशों के शिखर सम्मेलन में अपना गहरा प्रभाव छोड़ा।)

216. Milk of human kindness—Human compassion (मानवता से भरा हृदय।) The heat of Gandhi Ji overflowed with the milk of human kindness. (गांधीजी का हृदय मानवता के प्रति दया से भरा हुआ था।)

217. To make amends— To compensate (हर्जाना देना, गलती के लिए माफी माँगना) You will have to make amends for causing so much harm to me. (तुम्हें मेरे प्रति किये गये अन्याय के लिये क्षति पूर्ति करनी पड़ेगी।)

218. To meet half-way— To be prepared for compromise (समझौते के लिये राजी होना) Gandhiji was always prepared to meet his adversaries half-way. (गांधीजी अपने विरोधियों से समझौता करने के लिये सदा तैयार रहते थे।)

219. To join the majority—To die (मर जाना) The poor beggar has joined the majority. (गरीब भिखारी मर गया।)

220. To make out—To understand (समझ लेना) I can hardly make out any meaning out of your speech. (मैं तुम्हारे भाषण को बिलकुल भी न समझ सका।)

221. Man in the street—Common man (साधारण व्यक्ति) The life of the man in the street is very hard. (साधारण व्यक्ति का जीवन बड़ा कठिन होता है।)

222. To nip in the bud —To destroy in the very beginning (आरम्भ में ही समाप्त कर डालना) All his hopes have been nipped in the bud. (उसकी सब आशायें आरम्भ में ही समाप्त हो गई।)

223. Null and void—Rendered invalid (बेकार सिद्ध कर देना) The court has declared these laws null and void. (न्यायालय ने इन कानूनों को अप्रभावी घोषित कर दिया है।)

224. Nook and corner— At every place (प्रत्येक स्थान पर) The police searched for the thief in every nook and corner. (पुलिस ने चोर को हर जगह तलाश किया।)

225. To set at naught—To ruin (खत्म कर देना) All my plans have been set at naught on the death of my father. (मेरे पिता की मृत्यु के कारण मेरे सारे उपाय व्यर्थ हो गये।)

226. Narrow circumstances—Hard days, poverty (गरीबी के दिन) He is living in narrow circumstances these days. (वह इन दिनों गरीबी के दिन जी रहा है।)

227. No love lost—Having no love (किसी प्रकार के प्रेम या मित्रता का न होना) There is no love lost between them. (उनमें किसी प्रकार की मित्रता नहीं है।)

228. Neither chick nor child— No child (कोई बच्चा न होना) The unfortunate old man has neither chick nor child. (उस दुर्भाग्यशाली व्यक्ति के कोई बच्चा नहीं है।)

229. To strain every nerve—To make every possible effort (हर प्रकार का प्रयत्न करना)He will surely strain every nerve to get his work done.(वह निश्चय ही अपना काम निकालने के लिये हर संभव प्रयत्न करेगा।)

230. To feather one's own nest—To serve one's own purpose (अपना स्वार्थ सिद्ध करना) Many a so called social worker merely feathers his own nest. (बहुत से समाजसेवी कहे जाने वाले लोग केवल अपनी स्वार्थ सिद्ध करते हैं।)

231. Open secret Known to all (सर्वविदित) This is now an open secret. (यह बात अब सर्वविदित है।)

232. Order of the day—Some popular thing of the age (कोई प्रचलित बात) Armament race is the order of the day. (हथियारों की दौड़ आज के युग में प्रचलित बात है।)

233. On the wrong side of—One's age being more than (किसी संख्या से अधिक उम्र का होना) He is on the wrong side of fifty. (उसकी उम्र पचास के ऊपर हो चुकी है।)

234. Out of sorts—Indisposed (तबियत खराब होना) I am out of sorts today. (मेरी तबियत आज कुछ खराब है।)

235. Old head on young shoulders— One over intelligent and experienced for one's age (अपनी उम्र से अधिक बुद्धिमान) My young son reads books of philosophy with interest, he has an old head on young shoulders. (मेरा छोटा बेटा दर्शनशास्त्र की पुस्तकें चाव से पढ़ता है। वह अपनी उम्र से अधिक बुद्धिमान दिखता है।)

236. To oil someone's hands—To bribe (रिश्वत देना) Oiling the hands of officials is an offence. (अधिकारियों को रिश्वत देना जुर्म है।)

237. To pay one back in one's own coin—Tit for tat (जैसे को तैसा) You have deceived Mohan and therefore, take care that you may have to pay back in your own coin. (तुमने मोहन को धोखा दिया है, सावधान रहो कहीं तुम्हें भी वैसा ही धोखा न खाना पड़े।)

238. To put the saddle on the right horse— To blame the really guilty person (सही अपराधी को पहचान लेना) By arresting Mohan the police have put the saddle on the right horse. (मोहन को गिरफ्रतार कर पुलिस ने सही अपराधी को पकड़ा है।)

239. To put one's shoulder— to the wheel To do one's work with one's own efforts (अपने ही सहारे अपना कार्य करना) God helps those who put their shoulders to the wheel. (ईश्वर उनकी मदद करता है जो स्वंय प्रयत्न करते हैं।)

240. Pros and cons Points for and againstgood or bad— (किसी बात की अच्छाई बुराई समझ लेना) Let us consider all the pros and cons of the whole affair before we advance further. (आगे बढ़ने से पहले हमें मामले के सारे अच्छे–बुरे परिणाम सोच लेने चाहिये।)

241. To poke one's nose into— To interfere with the affairs of others (दूसरों की बातों में हस्तक्षेप करना) It is not wise to poke one's nose into the affairs of others. (दूसरों के मामलों में अपनी टाँग फँसाने में कोई बुद्धिमानी नहीं है।)

242. To pour oil on troubled waters—To pacify the anger of others (क्रोध को शान्त करने का प्रयत्न) He poured oil on troubled waters by his gentle and honest replies. (उसने अपने नम्र और सही उत्तरों से क्रोध को शांत करने का प्रयत्न किया।)

23. Pandora's Box—A source of evil powers (बुराइयों का भंडार) Greed opens Pandora's box. (लो बुराइयों का भंडार है।)

244. To play one's cards well—To play an intelligent role (समझदारी से काम करना।) good statesman always plays his cards well. (एक अच्छा राजनीतिज्ञ बड़ी समझदारी से काम करता है।)

245. To poison one's ears against—To set a person against another (किसी के विरुद्ध कान भरना) He has poisoned the ears of my employer against me. (उसने मेरे विरुद्ध मेरे मालिक के कान भर दिये हैं।)

246. To set price on one's head—To offer reward for killing or helping in the arrest of a criminal (किसी अपराधी के मारने या पकड़वाने में मदद करने पर इनाम की घोषणा) The government have set a price of Rs. 50,000/- on the head of the rebel leader. (सरकार ने उपद्रवियों के सरगना को मारने या पकड़वाने के लिये पचास हजार रुपयों का इनाम घोषित किया है।)

247. Part and parcel—An essential part (आवश्यक अंग) A good laboratory is the part and parcel of the equipment of a scientist. (एक वैज्ञानिक के पास अच्छी प्रयोगशाला का होना अति आवश्यक है।)

248. To pester with—To be troubled with (किसी बात से परेशान होना) We are pestered with mosquitoes here. (हमें यहाँ मच्छरों ने परेशान कर डाला है।)

249. To take pains—To work hard (कठिन परिश्रम करना) Nothing can be gained without taking pains. (कठिन परिश्रम के बिना कुछ नहीं मिलता।)

250. To put up with —To tolerate (सहन करना) I cannot put up with this insult. (मैं इस अपमान को सहन नहीं कर सकता।)

251. To pull to pieces—To criticise adversely (कटु आलोचना करना) He has pulled my proposal to pieces. (उसने मेरे प्रस्तावों की कड़ी आलोचना की है।)

252. To put pen to paper— To begin writing (लिखना आरम्भ कर देना) I put my pen to paper at the first stroke of the bell. (मैं घंटा बजते ही लिखना आरम्भ कर देता हूँ।)

253. Pin prick—Small troubles (छोटी–मोटी परेशानियाँ) You should not lose your patience at such pin pricks. (तुम्हें इन छोटी–मोटी परेशानियों पर धैर्य नहीं खोना चाहिये।)

254. To play the second fiddle—To take a subordinate position (दूसरे स्थान पर काम करना) It is starange that your Principal plays the second fiddle to the Manager. (बड़े आश्चर्य की बात है कि तुम्हारे प्राचार्य अपने मैनेजर के पिछलग्गू हैं।)

255. To play a double game—To act dubiously (धोखाधड़ी करना) Take care, he is playing a double game with you. (सावधान रहो, वह तुम्हारे साथ धोखाधड़ी कर रहा है।)

256. To play fast and loose To be unfaithful (विश्वासघात करना) You can never prosper if you play fast and loose with your own men. (यदि तुम अपने ही साथियों के साथ विश्वासघात करोगे तो कभी फलीभूत नहीं होगे।)

257. To play truant—To run away from the class (कक्षा से भाग जाना) He is in the habit of playing truant from the class. (उसे कक्षा से भाग जाने की आदत है।)

258. To play one false – To deceive (किसी को धोखा देना) You should not have played me false. (तुम्हें मुझे धोखा नहीं देना चाहिये था।)

259. Past master—An expert (किसी क्षेत्रा का विशेषज्ञ) He is past master in acting on the stage. (वह स्टेज पर नाटक खेलने में दक्ष है।)

260. To put a spoke in one's wheel—To stand in the way of one's progress (किसी की उन्नति में बाधा डालना) My own brother is putting a spoke in my wheel. (मेरा खास भाई मेरी उन्नति में बाधा डाल रहा है।)

261. Pell mell In confusion (घबराहट में) People ran pell mell at the first tremor of the earthquake. (भूकंप के पहले झटके पर ही लोग घबराहट में भागने लगे।)

262. To pull the wire—To exercise secret influence (छिपे रूप से प्रभाव डालना।) America is pulling the wire behind Pakistan's activities. (पाकिस्तान की कार्यवाही पर छिपे रूप में अमरीका का हाथ है।)

263. Point blank—Clearly (साफ तौर से) He has refused point blank to help me. (उसने मेरी मदद करने से साफ इनकार कर दिया है।)

264. Petticoat-Government—The undue influence of women (स्त्रियों का अनुचित दबाव) There is petticoat-government in most social organizations in France. (फ्रांस के अधिकांश सामाजिक संगठनों पर महिलाओं का आधिपत्य है।)

265. To put to the sword—To kill (मार देना) Nadirshah put even children to the sword. (नादिरशाह ने बच्चों तक को मौत के घाट उतार दिया।)

266. Rank and file—Lower middle class people (साधारण श्रेणी के लोग) The learned speech of the great orator cannot be appreciated by the rank and file. (विद्वान वक्ता के भाषण को जनसाधारण लोग नहीं समझ सकते।)

267. To rain cats and dogs To rain heavily (मूसलाधार बारिश) It is raining cats and dogs.(मूसलाधार बारिश हो रही है।)

268. To rise to the occasion—To come to help at the hour of need (समय पर सहायता के लिये तैयार रहना) My brother is there to rise to the occasion to help me. (मेरा भाई समय पर मेरी सहायता के लिये तैयार रहेगा।)

269. To run short—Not proving sufficient, shortage of something (किसी चीज की कमी)I am running short of money these days. (आजकल मेरे पास धन की कमी है।)

270. A rolling stone—A man not sticking to his job (अपने काम में न जमने वाला व्यक्ति) He will not prosper because he is a rolling stone. (वह कभी समृद्ध नहीं हो सकता, क्योंकि वह किसी काम में नहीं जमता है।)

271. Right-hand man— A very helpful person (अच्छा सहायक) My manager is my right-hand man. (मेरा मैनेजर मेरा अच्छा सहायक है।)

272. To read between the lines—To discover secret meaning (गुप्त अर्थ निकालना) It is a simple statement, why do you read between the lines? (यह एक साधारण कथन है, तुम इसमें गूढ़ अर्थ क्यों ढूँढ़ते हो?)

273. A broken reed—An unreliable person (अविश्वसनीय व्यक्ति) Every body knows that he is a broken reed, don't depend on him. (हर कोई जानता है कि वह अविश्वसनीय व्यक्ति है, उस पर भरोसा मत करो।)

274. Without rhyme or reason— Without any justification (अकारण) He has been criticising me without rhyme or reason. (वह अकारण ही मेरी बुराई करता फिरता है।)

275. To go to rack and ruin— To be completely ruined (पूर्णरूप से बरबाद हो जाना) His business has gone to rack and ruin. (उसका व्यापार पूर्णरूप से बरबाद हो चुका है।)

276. To rub shoulders with —To come in close contact with (किसी के निकट सम्पर्क में आना) I have rubbed shoulders with great scholars. (मैं बड़े–बड़े विद्वानों के सम्पर्क में आ चुका हूँ।)

277. To hold the scales even— To be impartial (निष्पक्ष रहना) A judge must hold the scales even (एक जज को निष्पक्ष रहना चाहिये।)

278. To scratch one's head— To be perplexed (परेशान हो जाना) When I saw the Mathematics paper, I just scratched my head. (जब मैंने गणित का पर्चा देखा तो परेशान होकर सिर खुजाने लगा।)

279. Storm in a tea-cup —Much hue and cry over a little matter (छोटी सी बात पर बहुत शोरगुल करना) You have unnecessarily raised storm in a tea-cup over this little matter. (तुमने व्यर्थ ही इस छोटी सी बात पर तूफान खड़ा कर दिया है।)

280. Stand in good stead — To be of great service (बहुत सहायक होना) Your upright character will always stand in good stead. (तुम्हारा सच्चरित्रा हमेशा तुम्हारा सहायक रहेगा।)

281. Slip of the pen—A small unintentional mistake in writing (लिखने में भूल से जरा सी गलती) Please excuse me for this slip of the pen. (लिखने की इस भूल के लिये मुझे क्षमा करें।)

282. Slip of the tongue—A slight mistake in speaking (बोलने में छोटी सी गलती) Do not give so much importance to his slip of the tongue. (बोलने में इस छोटी सी भूल को इतना महत्व न दें।)

283. Square meal—Full meal (पेट भर भोजन) Many people can hardly arrange even a square meal. (बहुत से लोग भरपेट खाना मुश्किल से जुटा पाते हैं।)

284. To save one's skin —To escape safely (जान छुड़ाना) I have somehow saved my skin from the scandal. (मैंने इस बदनामी से बड़ी मुश्किल से पीछा छुड़ाया है।)

285. To roll up one's sleeves— To be prepared for contest (मुकाबले के लिये तैयार रहना) When Mohan gave him the challenge, he rolled up his sleeves. (जब मोहन ने उसे ललकारा तो उसने भी अपनी बाहें चढ़ा ली।)

286. To give the cold shoulder— To discourage a person (निराश करना) I went to him for help, but he gave me the cold shoulder. (मैं उसके पास मदद माँगने गया, लेकिन उसने मुझे निराश कर दिया।)

287. At a stone's throw— At a little distance (थोड़ी दूर पर) My house is at a stone's throw from here. (मेरा घर यहाँ से थोड़ी ही दूरी पर है।)

288. To stand on one's own legs—To become independent (अपने पैरों पर खड़े होना) Now you are old enough to stand on your own legs. (अब तुम अपने पैरों पर खड़े होने लायक हो गये हो।)

289. Summer friends— Friends of prosperity (खुशहाली के मित्र) All my summer friends have deserted me in my adverse days. (मेरे सभी मतलबी मित्र मेरे बुरे दिनों में मेरा साथ छोड़ गये है।)

290. To screw up one's courage—To gather courage (साहस बढ़ाना) Do not be so disheartened; serew disheartened, up your courage. (हिम्मत मत हारो अपना साहस बढ़ाओ।)

291. To see the light To be born (जन्म लेना) His father died before he saw the light. (उसके पैदा होने से पहले ही उसके पिता मर चुके थे।)

292. Seal of love Kiss (चुम्बन) The mother bade him farewell by imprinting a seal of love on his forehead. (उसकी माँ ने चुम्बन लेकर उसे विदा किया।)

293. The sheet of anchor— The place of protection or shelter (शरण पाने का स्थान) Her employer proved to be the sheet of anchor to her. (उसके मालिक में उसे शरण पाने का स्थान मिला।)

294. A thick-skinned person— Insensitive person (लज्जाहीन व्यक्ति) He is a very thick-skinned person. (वह बड़ा लज्जाहीन व्यक्ति है।)

295. Through thick and thin—Through all difficulties (सभी कठिनाइयों के बीच)She faithfully stood with her husband through thick and thin. (वह सभी परिस्थितियों में अपने पति के साथ खड़ी रही।)

296. To take into one's head—To think or to believe (किसी बात को सोचना या विश्वास कर लेना) Somehow he has taken into his head that he is the most intelligent boy. (किसी प्रकार उसके दिमाग में यह बात बैठ गई है कि वह सबसे बुद्धिमान लड़का है।)

297. A tool in the hands of Under the authority of another (दूसरे के हाथ में कठपुतली की भाँति) Pakistan is merely a tool in the hands of America. (पाकिस्तान अमरीका के हाथ की कठपुतली मात्र है।)

298. To take the bull by the horns—To face danger with courage (खतरे का हिम्मत से सामना करना) Be bold and take the bull by the horns. (बहादुर बनो और खतरों का हिम्मत से मुकाबला करो।)

299. To take time by the forelock— To do one's work in time (समय के अन्दर काम करना) You will never fail if you take time by the forelock. (यदि तुम समय के अन्दर काम करोगे तो कभी असफल नहीं होगे।)

300. True to one's salt—To be faithful to one's blood or character (अपने खून या चरित्र के प्रति वफादार) The Rajputs were always true to their salt. (राजपूत लोग अपने खून के प्रति वफादार रहते थे।)

301. To turn the tables— To change the situation completely (स्थिति को बिल्कुल बदल देना) In the last few minutes our captain turned the tables in our favour. (अन्तिम कुछ मिनटों में हमारे कप्तान ने परिस्थितियों को हमारे पक्ष में बदल दिया।)

302. Tooth and nail—Contending with all force (पूरी शक्ति से विरोध करना) We shall oppose this move tooth and nail. (हम पूरी शक्ति से इस कदम का विरोध करेंगे।)

303. To turn a deaf ear —To pay no attention (कोई ध्यान न देना) My friend turned a deaf ear to my advice. (मेरे मित्र ने मेरी सलाह पर कोई ध्यान न दिया।)

304. Tall talk Boasting (शेखी मारना) He always indulges in tall talks (वह हमेशा शेखी बघारता रहता है।)

305. To turn one's coat—To change one's party (पार्टी बदल लेना) He is an opportunist and has so often turned his coat. (वह अवसरवादी है और अपनी पार्टी बदलता रहता है।)

306. Under a cloud—Under suspicious conditions. (संदेहपूर्ण स्थितियों में) He is working under a cloud. (वह संदेहपूर्ण परिस्थितियों में कार्य करता है।)

307. Under the rose—Secretly (गुप्त रूप से) He is making love with her under the rose. (वह गुप्त रूप से उससे प्रेम करता है।)

308. Under one's nose—In the presence of (किसी के सामने) He accepted bribe under the nose of his senior officers. (उसने अपने अधिकारियों के सामने ही रिश्वत ली।)

309. Wild goose chase—Useless efforts (व्यर्थ का प्रयत्न) His efforts to marry the princess have proved a wild goose chase. (एक राजकुमारी से विवाह करने के उसके प्रयत्न व्यर्थ सिद्ध हुए।)

310. White elephant—A very expensive thing (बहुत खर्चीली वस्तु) A European wife is a white elephant for an Indian. (किसी भी भारतीय के लिये यूरोपीय पत्नी एक बहुत ही खर्चीली वस्तु सिद्ध होता है।)

311. Wolf in sheep's clothing—A deceitful man (बनावटी व्यक्ति) I don't trust him he is a wolf in sheep's clothing. (मैं उस पर विश्वास नहीं करता, वह भेड़ की खाल में भेड़िया है।)

312. Wash one's hands of —To be free from (किसी बात से मुक्त हो जाना) I have washed my hands of her affairs. (मैंने उसके मामले से हाथ झाड़ लिये हैं।)

313. Much cry and little wool—Disappointing result (निराशाजनक परिणाम) After five years of studies abroad, he got a small post. It was much cry and little wool. (पाँच साल तक विदेश में पढ़ने के बाद उसे एक छोटा सा पद मिला है। यह बड़ा निराशाजनक परिणाम रहा।)

314. To bring to book— To punish (सजा देना) The offender should be brought to bool. (अपराधी को दंड अवश्य मिलना चाहिये।)

315. To show a clean pair of heels —To run away (भाग जाना) The thief showed a clean pair of heels to the police. (पुलिस को देखते ही चोर भाग खड़ा हुआ।)

316. To add a new feather in one's cap — To acquire a new honour or distinction (कोई नया सम्मान प्राप्त करना) His election to the Parliament has added a new feather in his cap. (संसद के चुनाव में जीतने से उसके सम्मान में एक पदक और जुड़ गया।)

317. To take a leaf out of another man's book—To imitate another person (दूसरों की नकल करना) He has no originality of thought, he is only taking a leaf out of another man's book. (उसके पास कोई मौलिक विचार नहीं है, वह दूसरों के विचारों की नकल किया करता है।)

318. Maiden speech First speech (किसी का पहला भाषण) His maiden speech was quite a success. (उसका पहला ही भाषण बहुत सफल रहा।)

319. Nine days' wonder—A short lived glory (थोड़ी देर का चमत्कार) The glory of Hitler was nine days wonder. (हिटलर का यश चार दिन की चाँदनी सिद्ध हुआ।)

320. To sow wild oats— Indulgence in youthful follies (युवा अवस्था की मूर्खताओं) It is the duty of the warden to see that his students do not sow wild oats. (व्यवस्थापक का यह कर्तव्य है कि वह देखे कि उसके विद्यार्थी युवावस्था के भ्रमों में न पड़ जायें।)

321. To pocket an insult—To bear insult (अपमान सहन कर लेना) The nationalists had to pocket much insult during their fight for independence. (राष्ट्रवादियों को स्वतन्त्राता के युग में बहुत अपमान झेलने पड़े थे।)

322. A red rag to a bull—Something that irritates (उत्तेजित करने वाली बात) The fiery slogans against the police proved to be a red rag to a bull. (पुलिस के विरुद्ध लगाये गये नारों से पुलिसजन और भी भड़क गये।)

323. Under the thumb of—Under the authority of someone (दूसरों के अधिकार में) The manager is under the thumb of the proprietor. (मैनेजर मालिक के अधिकार में है।)

324. To get wind of To know the secret (भेद जान लेना) Somehow the police got the wind of the conspiracy. (किसी तरह पुलिस को उस शडयन्त्र की भनक लग गई।)

325. To go a wool-gathering—To grow lunatic (पागल हो जाना) His wits have gone a wool-gathering. (वह पागल सा हो गया है।)

326. Over head and ears—Very deeply (सामर्थ्य से अधिक) He is in debt over head and ears. (वह अपनी सामर्थ्य से अधिक कर्जे में डूबा है।)

327. In the air—Spread as a rumour (बात फैल जाना) This news is very much in the air. (यह बात चारों ओर फैल चुकी है।)

328. Out of the wood —Out of difficulties (मुसीबत से छुटकारा) At last he came out of the wood. (आखिर उसे मुसीबतों से छुटकारा मिल गया।)

329. A royal road—An easy and popular way (आसान रास्ता) There is no royal road to success. (सफलता के लिये कोई भी रास्ता आसान नहीं है।)

330. To think lightly—Not to be serious about a thing (मजाक के रूप में लेना) Please don't think lightly of my scheme. (कृपया मेरी योजना का मजाक न उड़ायें।)

331. To fight shy of—To be hesitant (डरते हुए कार्य करना) Face the problem boldly and don't fight shy of the situation. (समस्याओं का हिम्मत से मुकाबला करो, परिस्थितियों से डरो मत।)

332. In the melting pot—In a confused state (अनिश्चित स्थिति) The whole affair is in the melting pot. (सारी स्थिति अनिश्चित है।)

333. By and large—On the whole (अन्त में मोटे तौर पर) He is by and large a gentleman. (वह अधिकांशतः सज्जन व्यक्ति है।)

334. Come across— Meet by chance (अचानक मुलाकात होना) Please give him my message if you come across him. (यदि उससे मुलाकात हो जाय तो उसे मेरा समाचार दे देना)

335. To make up — To make up the loss (क्षतिपूर्ति करना) I shall make up your loss. (मैं तुम्हारी क्षतिपूर्ति कर दूँगा।)

336. Run down — Reduced in health (स्वास्थ्य में गिरावट) He is very much run down these days. (आजकल उसके स्वास्थ्य में गिरावट आ गई है।)

337. A tower of strength— Chief support (शक्ति का स्तम्भ) Pt. Nehru was the tower of strength of the Congress Party. (जवाहरलाल नेहरू कांग्रेस के शक्ति स्तम्भ थे)

319. Nine days' wonder— A short lived glory (क्षणिक मात्र) The glory of Hitler was nine days wonder. (हिटलर का यश चार दिन की चाँदनी सिद्ध हुआ।)

320. To sow wild oats — Indulgence in youthful follies (युवावस्था की बेवकूफियाँ करना) It is the duty of the warden to see that his students do not sow wild oats. (व्यवस्थापक का यह कर्तव्य है कि वह देखे कि उसके विद्यार्थी युवावस्था के भ्रमों में न पड़ जायें।)

321. To pocket an insult — To bear insult (अपमान सहन कर लेना) The nationalists had to pocket much insult during their fight for independence. (राष्ट्रवादियों को स्वतन्त्रता के युग में बहुत अपमान झेलने पड़े थे।)

322. A red rag to a bull — Something that irritates (उत्तेजित करने वाली बात) The fiery slogans against the police proved to be a red rag to a bull. (पुलिस के विरुद्ध लगाये गये नारों से पुलिसजन और भी भड़क गये।)

323. Under the thumb of —Under the authority of someone (दूसरों के अधिकार में) The manager is under the thumb of the proprietor. (मैनेजर मालिक के अधिकार में है।)

324. To get wind of— To know the secret (भेद जान लेना) Somehow the police got the wind of the conspiracy. (किसी तरह पुलिस को उस षडयन्त्र की भनक लग गई।)

325. To go a wool-gathering — To grow lunatic (पागल हो जाना) His wits have gone a wool gathering. (वह पागल सा हो गया है।)

326. Over head and ears— Very deeply (सामर्थ्य से अधिक) He is in debt over head and ears.(वह अपनी सामर्थ्य से अधिक कर्जे में डूबा है।)

327. In the air—Spread as a rumour (बात फैल जाना) This news is very much in the air. (यह बात चारों ओर फैल चुकी है।)

328. Out of the wood —Out of difficulties (मुसीबत से छुटकारा) At last he came out of wood. (आखिर उसे मुसीबतों से छुटकारा मिल गया।)

329. A royal road —An easy and popular way (आसान रास्ता) There is no royal road to success. (सफलता के लिये कोई भी रास्ता आसान नहीं है।)

330. To think lightly—Not to be serious about a thing (मजाक के रूप में लेना) Please don't think lightly of my scheme. (कृपया मेरी योजना का मजाक न उड़ायें।)

331. To fight shy of —To be hesitant (डरते हुए कार्य करना) Face the problem boldly and don't fight shy of the situation. (समस्याओं का हिम्मत से मुकाबला करो, परिस्थितियों से डरो मत।)

332. In the melting pot—In a confused state (अनिश्चित स्थिति) The whole affair is in the melting pot. (सारी स्थिति अनिश्चित है।)

333. By and large On the whole (अन्त में मोटे तौर पर) He is by and large a gentleman. (वह अधिकांशतः सज्जन व्यक्ति है।)

334. Come across Meet by chance (अचानक मुलाकात होना) Please give him my message if you come across him. (यदि उससे मुलाकात हो जाय तो उसे मेरा समाचार दे देना।)

335. To make up—To make up the loss (क्षतिपूर्ति करना) I shall make up your loss. (मैं तुम्हारी क्षतिपूर्ति कर दूँगा।)

336. Run down—Reduced in health (स्वास्थ्य में गिरावट) He is very much run down these days. (आजकल उसके स्वास्थ्य में गिरावट आ गई है।)

337. A tower of strength Chief support (शक्ति का स्तम्भ) Pt. Nehru was the tower of strength of the Congress Party. (जवाहरलाल नेहरू कांग्रेस के शक्ति स्तम्भ थे।)

338. Hold the fort—To stand firm on one's position (अपने स्थान पर डटे रहना) He held the fort against all odds. (वह सब विषम परिस्थितियों में अपने स्थान पर डटा रहा।)

339. To go back on—To withdraw (वादा तोड़ देना) You should not go back on your word. (तुम्हें अपना वादा नहीं तोड़ना चाहिये।)

340. Behind the scene—Secretly (छिपे रूप में) He is the governing power behind the scene. (वह पर्दे के पीछे से शक्ति प्रदान करता है।)

341. Once for all—Finally (अन्तिम रूप से) My reply is final once for all. (मेरा यह उत्तर अन्तिम है।)

342. On and on—To continue (जारी रखना) He went on and on with his scheme. (वह अपनी योजना को आगे बढ़ाता ही गया।)

343. Come true To prove true (सही सिद्ध होना) His warning has come true. (उसकी चेतावनी सही सिद्ध हुई।)

344. Put an end to To finish (समाप्त कर देना) He has put an end to his foolish schemes. (उसने अपनी बेवकूफी की योजनाओं को समाप्त कर दिया है।)

(2) Idiomatic Phrase (मुहावरेदार वाक्यांश)

(i) Noun Phrases

1. Cold war (पारस्परिक खराब सम्बन्ध) There should be no cold war between neighbouring countries. (पड़ोसी देशों के पारस्परिक सम्बन्ध खराब नहीं होने चाहिये।)
2. Dutch courage (शराब के नशे में पैदा हुआ साहस) His dutch courage will soon pass off. (उसका नशे में पैदा हुआ जोश जल्दी उड़ जायेगा।)
3. Fair play—(ईमानदारी के संबंध या कार्य) There is no fraud, it is a fair play. (इसमें कोई धोखा नहीं है। यह ईमानदारी का कार्य है।)
4. A fancy price—(ऊँची कीमत) His painting will fetch a fancy price. (उसके चित्र की ऊँची कीमत मिलेगी।)
5. gala day—(खुशी का दिन) His birthday is a gala day for him. (उसका जन्मदिन उसकी खुशी का दिन है।)
6. The ins and outs—(पूर्ण जानकारी) Nobody can know the ins and outs of their secret service. (उनकी गुप्त सेवा की पूर्ण जानकारी किसी को नहीं मिल सकती।)

7. Red tapism—(अत्यधिक सरकारी औपचारिकतायें) Many projects are long held up on account of red tapism. (सरकारी औपचारिकताओं के कारण बहुत सी योजनायें अधर में लटकी रहती हैं।)
8. Sharp practice— (विधि कार्य में चालाकी) No lawyer can get success by resorting to sharp practice. (चालाकी से कोई भी वकील सफल नहीं हो सकता।)
9. A wet blanket—(हतोत्साहित करने वाली वस्तु या व्यक्ति) Too much seriousness acts as a wet blanket to cheerfulness. (अत्यधिक गंभीरता खुशी को ठंडा कर देती है।)
10. Hand and glove— (बहुत घनिष्ट) I am hand and glove with my friend. (मैं अपने मित्र का बहुत घनिष्ट हूँ.)
11. Forty winks— (दिन में थोड़ा सोना) I have forty winks every day after lunch. (मैं दोपहर को खाने के बाद थोड़ा सोता हूँ।)
12. A free lance—(स्वतन्त्रा लेखक / राजनीतिज्ञ) He writes articles for the newspapers as a free lance. (वह समाचार पत्रों में स्वतन्त्रा लेखक की हैसियत से लेख लिखता है।)
13. Iron will—(दृढ़ निश्चय वाला) A good statesman should be a man of iron will. (एक अच्छे राजनीतिज्ञ को दृढ़ निश्चयी होना चाहिये।)
14. Fair sex—(नारी) This is the privilege of the fair sex. (यह नारी जाति का विशेषाधिकार है।)
15 A big gun— (महत्वपूर्ण व्यक्ति) He is a big gun. (वह एक महत्वपूर्ण व्यक्ति है।)

(ii) Adjective Phrases

16. With open arms —(उत्साहपूर्ण स्वागत) My friend received me with open arms. (मेरे मित्र ने उत्साह से मेरा स्वागत किया।)
17. Without reserve—(पूर्ण रूप से) We accept your terms without reserve. (हम पूर्ण रूप से तुम्हारी शर्तों को स्वीकार करते हैं।)
18. Beside himself—(परेशान) His heavy loss in business has thrown him beside himself. (व्यापार में भारी नुकसान से वह होश हवाश खो बैठा है।)
19. On the alert —(सावधान) The border areas should always be kept on the alert. (सीमा क्षेत्रों में हमेशा सावधानी रखनी चाहिये।)
20. Out of date—(पुरानी परिचलन के बाहर) Tight trousers have now become out of date. (तंग पजामों का अब रिवाज नहीं रहा है।)
21. Up-to- date—(आज की तारीख तक पूर्ण) He is up&to&date in his knowledge of political developments. (राजनीतिक परिवर्तनों का उसे पूर्ण ज्ञान है।)
22. In high spirits— (बहुत उत्साह व खुशी में) He is in high spirits today because of his grand success. (वह अपनी महान सफलता के कारण आज बहुत उत्साहित है।)
23. Out of spirits—(दुःखी एवं निराश) He is out of spirits today because of his failure in the examination. (वह परीक्षा में फेल होने के कारण आज बड़ा निराश है।)
24. Like wild fire—(तेजी से) The news of his murder spread like wild fire. (उसके कत्ल का समाचार जंगल में आग की तरह फैल गया।)
25. Out of gear — (बिगड़ी हुई हालत में) His business has gone out of gear these days. (उसका व्यापार आज–कल बिगड़ी दशा में है।)
26. At sea — (परेशान) I am at sea these days on account of all these problems coming together. (इन सारी समस्याओं के एक साथ आने से मैं बहुत परेशान हूँ।)

27. To the letter—(ठीक प्रकार से) I have carried out his orders to the letter. (मैंने उसके आदेश का ठीक प्रकार से पालन किया है।)
28. In the dark—(अंधकार में) Don't keep your father in the dark. (अपने पिता को अंधकार में मत रखो।)
29. At the first flush—(पहली ही बार देखने पर) You cannot appreciate this painting at the first flush. (तुम पहली बार में इस चित्र को समझ नहीं सकते।)
30. In the ascendant — (प्रभावी होना) His stars are in the ascendant these days. (उसके सितारे आजकल बुलंदी पर है।)
31. In hand — (नियन्त्रण में) Now the law and order situation is in hand. (अब शान्ति व कानूनी स्थिति नियन्त्रण में है।)
32. In the air—(चारों ओर फैला हुआ) The fear of an attack is in the air. (आक्रमण का डर चारों ओर फैला हुआ है।)
33. Out of the question—(असम्भव) His success in business is out of the question. (व्यापार में उसका सफल होना असंभव है।)
34. At a pinch—(कठिन परिस्थिति में) No friend of yours will come to your help at a pinch (कठिन परिस्थिति में तुम्हारा कोई मित्र तुम्हारी मदद को नहीं आयेगा।)
35. Ill at ease—(चिन्तित) He is ill at ease on account of his father's illness—(वह अपने पिता की बीमारी के कारण चिन्तित है।)
36. On his last legs—(अन्तिम स्थिति में) His grand father is on his last legs. (उसके दादाजी जीवन की अन्तिम स्थिति में हैं।)
37. Head or tail—(कुछ भी अर्थ नहीं) We could make no head or tail of his long speech. (हम उसके लम्बे भाषण का कोई अंश नहीं समझ सके।)
38. With one voice—(सर्वसम्मति से) His proposal was accepted with one voice. (उसका प्रस्ताव सर्वसम्मति से स्वीकार किया गया।)
39. For good — (हमेशा के लिये) He has left Delhi for good. (उसने दिल्ली हमेशा के लिये छोड़ दी है।)
40. On the cards (शीघ्र होने वाली कोई बात) Now the elections are on the cards. (अब चुनाव शीघ्र होने वाले हैं।)
41. All the rage— (बहुत प्रचलित) Pop music is all the rage these days. (इन दिनों पॉप म्यूजिक का बहुत प्रचलन है।)
42. Under the wing—(सुरक्षा में) This port is under the wing of America. (यह हवाई अड्डा अमेरिका की सुरक्षा में है।)
43. In hot water—(परेशानी में) The journalist is in hot water due to his wrong reporting of Parlia& mentary proceedings. (यह पत्रकार संसद की गलत रिपोर्टिंग के कारण परेशानी में पड़ गया है।)

(iii) Adverb Phrases

44. By degrees—(धीरे–धीरे) He is recovering from his heavy debts by degrees. (वह धीरे–धीरे अपने कर्जे से उबर रहा है.)
45. At times — (कभी–कभी) At times he behaves like a fool. (कभी–कभी वह बेवकूफों सा व्यवहार करता है।)
46. Once for all —(अन्तिम रूप से) You must take a decision once for all. (तुम्हें अन्तिम निर्णय ले लेना चाहिये।)
47. At random —(बिना किसी क्रम के) He gave me some suggestions at random which I could not accept—(उसने मुझे बिना सोचे समझे कुछ परामर्श दिये जिन्हें मैं स्वीकार नहीं कर सका।)
48. Of late—(अभी हाल में) Of late he has not seen me. (हाल में वह मुझसे मिला नहीं है।)
49. At best—(अधिक–से–अधिक) At best I can introduce you to him. (अधिक–से–अधिक मैं उनसे तुम्हारा परिचय

करा सकता हूँ.)

50. Out and out — (पूरी तरह से) He is out and out a gentleman. (वहं पूरी तरह सज्जन व्यक्ति है।)
51. Off and on—(कभी–कभी) Off and on he comes and stays with me. (वह कभी–कभी मेरे पास आता है और ठहरता है।)
52. Now and then—(कभी–कभी) Now and then he comes here. (कभी–कभी वह यहाँ आता है।)
53. Far and wide—(दूर–दूर तक) His fame has spread far and wide. (उसका यश दूर–दूर तक फैल गया है।)
54. Before long—(बहुत जल्दी) We are shifting to our new house before long. (हम जल्दी ही अपने नये मकान में पहुँच रहे हैं।)
55. At a stretch — (लगातार) I can drive my car for six hours at a stretch. (मैं अपनी कार को लगातार छः घंटे तक चला सकता हूँ।)
56. At the outset (प्रारम्भ मे) You must work very hard at the outset of your career. (तुम्हें अपने व्यावसायिक जीवन के आरम्भ में कड़ी मेहनत करनी चाहिये।)
57. At large— (भागा हुआ) The convict is still at large. (अपराधी अभी भागा हुआ है।)
58. At length — (पूर्ण विवरण के साथ) You should discuss your plan with me at length. (तुम्हें अपनी योजना पूर्णरूप से मुझे बतानी चाहिये।)
59. Of course—(निःसन्देह) Of course he will never betray you. (निःसन्देह वह तुम्हें कभी धोखा नहीं देगा।)
60. Time and again—(बार–बार) Please don't come to me for help time and again. (कृपा करके बार–बार मेरे पास मदद के लिये मत आया करो।)
61. By and by—(धीरे–धीरे) By and by he will adjust himself to the climatic conditions of this country. (धीरे–धीरे वह इस दैं की जलवायु का अभ्यस्त हो जायेगा।)
62. Few and far between —(थोड़े से और एक–दूसरे से दूरी पर) In the desert the villages are few and far between. (रेगिस्तान में गाँव थोड़े से और दूर–दूर होते हैं।)
63. First and foremost (प्रथम और सबसे महत्वपूर्ण) Our first and foremost duty is to serve our country. (हमारा प्रथम और सबसे महत्वपूर्ण कर्त्तव्य है देश की सेवा करना।)
64. For long — (बहुत समय तक) War cannot go for long. (बहुत दिनों तक नहीं चल सकता।)
65. Over and above — (इस सबके अतिरिक्त) Over and above he is very hard working. (इस सबके अतिरिक्त वह बड़ा मेहनती व्यक्ति है।)
66. To and fro — (आगे पीछे) He was pacing in the room to and fro. (वह अपने कमरे में इधर से उधर घूम रहा था।)
67. Through and through — (पूरी तरह से) He is through and through a rogue. (वह पूरी तरह से धूर्त है।)
68. By all means—(हर प्रकार से) I will certainly help you by all means. (मैं निश्चय ही हर तरह से तुम्हारी मदद करूँगा.)

(iv) Prepositional Phrases

69. For the sake of— (की खातिर) A patriot would die for the sake of his country. (एक देशभक्त अपने देश की खातिर अपने प्राण न्योछावर कर देता है।)
70. In response to— (के उत्तर में) The public contributed liberally in response to an appeal by the Prime Minister. (प्रधानमन्त्री की अपील के उत्तर में जनता ने दिल खोलकर सहायता की।)

71. In regard to— (के सम्बन्ध में) The students met the Principal in regard to many of their problems. (विद्यार्थी अपनी बहुत सी समस्याओं के सम्बन्ध में प्राचार्य से मिले।)
72. In addition to—(के अतिरिक्त) We get gratuity in addition to our pension. (हमें पेन्शन के अतिरिक्त ग्रेजुइटी भी मिलती है।)
73. In accordance with—(के अनुसार) I have enclosed all the documents in accordance with the advertisement. (मैंने विज्ञापन के अनुसार सभी सर्टीफिकेट लगा दिये हैं।)
74. In proportion to—(के अनुपात मे) The workers are not paid in proportion to their work. (कर्मचारियों को उनके परिश्रम के अनुसार पैसा नहीं मिलता है।)
75. For want of (के अभाव में) I could not start my business for want of money. (मैं धन की कमी के कारण अपना व्यवसाय शुरू नहीं कर सका।)
76. In lieu of — (के बदले में) You can write an essay in lieu of translation. (तुम अनुवाद के स्थान पर निबन्ध लिख सकते हो।)
77. At the instance of (के सुझाव पर) I applied for this post at the instance of my father. (मैंने पिताजी के कहने पर इस पद के लिये आवेदन किया।)
78. In spite of — (के बावजूद भी) He failed in spite of hard labour. (वह कड़ी मेहनत करते हुए भी फेल हो गया।)
79. On account of — (के कारण) I could not go to office on account of heavy rains. (मैं भारी वर्षा के कारण दफ्तर ना जा सका।)
80. In view of —(के विचार से) In view of some disturbances in the city market was kept closed. (शहर में कुछ उपद्रवों के कारण बाजार बन्द रहे।)
81. With a view to — (के उद्देश्य से) He has moved to Bombay with a view to setting up a factory. (वह एक फैक्टरी डालने के उद्देश्य से बंबई चला गया है।)
82. In the wake of — (किसी काम के एकदम बाद) The market has been closed in the wake of some disturbances. (कुछ उपद्रव होने के कारण बाजार बन्द कर दिया गया है।)
83. In a state of (की दशा में) He is lying in a state of coma. (वह बेहोशी की दशा में पड़ा हुआ है।)
84. By virtue of (के कारण) He secured first position by virtue of hard labour. (उसने कड़ी मेहनत करने के कारण प्रथम स्थान पाया है।)
85. In search of— (की तलाश में) He has come here in search of some job. (वह यहाँ किसी धंधे की तलाश में आया है।)
86. On the point of—(के बिन्दु पर) His factory is on the point of closure. (उसकी फैक्टरी बन्द होने के बिन्दु पर है।)
87. In order to—(के उद्देश्य से) He has appealed to the court in order to get some relief. (उसने कुछ राहत पाने के लिये न्यायालय में अपील कर दी है.)
88. In the act of (के मध्य में) He was caught in the act of cutting the road. (वह सड़क काटते हुए पकड़ा गया।)
89. In the midst of—(के बीच में) He works in the midst of great difficulties. (वह बड़ी कठिनाइयों के बीच काम करता है।)
90. At the top of —(सबसे ऊपर) He shouted at the top of his voice. (वह अपनी पूरी ताकत से चिल्लाया।)
91. In consideration of (के विचार के कारण) Ipardon you in consideration of your long service. (मैं तुम्हारी लम्बी सेवा के कारण क्षमा करता हूँ।)
92. By the way —(अचानक कोई बात कहना) By the way, are you Ram Mohan Roy ? (क्षमा करें, क्या आप राम मोहन राय हैं?)

(v) Verbal Phrases

93. Account for—(का कारण बनना) His cunningness accounts for his fall. (उसके पतन का कारण उसकी चालाकी है।)
94. Bear out — (गवाही देना) You will bear me out that I wanted to help her. (तुम गवाह हो कि मैं उसकी मदद करना चाहता था।)
95. Bear with —(बर्दाश्त करना) Please bear with me for some time more. (कृपया थोड़े दिन और मुझे बर्दाँत कर लो।)
96. Break off — (अचानक रुक जाना) He suddenly broke off in the middle of his speech. (वह अपने भाषण के बीच में अचानक रुक गया।)
97. Break into — (जबरदस्ती घुसना, सेंध लगाना) The thieves broke into my shop last night. (चोरों ने पिछली रात मेरी दुकान में सेंध लगा ली।)
98. Bring about —(उत्पन्न करना) These measures will bring about prosperity in the country. (इन उपायों से देश में समृद्धि आयेगी।)
99. Bring in — (कमाना) He brings in five thousand rupees a month. (वह पाँच हजार रुपये महीने कमाता है।)
100. Bring out — (प्रकट करना) The enquiry will bring out many startling facts. (जाँच समिति द्वारा बहुत से आश्चर्यजनक तथ्य प्रकाश में लाये जायेंगे।)
101. Bring up — (लालन–पालन करना) He has a large family to bring up. (उसे एक बड़े परिवार का पालन–पोषण करना है।)
102. Back out—(वादे से पीछे हटना) You can fully depend on him- He will never back out of his word. (तुम उस पर विश्वास कर सकते हो। वह कभी अपने वादे से पीछे नहीं हटेगा।)
103. Bear up — (हिम्मत बनाए रखना) A strong man would bear up against all odds. (एक दृढ़ संकल्प वाला व्यक्ति मुसीबतों में हिम्मत बनाये रखता है।)
104. Blow out—(बुझा देना) Please blow out the lamp when you go out. (जब तुम बाहर जाओ, बत्ती बुझा देना।)
105. Break with—(झगड़ा कर बैठना) Don't break with your old friends on such petty matters. (ऐसी छोटी–छोटी बातों पर अपने मित्रों से झगड़ा मत करो।)
106. Break out — (फैल जाना, आरम्भ हो जाना) Cholera has broken out. (हैजा फैल गया है।)
107. Break down — (बीच में ही रुक जाना, टूट जाना) He broke down in the middle of his speech. (वह अपने भाषण के बीच में रुक गया।)
108. Break up — (स्थगित हो जाना) The meeting has been broken up. (मीटिंग स्थगित हो गई है।)
109. Bring forth — (पैदा करना) They have brought forth a new variety of wheat. (उन्होंने गेहूँ की एक नई किस्म पैदा की है।)
110. Bring forward—(कोई नया तर्क देना) He has no new argument to bring forward. (उनके पास कोई नया तर्क देने को नहीं है।)
111. Bring out —(पुस्तक प्रकाशित करना) I have brought out a new book on Grammar. (मैंने ग्रामर की एक नई किताब प्रकाशित की है।)
112. Bring under — (दबा देना) It is your responsibility to bring under the rebellion (उपद्रव को दवा देने की जिम्मेदारी तुम्हारी है।)
113. To beggar description—(जिसका वर्णन न हो सके) Cleopatra's beauty beggard description— (क्लियोपैट्रा की सुदंरता का वर्णन करना संभव नहीं था।)

114. To bring home — (समझाना) The central idea of the poem was brought home to the students by the teacher. (अध्यापक ने विद्यार्थियों को कविता का मुख्य भाव समझाया।)

115. Call on — (किसी व्यक्ति से मिलने जाना) I shall call on you tomorrow morning. (मैं कल सुबह तुमसे मिलने आऊँगा।)

116. Call in — (बुलाना) Please call in my Secretary. (कृपया मेरे सैक्रेटरी को अन्दर बुलाओ।)

117. Carry out — (पालन करना) I cannot carry out your orders. (मैं तुम्हारे आदेशों का पालन नहीं कर सकता।)

118. Cast down (निराश)He feels much cast down owing to his failure. (वह असफल होने के कारण काफी उदास है।)

119. Cast away—(फेंक देना) He has cast away his old shoes. (उसने अपने पुराने जूते फेंक दिये हैं।)

120. Come across (किसी से अचानक मिलना) I came across my former boss yesterday. (मैं कल अचानक अपने पुराने अधिकारी से मिल गया।)

121. Come about — (होना) The change came about suddenly (परिवर्तन अचानक हुआ।)

122. Cry down — (आलोचना करना) Many people are in the habit of crying down their friends (बहुत से लोगों में अपने मित्रों की आलोचना करने की आदत होती है।)

123. Call names (गाली देना) He is in the habit of calling names. (उसे गालियाँ देने की आदत है)

124. Call over —(नाम पुकारना) Please call over the names of the winners once again. (कृपया विजेताओं के नाम दोबारा से पुकारिये।)

125. Call off (समाप्त कर देना) The strike has been called off. (हड़ताल समाप्त कर दी गई है।)

126. Call up — (पुरानी बात को याद करना) Please call up the promise you made to me. (विजेताओं के नाम दुबारा से पुकारिये ।)

127. Call for—(स्पष्टीकरण माँगना) You must call for an explanation from him. (तुम्हें उससे स्पष्टीकरण माँगना चाहिये।)

128. Carry on— (सफलतापूर्वक चलाते रहना) He is carrying on his business successfully. (वह सफलतापूर्वक अपना व्यापार कर रहा है।)

129. Carry on with — (जारी रखना) You may carry on with your arguments. (अपनी जिरह जारी रखो।)

130. Come off — (होना, सम्पन्न होना) The function comes off next Sunday—(समारोह अगले इतवार को होगा।)

131.Come round — (बीमारी से मुक्त होना) He has come round his heart problem after a long treatment. (उसे लम्बे इलाज के बाद अपने हृदय रोग से मुक्ति मिली है।)

132. Come down upon (प्रताड़ना, सजा देना) Your boss will come down upon you for this negligence. (तुम्हारा अधिकारी इस लापरवाही के लिये तुम्हें प्रताड़ित करेगा।)

133. Cry up — (उत्साह बढ़ाना) Let us cry him up for this trial. (हमें उसका इस संघर्ष में उत्साह वर्धन करना चाहिये।)

134. Cut down— (खर्चा कम करना) You must cut down your expenditure on petrol. (तुम्हें पैट्रोल पर अपना खर्चा कम करना चाहिये।)

135. To come to grief — (दुःख की स्थिति में आना) If you don^t mend yourself, you will come to grief. (यदि तुम अपने को सुधारते नहीं हो, तो तुम्हें दुःख उठाना पड़ेगा।)

136. Deal in—(व्यापार करना) He deals in silk. (वह रेशम का व्यापार करता है।)

137. Deal with—(निपटना) How will you deal with the rogues? (तुम इन बदमाशों से कैसे निपटोगे?)

138. Do away with (समाप्त करना, सम्बन्ध छोड़ देना) He has done away with all bad habits. (उसने अपनी सारी बुरी आदतें छोड़ दी हैं।)

139. Draw back — (वापस लौटना) The flood has drawn back. (बाढ़ लौट गई है।)

140. Fall out —(झगड़ा करना) These two brothers have fallen out. (इन दोनों भाइयों में झगड़ा हो गया है।)

141. Fall upon (आक्रमण करना) Our armies fell upon the enemy at midnight. (हमारी सेना ने अर्द्ध रात्रि में दुश्मन पर हमला किया।)

142. Fall through — (असफल होना) My scheme has fallen through for want of money. (èku की कमी के कारण मेरी योजना असफल हो गई।)

143. Get out of — (मुक्त होना) Try to get out of all your debts. (अपने कर्जों से मुक्ति पाने की कोशिश करो।)

144. Get through — (उत्तीर्ण होना) He will easily get through the examination. (वह परीक्षा में आसानी से पास हो जायेगा।)

145. Get up — (उठना) He gets up very early in the morning. (वह सुबह जल्दी उठता है.)

146. Give away —(पुरस्कार बाँटना) The Principal gave away the prizes. (प्राचार्य ने पुरस्कार वितरित किये।)

147. Give up — (छोड़ देना) I shall give up my claim. (मैं अपना अधिकार छोड़ दूँगा।)

148. Go through — (जाँच करना) Please go through my essay. (कृपया मेरे निबंध को जाँच लें।)

149. Go in for — (किसी चीज़ को चुनना) I shall go in for a new car. (मैं एक नई कार लूंगा।)

150. Get on—(आगे बढ़ते रहना) You must get on with your scheme against all difficulties. (तुम्हें सारी कठिनाइयों के होते हुए अपनी योजना में आगे बढ़ना चाहिये।)

151. Get back — (वापस मिलना) It is not easy to get back your money from him. (उससे रुपया वापस लेना आसान नहीं हैं।)

152. Get off — (छूट कर निकल जाना) The convict got off from police custody. (अपराधी पुलिस हिरासत से भाग गया।)

153. Get over —(काबू में कर लेना) I have got over my greatest difficulty with his help. (उसकी सहायता से मैंने अपनी सबसे बड़ी कठिनाई को पार कर लिया है।)

154. Get on with— (सहमत होना, साथ–साथ रहना) I cannot get on with my treacherous friend any longer (मैं अपने धोखेबाज मित्र के साथ अब और अधिक नहीं रह सकता।)

155. Give over —(परिवर्तन, जिम्मेदारी सौंपना) He is giving over his charge on the last day of this month. (वह इस महीने के अन्तिम दिन अपना कार्यभार छोड़ रहा है।)

156. Give in—(झुक जाना, हथियार डाल देना) The militant gave in after a tough resistance. (एक कड़े मुकाबले के बाद आतंकी ने हथियार डाले।)

157. Go off — (बारूद का फट जाना) The machine gun suddenly went off. (मशीन गन अचानक चल गई।)

158. Go out —(बुझ जाना) The candle has gone out. (मोमबत्ती बुझ गई है।)

159. Hold up—(रोक देना) The traffic has been held up by the agitators. (आंदोलनकारियों ने रास्ता जाम कर दिया है।)

160. Hold over —(स्थगित करना) Let us hold over this matter for the next meeting. (हमें इस मामले को अगली मीटिंग के लिये स्थगित कर देना चाहिये।)

161. Hold in—(काबू में रखना) He cannot hold in the untrained horse. (वह अप्रशिक्षित घोड़े को काबू में नहीं रख सकता है।)

162. Hold on—(जारी रखना, परिश्रम करते रहना) You must hold on with your efforts in all circumstances. (तुम्हें हर परिस्थिति में अपने प्रयत्न जारी रखने चाहिये।)

163 knock down—(गिरा देना) He was knocked down by a car. (एक कार ने धक्का देकर उसे गिरा दिया।)

164. Keep up — (बनाये रखना) He is creditably keeping up his reputation. (वह प्रशंसनीय तरीके से अपनी इज्जत बनाये हुए है।)

165. Lay down — (न्यौछावर करना) Many patriots would willingly lay down their life for their country. (बहुत से देशभक्त देश के लिये खुशी से जान न्यौछावर कर देते हैं।)

166. Lay by— (भविष्य के लिये बचाना) One should always lay by something for the rainy day. (भविष्य की जरूरत के लिये कुछ बचत अवश्य करनी चाहिये।)

167. Look after—(देखभाल करना) A mother looks after her children with selfless devotion. (माँ अपने बच्चों की देखभाल निःस्वार्थ भाव से करती है।)

168. Layout (जमा करना, व्यवसाय में रुपया लगाना) He is not in a position to lay out more than this amount. (वह ऐसी स्थिति में नहीं है कि अपने व्यवसाय में और रुपया लगा सके।)

169. Leave out—(छूट जाना, छोड़ जाना) My name has been left out from the list. (मेरा नाम सूची में से छूट गया है।)

170. Let off —(बिना सजा दिए हुए छोड़ देना) The police let the thief off (पुलिस ने चोर को छोड़ दिया।)

171. Look for—(तलाश करना) I am looking for a new house. (मैं एक नये घर की तलाश में हूँ।)

172. Look out for—(किसी की तलाश में लगे रहना) The police are looking out for unauthorized foreigners. (पुलिस अनधिकृत विदेशियों को तलाश रही है।)

173. Look through —(सरसरी निगाह से देख लेना) Please look through my essay. (कृपया मेरे निबन्ध को सरसरी निगाह से देख लीजिये।)

174. Look down upon —(घृणा की दृष्टि से देखना) It is bad to look down upon the poor. (गरीबों को घृणा की दृष्टि से देखना बुरी बात है।)

175. Look on—(किसी को किसी रूप में देखना) I look on him as a very respectable person. (मैं उसे बड़ा आदरणीय व्यक्ति समझता हूँ।)

176. To lose ground — (आधार कमजोर पड़ना) Small political parties soon come to lose ground. (छोटी–छोटी राजनीतिक पार्टियाँ जल्दी ही ताकत खो बैठती हैं।)

177. Look forward to — (आशा करना) We look forward to meeting you very soon. (हमें तुमसे जल्दी ही मिलने की आशा है।)

178. Look into (जाँच करना) We shall look into your case very carefully. (हम तुम्हारे मामले को बड़ी सावधानी से देखेंगे।)

179. Make out (समझना) I could not make out anything from his letter. (मैं उसके पत्र का कोई मतलब नहीं निकाल सका।)

180. Make up —(क्षतिपूर्ति करना) You have to make up for the lost time. (तुम्हें खोए हुए समय की क्षतिपूर्ति करनी होगी।)

181. To make a mark (विशेषता प्राप्त करना) He has made a mark in the field of painting. (उसने चित्राकला के क्षेत्र में विशेषता प्राप्त कर ली है।)

182. Make good —(नुकसान की भरपाई करना) You have to make good my loss. (तुम्हें मेरे नुकसान की पूर्ति करनी पड़ेगी।)

183. Make up one's mind —(दृढ़ निश्चय कर लेना) I have made up my mind to resign from this post. (मैंने इस पद से इस्तीफा देने का निश्चय कर लिया है।)

184. Make away with —(छुटकारा पा लेना) I have made away with my treacherous friend. (मैंने अपने धोखेबाज मित्र से पीछा छुड़ा लिया है।)

185. Make off with — (लूट कर भाग जाना)The robbers made off with all our belongings. (लुटेरे हमारा सारा सामान लूट कर भाग गये।)

186. Put on— (घमंडी रूप धारण करना) He puts on much airs without any solid ground. (वह बिना किसी आधार के ही बहुत दिखावा करता है।)

187. Put down — (दबा देना, काबू में कर लेना) The rebellion has been put down with a strong hand. (उपद्रव को कड़ी सख्ती से दबा दिया है।)

188. Pass through — (गुजरना) India is passing through a difficult stage. (भारत एक कठिन समय से गुजर रहा है।)

189. Pull up —(डाँटना) The teacher pulled up the naughty boy. (अध्यापक ने शरारती लड़के को डाँट लगाई।)

190. Put out—(बुझाना) Don't put out the lamp, please. (कृपया लैम्प को न बुझाइये।)

191. Put off—(स्थगित करना) The meeting has been put off for tomorrow. (मीटिंग कल के लिये स्थगित कर दी गई है।)

192. Put up with — (सहना) It is very difficult to put up with a foolish friend. (एक बेवकूफ मित्र को सहन करना बड़ा कठिन है।)

193. To play false — (ठगना) One should not play false with friends. (किसी को अपने मित्रों को दगा नहीं देना चाहिये।)

194. Run after—(किसी वस्तु के पीछे भागते रहना) It is bad to run so much after money. (रुपये के पीछे इस कदर भागना ठीक नहीं है।)

195. Run into — (कर्जे में फँस जाना) He has run into heavy debts. (वह बहुत कर्जे में फँस गया है।)

196. Run out—(खत्म हो जाना) The stock of sugar has run out. (चीनी का भंडार खत्म हो गया है।)

197. Run down — (कमजोर पड़ जाना) He is very much run down owing to his long illness. (वह लम्बी बीमारी के कारण बड़ा कमजोर हो गया है।)

198. See through (गहराई से देख लेना) I can see through all his designs. (मैं उसकी सारी चालाकियों को गहराई से देख सकता हूँ।)

199. See off — (विदाई देना) We shall see him off at the airport. (हम उसे हवाई अड्डे पर विदाई देंगे।)

200. Set aside — (निरस्त कर देना) The court has set aside the orders of the Chairman. (न्यायालय ने चेयरमैन के आदेश को निरस्त कर दिया है।)

201. Set up— (स्थापित करना) He has set up a cement factory. (उसने एक सीमेन्ट फैक्टरी स्थापित की है।)

202. Set off out — (यात्रा पर जाना) He set off for America last night. (वह कल अमेरिका के लिये रवाना हो गया।)

203. Strike off — (काट देना, समाप्त कर देना) The teacher can strike off your name. (अध्यापक तुम्हारा नाम काट सकते हैं।)

204. Set forth — (यात्रा पर जाना) He is setting forth to Delhi tomorrow morning. (वह कल सुबह दिल्ली जा रहा है।)

205. Set apart— (सुरक्षित बचाए रखना) You must set apart some money for paying the tax. (तुम्हें कुछ रुपया टैक्स चुकाने के लिये सुरक्षित रखना चाहिये।)

206. Set down—(लिखित रूप में रखना) Let us set down the terms of agreement. (हमें राजीनामे की शर्तें लिख लेनी चाहिये।)

207. Set in—(आरम्भ हो जाना) The rains have set in. (वर्षा आरम्भ हो चुकी है।)

208. Set off /out —(यात्रा पर चल पड़ना) He has set off out to Bombay just now. (वह अभी बम्बई की यात्रा पर गया है।)

209. Stand against— (विरोध में खड़े होना) He does not have the courage to stand against me. (उसमें मेरे विरुद्ध खड़े होने की हिम्मत नहीं है।)

210. Stand by—(सहायता करना) I shall always stand by you. (मै हमेशा तुम्हारी सहायता करूंगा।)

211. Taken in —(धोखा खा जाना) He was easily taken in by the cheat (धोखेबाज ने उसे आसानी से धोखे में ले लिया।)

212. Take off — (कपड़े उतार देना) It is very hot. Take off your coat. (आज बहुत गर्मी है। अपना कोट उतार लो।)

213. Take up —(किसी काम को हाथ में लेना) Now I will take up some new business. (मैं अब कोई नया धंधा शुरू करूँगा।)

214. Take over — (जिम्मेदारी का स्थान संभाल लेना) He has taken over as the Principal of the College. (उसने कालेज के प्राचार्य का पद संभाल लिया है।)

215. Take down—(लिख डालना) You must take down the important points. (तुम्हें महत्व पूर्ण बिन्दुओं को लिख लेना चाहिये।)

216. Turn out —(सिद्ध होना) He turned out to be a spy. (वह एक जासूस निकला।)

217. Turn out— (निकाल देना) He has been turned out of the university. (उसे विश्वविद्यालय से निकाल दिया है।)

218. Think over — (विचार करना) Please think over my proposal once again. (कृपया मेरे प्रस्ताव पर पुनः विचार कर लीजिये।)

219. Take after— (शक्ल मिलना) The girl strikingly takes after her mother. (लड़की पूरे तौर पर अपनी माँ से मिलती है।)

220. Tell upon (बुरा प्रभाव डालना) Smoking tells upon everyone's health. (सिगरेट पीने से प्रत्येक के स्वास्थ्य पर बुरा असर पड़ता है।)

221. Turn up — (आना, पर उपस्थित होना)

He turned up at the last stroke of the bell (वह घंटे की आखिरी आवाज।)

222. To take to heart — (गहराई से महसूस करना) She has taken her insult to heart. (उसने अपने अपमान को दिल से महसूस किया है।)

223. Work out (गणना करना) We should first work out the total expenditure on this project. (तुम्हें पहले इस योजना पर होने वाले कुल खर्चे की गणना करनी चाहिये।)

224. Wear out — (थक जाना, घिस जाना) The shoes of my young son wear out very soon. (मेरे छोटे बेटे के जूते बड़ी जल्दी घिस जाते हैं।)

225. Wait on— (किसी से मिलने जाना) We shall wait on the Chief Minister in this connection. (हम इस सम्बन्ध में मुख्य मन्त्री से मिलेंगे।)

226. Work up — (उत्तेजित कर देना) He worked up the mob against me. (उसने भीड़ को मेरे विरुद्ध भड़काया।)

(vi) Idiomatic Phrases in Pairs

227. Fits and starts— (अनियमित रूप से) He does his work by fits and starts. (वह अपना काम अनियमित रूप से करता है।)

228. Heart and soul —(पूरे मन से) I am devoted to my work heart and soul. (मैं अपने काम में पूरी तरह से संलग्न हूँ।)

229. Intents and purposes—(सभी अर्थों में) He is to all intents and purposes my real boss. (वह सभी अर्थों में मेरा अधिकारी है।)

230. Kith and kin —(सग–सम्बन्धी) I am really grateful to my kith and kin. (मैं अपने सगे सम्बन्धियों के प्रति आभारी हूँ।)

231. Leaps and bounds —(तीव्र गति से) His business is developing by leaps and bounds. (उसका व्यापार तीव्र गति से बढ़ रहा है।)

232. Odds and ends (इधर–उधर की चीजें) He filled his bag with odds and ends and ran away. (उसने अपने थैले को इधर–उधर की चीजों से भर लिया और भाग गया।)

233. Part and parcel—(अभिन्न अंग) Kashmir is part and parcel of India. (कश्मीर भारत का अभिन्न अंग है।)

234. Rack and ruin—(सर्वनाश) His family has gone to rack and ruin owing to his reckless habits. (उसकी फिजूलखर्ची की आदत के कारण उसका परिवार बरबाद हो गया है।)

235. Time and tide (समय और अवसर) Don't miss this chance for time and tide wait for nobody. (इस मौके को मत चूको, क्योंकि समय और अवसर किसी का इन्तजार नहीं करते।)

236. Tooth and nail (पूरी ताकत से लड़ना) Let us fight casteism tooth and nail. (हमें जाति प्रथा का डटकर विरोध करना चाहिये।)

237. Wear and tear —(क्षय) There should be a separate fund for the wear and tear of machinery. (मशीनों की घिसावट के लिये एक पृथक कोष होना चाहिये।)

238. All in all (सर्वेसर्वा) My uncle is all in all in my family. (मेरे चाचाजी परिवार के सर्वेसर्वा हैं।)

239. Black and white—(लिखित में) Let us make an agreement in black and white. (हमें राजीनामा लिखित में करना चाहिये।)

240. Hard and fast—(निश्चित) There can be no hard and fast rule for good conduct.(अच्छे व्यवहार के लिये कोई ठोस नियम नहीं बनाये जा सकते।)

241. Slow and steady (धीमी,पर नियमित गति से) The slow and steady wins the race. (धीमी पर नियमित गति से विजय मिलती है।)

242. Null and void —(निष्प्रभावी) This provision has been declared null and void by the Court. (न्यायालय ने यह धारा निष्प्रभावी घोषित कर दी है।)

243. Head and shoulders—(बहुत अधिक) He is head and shoulders above his friends in intelligence. (वह बुद्धि में अपने मित्रों से बहुत ऊपर है।)

244. Bread and butter — (खाना–पीना) There is no provision even for bread and butter in his family. (परिवार में खाने पीने का भी प्रबन्ध नहीं है।)

245. Fair and square— (ईमानदार, निष्पक्ष) I believe in fair and square dealings. (मैं ईमानदारी के व्यवहार में विश्वास करता हूँ।)

246. Rhyme and reason —(कारण) He is hostile to me without any rhyme or reason. (वह बिना किसी कारण हमसे शत्रुता मानता है।)

247. Cats and dogs—(मूसलाधार वर्षाद्ध) It is raining cats and dogs. (मूसलाधार बारिश हो रही है।)

248. Rank and file —(सर्व साधारण) You can never win against the wishes of rank and file (तुम सर्वसाधारण की इच्छा के विरुद्ध नहीं जीत सकते हो।)

249. Root and branch — (पूरी तरह से) Let us do away with this evil custom root and branch. (हमें इस कुप्रथा को जड़ से उखाड़ फेंकना चाहिये।

250. Long and short— (संक्षिप्त सार) Let me know the long and short of the whole episode. (पूरी घटना का संक्षिप्त सार मुझे बताओ।)

(3) Idiomatic Comparisons (मुहावरेदार तुलनाएँ)

अंग्रेजी भाषा में कुछ Idiomatic comparisons भी होते हैं जो बहुधा एक Adjective और एक Noun से मिलकर बनते हैं। ऐसे कुछ अधिक प्रचलित comparisons की list पेज नीचे दी जा रही है।

1. As black as coal—कोयले जैसा काला
2. As blind as a bat— चमगादड़ जैसा अन्धा
3. As brave as a lion— शेर की तरह बहादुर
4. As bright as noonday— दोपहर की तरह चमकीला
5. As brittle as glass—शीशे की तरह चटक जाने वाला
6. As busy as a bee—मधुमक्खी की तरह व्यस्त
7. As changeable as the moon—चाँद की तरह परिवर्तनशील
8. As cheerfull as a lark— लवा चिड़िया जैसा खुश
9. As cold as ice — बर्फ की तरह ठंडा
10. As cold as marble संगमरमर जैसा ठंडा
11. As cunning as a fox —लोमड़ी की तरह चालाक
12. As deaf as a postèpole— खम्भे की तरह बहरा
13. As deep as a well— कुएँ की तरह गहरा
14. As dumb as a statue—मूर्ति की तरह गूँगा
15. As fair as a rose—गुलाब की तरह सुन्दर
16. As firm as a rock— चट्टान की तरह दृढ़
17. As fresh as a daizy—फूल गुलबहारद्ध की तरह ताजा
18. As fresh as a rose — गुलाब की तरह ताजा
19. As gentle as a lamb — भेड़ के बच्चे की तरह सीधा
20. As good as gold— सोने की तरह खरा
21. As grave as a judge— जज की तरह गंभीर
22. As green as grass —घास की तरह हरा
23. As hard as flint—पत्थर की तरह कठोर
24. As harmless as a dove —कबूतर की तरह हानि रहित
25. As light as a feather —पंख की तरह हल्का
26. As loud as thunder— बादलों की गर्जन जैसी तेज आवाज
27. As mad as March hare— ऐसा पागल उत्तेजि जैसा मार्च के महीने में खरगोश
28. As merry as a cricket— झींगुर की तरह उल्लासित
29. As pale as death—मौत की तरह पीला

30. As poor as a church mouse —चर्च के चूहे की तरह गरीब
31. As quick as lightning— आकाशीय बिजली की तरह तेज
32. As red as a rose—गुलाब की तरह लाल
33. As rich as a Jew —यहूदी की तरह अमीर
34. As round as a globe — गोल (पृथ्वी) की तरह गोल
35. As sharp as a razor— उस्तरे की तरह तेज धार
36. As silent as the grave— कब्र की तरह शान्त
37. As slippery as an — मछली की तरह फिसलने वाला
38. As silly as a goose —बतख की तरह बेवकूफ
39. As sure as death— मृत्यु की तरह निश्चित
40. As sweet as honey—शहद की तरह मीठा
41. As swift as an arrow—तीर की तरह तेज
42. As soft as wax —मोम की तरह मुलायम
43. As vain as a peacock— मोर की तरह घमंडी
44. As white as snow—बर्फ की तरह सफेद
45. As wise as Solomon —सोलोमन संत की तरह बुद्धिमान

(8.3) Proverbs (कहावत)

We give below a list of Popular Proverbs—

1. A bad man is better than a bad name (ए बैड मैन इज बैटर दैन ए बैड नेम) बद अच्छा, बदनाम बुरा
2. A bird in the hand is worth two in the bush (ए बर्ड इन हैन्ड इज वर्थ टू इन द बुश) नौ नगद, न तेरह उधार
3. A burnt child dreads the fire (ए बर्नट चाइल्ड ड्रेड्स द फायर) दूध का जला छाछ को फूँक–फूँक कर पीता है
4. A bad workman quarrels with his tools (ए बैड वर्कमैन क्वारेल्स विद हिज टूल्स) नाच न जाने आँगन टेढ़ा
5. A drowning man will catch at a straw (ए ड्राउनिग मैन विल कैच ऐट ए स्ट्रा) डूबते को तिनके का सहारा
6. A figure among cyphers (ए फिगर एमन्ग सिफर्स) अंधों में काना सरदार
7. A guilty conscience needs no accuser (ए गिल्टी कानशियंस नीड्स नो एक्यूजर) चोर की दाढ़ी में तिनका
8. A prophet is not honoured in his own country (ए प्रोफेट इज नोट ऑनर्ड इन हिज ओन कन्ट्री) घर का जोगी जोगना आन गाँव का सिद्ध
9. A little knowledge is a dangerous thing (ए लिटिल नॉलेज इज ए डेन्जरस थिंग) नीम हकीम खतरे जान
10. Penny wise and pound foolish (पैनी वाइज एन्ड पाउन्ड फुलिश) मोहरों की लूट, कोयलों पर छाप
11. Save life save all (सेव लाइफ सेव ऑल) जान बची और लाखों पाये
12. Might is right (माइट इज राइट) जिसकी लाठी उसकी भैंस
13. Rome was not built in a day (रोम वाज नॉट बिल्ट इन ए डे) हथेली पर सरसों नहीं जमती
14. Distance lends enchantment to the view (डिस्टैन्स लेंड्स ऐनचेनमेन्ट टु द व्यू) दूर के ढोल सुहावने
15. An old dog learns no new tricks (एन ओल्ड डॉग लर्न्स नो न्यू ट्रिक्स) बूढ़े तोते कुरान नहीं पढ़ते
16. Where there is a will there is a way (व्हेअर देयर इज अ विल देयर इज अ वे) जहाँ चाह, वहाँ राह
17. Strike while the iron is hot (स्ट्राइक व्हाइल द आइरन इज हॉट) मौका न चूकना चाहिये।

18. If the sky falls we shall (इफ द स्काई फॉल्स वी शैल) न नौ मन तेल होगा न राधा नाचेगी
19. As you sow, so shall you reap (एज यू सो, सो शैल यू रीप) जैसी करनी वैसी भरनी
20. To kill two birds with one stone (टु किल टू बर्ड्स विद वन स्टोन) एक पंथ दो काज़
21. Self—praise is no recommendation (सैल्फ–प्रेज इज नो रिकमेन्डेशन) अपने मुँह मियाँ मिट्ठू
22 While in Rome do as the Romans do (व्हाइल इन रोम, डू एज द रोमन्स इ) जैसा देश वैसा भेष
23. It is hard to live in Rome and fight with the Pope (इट इज हार्ड टु लिव इन रोम एंड फाइट विद द पोप) दरिया में रहकर मगर से बैर
24. He who digs a pit for others falls into it himself (ही हू डिग्स ए पिट फॉर अदर्स फॉल्स इन टु इट हिमसैल्फ) जो तोकूँ काँटा बुबै ताहि बोइ तू फूल, तोकूँ फूल के फूल हैं, बाकूँ हैं तिरशूल
25. It is no use crying over spilt milk (इट इज नो यूज क्राइंग ओवर स्पिल्ट मिल्क) अब पछताये होत क्या जब चिड़ियाँ चुग गई खेत
26. Many hands make the burden light (मैनी हैन्डस मेक द बर्डन लाइट) सात–पाँच की लाकड़ी एक जने का बोझ
27. All that glitters is not gold (ऑल दैट ग्लिटर्स इज नॉट गोल्ड) हाथी के दाँत खाने के और दिखाने के और
28. Coming events cast their shadows before (कमिंग ईवेन्टस कास्ट देयर शैडोज बिफोर) पूत के पाँव पालने में
29. A good face needs no paint (ए गुड फेस नीडस नो पेन्ट) लाल गुदड़ियों में नहीं छिपते
30. Care kills the cat (केयर किल्स द कैट) चिन्ता बुरी बला है।
31. At length the fox turns monk (ऐट लेन्थ द फॉक्स टर्नस मोन्क) नौसै चूहे खाइ बिल्ली हज को चली
32. Cut your coat according to your cloth (कट योर कोट एकोर्डिंग टु योर क्लाथ) तेते पाँव पसारिये जेती लम्बी सौर
33. Do good and forget (डू गुड एन्ड फोरगैट) नेकी कर दरिया में डाल
34. Everybody's business is nobody's business (एवरीबॅडीज बिजनेस इज नोबॅडीज बिजनेस) साझे की हड़िया चौराहे पर फूटती है।
35. An empty mind is a devil's workshop (एन एम्पटी माइन्ड इज ए डैविल्स वर्कशाप) खाली दिमाग शैतान का घर
36. Everything looks pale to the jaundiced eye (एवरीथिन्ग लुक्स पेल टु द जोन्डिस्ड आइ) सावन के अंधे को हरा ही हरा दीखता है
37. Barking dogs seldom bite (बार्किंग डॉग्स सैलडम बाइट) गरजते हैं सो बरसते नहीं
38. A rolling stone gathers no moss (ए रौलिंग स्टोन गैदर्स नो मौस) डाँवाडोल की मिट्ट्टी खराब
39. Errors like straws over the surface flow, one who is in search of truth must dive below. (ऐरर्स लाइक स्ट्राज ओवर द सर्फेस फ्लो, वन हू इज इन सर्च ऑफ ट्रुथ मस्ट डाइव बिलो) जिन खोजा तिन पाइयाँ ग़हरे पानी पैठ मैं बौरी बूढ़न डरी रही किनारे बैठ
40. An empty vessel makes much noise (एन एम्पटी वैसिल मेक्स मच नोइज) थोथा चना बाजे घना
41. Christmas comes once a year (क्रिसमस कम्स वन्स ए ईयर) हर रोज दिवाली नहीं होती
42. Half a loaf is better than no bread (हाफ ए लोफ इज बैटर दैन नो ब्रेड) नहीं मामा से काना मामा अच्छा
43. All covet, all lose (ऑल कवेट, ऑल लूज) आधी छोड़ साझी को धावै, आधी रहे न साझी पाव
44. All's well that ends well (ऑल्स वैल दैट एन्डस वैल) अन्त भला तो सब भला
45. God's mill grinds slow but sure (गॉडस मिल ग्राइन्डस स्लो बट श्योर) भगवान के घर देर है, अन्धेर नहीं
46. From a bad paymaster get what you can (फ्रॉम ए बैड पे मास्टर गैट व्हाट यू कैन) भागते भूत की लँगोटी ढीली
47. Birds of the same feather flock together (बर्डस ऑफ द सेम फैदर फ्लाक टुगेदर) चोर–चोर मौसेरे भाई

48. Better a tooth out than always aching (बैटर ए टूथ आउट दैन आलवेज एकिन्ग) भाड़ में जाइ नथ तासे नाक कटे
49. Even walls have ears (ईवन वाल्स हैव इअर्स) दीवारों के भी कान होते हैं
50. Death's day is doom's day (डैथ्स डे इज डूम्स डे) आप मरे जग प्रलय
51. Diamond cuts diamond (डाइमन्ड कट्स डाइमन्ड) लोहे को लोहा काटता है
52. Every sable cloud has a silver lining (ऐवरी सेबिल क्लाउड हैज ए सिल्वर लाइनिंग) अँधेरे में भी आशा की किरण होती है
53. Deep rivers move in silent majesty, shallow brooks are noisy (डीप रिवर्स मूव इन साइलेन्ट मैजेस्टी, शैलो ब्रुक्स आर नोइजी) अधजल गगरी छलकत जाय, भरी गगरिया चुप्पे जाय
54. Haste makes waste (हेस्ट मेक्स वेस्ट) जल्दी का काम शैतान का
55. Act in haste, repent at leisure (ऐक्ट इन हेस्ट, रिपेन्ट एट लीजर) जल्दी करो, जीवन भर रोओ
56. Kindness is lost upon an ungrateful man (काइन्डनेस इज लोस्ट अपौन ऐन अनग्रेटफुल मैन) साँप को दूध पिलाना
57. Pride goes before a fall (प्राइड गोज बिफोर ए फौल) घमंडी का सिर नीचा
58. Prevention is better than cure (प्रिवेन्शन इज बैटर दैन क्योर) चिकित्सा से पथ्य उत्तम
59. Little grief is loud, great griefs are silent (लिटिल ग्रीफ इज लाउड, ग्रेट ग्रीफ आर साइलेन्ट) बिच्छू का काटा रोवे, साँप का काटा सोवे
60. To have an old head on young shoulders (टु हैव ऐन ओल्ड हैड औन यंग शोल्डर्स) पेट में दाड़ी
61. Those who live in glass houses should not throw stones (दोज हू लिव इन ग्लास हाउसेज शुड नौट थ्रो स्टोन्स) काँच के घर में रहने वालों को पत्थर नहीं फेंकने चाहिये
62. To swallow the whole ox and be choked with the tail (टु स्वैलो द होल ऑक्स एन्ड बी चोक्ड विद द टेल) गुड़ खाय, गुलगुलों से परहेज
63. He gives thrice who gives in a trice (ही गिव्स थ्राइस टू गिव्स इन ए ट्राइस) तुरंत दान महा कल्यान
64. Money makes the mare go (मनी मेक्स द मेयर गो) दाम सब कराता है।
65. Necessity knows no law (नैसेसिटी नोज नो लॉ) आपत्ति काले मर्यादा नास्ति
66. The nearer the church the farther from God (द नीयरर द चर्च, द फार्दर फ्रॉम गौड) दिये तले अँधेरा
67. It takes two to make a quarrel (इट टेक्स टू टु मेक ए क्वारैल) एक हाथ से ताली नहीं बजती
68. There is no rose without a thorn (देयर इज नो रोज विदाउट ए थौन) जहाँ फूल तँह काँटा
69. Out of the frying pan into the fire (आउट ऑफ द फ्राइंग पैन इन टू द फायर) चूल्हे से निकले भाड़ में गिरे
70. A lie has no legs (ए लाइ हैज नो लैग्स) चोर के पैर कहाँ
71. Hunger is the best sauce (हंगर इज द बैस्ट सॉस) भूख में किवाड़ पापड़
72. All your geese are swans (औल योर गीज आर स्वान्स) अपना गधा भी घोड़ा मालूम होता है
73. Charity begins at home (चौरिटी बिगिन्स ऐट होम) अंधा बाँटे रेवड़ी, फिर–फिर घर को देइ
74. See which way the wind blows (सी व्हिच वे द विन्ड ब्लोज) ऊँट किस करवट बैठता है
75. A nod to the wise and a rod to the foolish (ए नौड टु द वाइज एन्ड ए रौड टु द फुलिश) चतुर को इशारा, मूर्ख की पिटाई
76. A low & born man feels proud of his honours (ए लो–बौर्न मैन फील्स प्राउड ऑफ हिज औनर्स) कुत्ते को घी नहीं पचता

77. Prosperity finds friends, adversity tries them (प्रोसपैरिटी फाइन्ड्स फ्रेन्डस, एडवर्सिटी ट्राइज दैम) समृद्धि में पाओ, विपत्ति में परखो
78. An unhappy man's cart is sure to tumble (एन अनहैपी मैन्स कार्ट इज श्योर टु टम्बल) कंगाली में आटा गीला
79. Adversity is the touchstone of friendship (एडवर्सिटी इज द टचस्टोन ऑफ फ्रैन्डशिप) विपत्ति मित्रता की कसौटी है।
80. Fortune favours the brave (फ्फोरचून फेवर्स द ब्रेव) पुरुष सिंह जो उद्यमी लक्ष्मी ताकी चेरी
81. The wearer knows where the shoe pinches (द वीयरर नोज व्हेयर द शू पिंचेस) जिसका दुःख वही जाने
82. Give an inch and he will take an ell (गिव ऐन इन्च एण्ड ही विल टेक ऐन ऐल) उँगली पकड़ के पहुँचा पकड़ना
83. A good name is better than riches (गुड नेम इज बैटर दैन रिचज) लाख जाय पर साख न जाय
84. Too many cooks spoil the broth (टू मैनी कुक्स स्पोइल द ब्रोथ) अनेक हकीम रोगी की मौत
85. Welcome or not, I am still your guest (वैलकम आर नौट, आइ एम स्टिल योर गैस्ट) मान न मान मैं तेरा मेहमान
86. You cannot sell the cow and have the milk too (यू कैननौट सैल द काउ एन्ड हैव द मिल्क टू) चुपड़ी और दो–दो
87. Heads I win, tails you lose (हैडस आइ विन, टेल्स यू लूज) चित्त भी मेरी पट भी मेरी
88. Time is a great healer (टाइम इज ए ग्रेट हीलर) समय सब दुःख भुला देता है
89. It is no use casting pearls before swine (इट इज नो यूज कास्टिंग पर्ल्स बिफोर स्वाइन) भैंस के आगे बीन बजाना
90. A blind man is no judge of colours (ब्लाइन्ड मैन इज नो जज ऑफ कलर्स) बन्दर क्या जाने अदरक का स्वाद
91. An open door will tempt a saint (न ओपन डोर विल टैम्प्ट ए सेन्ट) मुक्त की मदिरा काजी को भी हलाल
92. Hope lasts with life (होप लास्टस विद लाइफ) जब तक साँस तब तक आस
93. I talk of chief, he hears of cheese (आइ टॉल्क ऑफ चीफ ही हियर्स ऑफ चीज) कहे खेत की, सुने खलिहान की
94. Practice makes a man perfect (प्रैक्टिस मेक्स ए मैन परफैक्ट) काम सब सिखा देता है
95. First deserve, then desire (फर्स्ट डिजर्व दैन डिजायर) यह मुँह और मसूर की दाल
96. There are men and men (देयर आर मैन एण्ड मैन) पाँचों उँगली बराबर नहीं होतीं
97. Handsome is that handsome does (हेन्डसम इज डैट हैन्डसम डज) काम प्यारा है, चाम नहीं
98. Blood is thicker than water (ब्लड इज थिकर दैन वाटर) खून को खून पहचानता है
99. I'll got ill spent (आई विल गौट, इल स्पैन्ट) पाप का धन मिट्टी में मिलता है
100. Out of the frying pan into the fire (आउट ऑफ द फ्राइंग पैन इन टू द फायर) चूल्हे से निकले भाड़ में गिरे
101. A lie has no legs (ए लाइ हैज नो लैग्स) चोर के पैर कहाँ
102. Hunger is the best sauce (हंगर इज द बैस्ट सॉस) भूख में किवाड़ पापड़
103. All your geese are swans (औल योर गीज आर स्वान्स) अपना गधा भी घोड़ा मालूम होता है
104. Charity begins at home (चौरिटी बिगिन्स ऐट होम) अंधा बाँटे रेवड़ी, फिर–फिर घर को देइ
105. See which way the wind blows (सी व्हिच वे द विन्ड ब्लोज) ऊँट किस करवट बैठता है
106. A nod to the wise and a rod to the foolish (ए नौड टु द वाइज एन्ड ए रौड टु द फुलिश) चतुर को इशारा, मूर्ख की पिटाई
107. A low born man feels proud of his honours (ए लो–बौर्न मैन फील्स प्राउड ऑफ हिज औनर्स) कुत्ते को घी नहीं पचता
108. Prosperity finds friends, adversity tries them (प्रोसपैरिटी फाइन्डस फ्रेंडस एडवर्सिटी ट्राइज) समृद्धि में पाओ, विपत्ति में परखो

109. An unhappy man's cart is sure to tumble (एन अनहैपी मैन्स कार्ट इज श्योर टु टम्बल) कंगाली में आटा गीला
110. Adversity is the touchstone of friendship (एडवर्सिटी इज द टचस्टोन ऑफ फ्रेंडशिप) विपत्ति मित्रता की कसौटी है
111. Fortune favours the brave (फॉरचून फेवर्स द ब्रेव) पुरुष सिंह जो उद्यमी लक्ष्मी ताकी चेरी
112. The wearer knows where the shoe pinches (द वीयरर नोज व्हेयर द शू पिन्चेज) जिसका दुःख वही जाने
113. Give an inch and he will take an ell (गिव ऐन इन्च एण्ड ही विल टेक ऐन ऐल) उँगली पकड़ के पहुँचा पकड़ना
114. A good name is better than riches (ए गुड नेम इज बैटर दैन रिचेज) लाख जाय पर साख न जाय
115. Too many cooks spoil the broth (टू मैनी कुक्स स्पोइल द ब्रोथ) अनेक हकीम रोगी की मौत
116. Welcome or not, I am still your guest (वैलकम आर नौट, आइ एम स्टिल योर गैस्ट) मान न मान मैं तेरा मेहमान
117. You cannot sell the cow and have the milk too (यू कैननौट सैल द काउ एन्ड हैव द मिल्क टू) चुपड़ी और दो–दो
118. Heads I win, tails you lose (हैड्स आइ विन, टेल्स यू लूज) चित्त भी मेरी पट्ट भी मेरी
119. Time is a great healer (टाइम इज ए ग्रेट हीलर) समय सब दुःख भुला देता है
120. It is no use casting pearls before swine (इट इज नो यूज कास्टिंग पर्लस बिफोर स्वाइन) भैंस के आगे बीन बजाना
121. A blind man is no judge of colours (ए ब्लाइन्ड मैन इज नो जज ऑफ कलर्स) बन्दर क्या जाने अदरक का स्वाद
122. An open door will tempt a saint (एन ओपन डोर विल टैम्प्ट ए सेन्ट) मुक्त की मदिरा काजी को भी हलाल

(5) Distinction between Similar Expressions (वाक्यांशों/शब्दावलियों के बीच का अंतर)

कुछ Idiomatic Expressions एक से दिखाई पड़ते हैं, किन्तु उनके अर्थों में अन्तर होता है. ऐसे expressions अन्तर समझाते हुए उनकी लिस्ट नीचे दी जा रही है–

1. At no time – कभी नहीं
   In no time - बहुत जल्दी
2. In an hour – एक घंटा समाप्त होने तक
   Within an hour – एक घंटा समाप्त होने से पहले
3. Work in hand–जो काम इस समय हाथ में है
   Work on hand – जो काम अभी पूरा करने को बाकी है।
4. Go to the sea – समुद्री नौकरी करने के लिये, नाविक बनने के लिये जाना
   Go to sea – समुद्री यात्राा करने या घूमने के इरादे से जाना
5. Go to school–पढ़ने के लिये स्कूल जाना
   Go to the school – किसी दूसरे काम से एस्कूल जाना
6. Go to market खरीददारी के लिये बाजार जाना
   Go to the market – घूमने या अन्य किसी काम से बाजार जाना
7. Go to office – दफ्तर में काम करने के लिये जाना
   Go to the office दफ्तर किसी और काम के लिये जाना
8. Work hard – परिश्रम से काम करना
   Work hardly – बहुत कम काम करना

9. Come late – देर से आना
   Come lately अभी हाल ही में आना
10. Go direct – किसी स्थान को सीधे जाना
    Go directly किसी जगह अभी जाना
11. Shoot a man – किसी आदमी को गोली से मार देना
    Shoot at a man – किसी की ओर गोली मारना
12. To search somebody किसी की तलाशी लेना
    To search for somebody किसी की तलाश करना
13. Believe a man – किसी की बात में विश्वास करना
    Believe in a man – किसी व्यक्ति की ईमानदारी में विश्वास करना
14. Meet a man– किसी आदमी से मिलना
    Meet with a man – किसी से अचानक भेंट हो जाना
15. The Chairman and Director – एक ही व्यक्ति जो Chairman और Director दोनों ही है
    The Chairman and the Director–दो व्यक्ति एक Chairman और दूसरा Director
16. English – अँग्रेजी भाषा
    The English – अँग्रेज लोग
17. Well – स्वास्थ्य की दृष्टि से अच्छा
    Well off –आर्थिक दृष्टि से अच्छा
18. Reach by Sunday – इतवार तक पहुँचना
    Reach before Sunday – इतवार से पहले पहुँचना
19. Live on grass – घास खाकर जिन्दा रहना
    Live in grass – घास के अन्दर रहना
20. Come soon – जल्दी आना
    Come quickly – तेजी से, तेज वाहन से आना
21. In respect of – किसी गुण के सम्बन्ध में
    With respect to – के संदर्भ में
22. To have business – किसी काम के सम्बन्ध में
    Have a business – किसी व्यापार के सम्बन्ध में
23. Hand in hand – साथ–साथ हाथ पकड़े हुए
    Hand to hand – आमने–सामने आकर लड़ना
24. To call – बुलाना
    To give a call – क़िसी काम के लिये आवहान करना